儿童发展前沿丛书

国际大都市儿童发展比较

主编 张丽丽

副主编 田熊 董小苹（执行）

上海交通大学出版社
SHANGHAI JIAO TONG UNIVERSITY PRESS

内 容 提 要

本书通过对六个国际大都市,即上海、纽约、伦敦、巴黎、东京、香港以及新加坡在健康、教育、权益维护、环境保护和社会福利五个领域儿童发展指标的比较研究,分析异同,力图构建起上海与纽约、伦敦等国际大都市的儿童发展指标比较体系,以推动我国儿童发展指标体系的完善。本书适合相关专业工作者阅读。

图书在版编目(CIP)数据

国际大都市儿童发展比较/张丽丽主编.—上海:
上海交通大学出版社,2012
(儿童发展前沿丛书)
ISBN 978-7-313-09019-5

Ⅰ. ①国… Ⅱ. ①张… Ⅲ. ①大城市-少年儿童-工作-研究-中国 Ⅳ. ①D432.5

中国版本图书馆 CIP 数据核字(2012)第 225528 号

国际大都市儿童发展比较
张丽丽 主编
上海交通大学出版社出版发行
(上海市番禺路 951 号 邮政编码 200030)
电话:64071208 出版人:韩建民
常熟市文化印刷厂印刷 全国新华书店经销
开本:787 mm×960 mm 1/16 印张:14.75 字数:237 千字
2012 年 8 月第 1 版 2012 年 8 月第 1 次印刷
ISBN 978-7-313-09019-5/D 定价:36.00 元

丛书总序
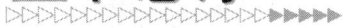
PREFACE

　　儿童是人类的未来。儿童的发展不仅是人类文明水平的重要标志,同时也是人类社会可持续发展的重要资源。为儿童提供必要的生存、发展、受保护和参与的机会与条件,充分满足儿童发展的需求,是人类社会共同的使命。

　　随着联合国《儿童权利宣言》、《儿童权利公约》日渐深入人心,在国际社会各界的共同努力下,人类在改善儿童生存环境、促进儿童健康成长等方面取得了卓越的成就。在我国,自 1991 年加入《儿童权利公约》以来,陆续颁布了《中华人民共和国未成年人保护法》、《中华人民共和国预防未成年人犯罪法》等法律法规,并通过中国儿童发展纲要的实施,有力地推动了儿童的发展。

　　作为国际性大都市,上海始终坚持"儿童优先"的发展战略。上海最早在国内制定了《上海市未成年人保护条例》,上海市人民政府先后颁布实施了《九十年代上海儿童优生、保护、发展规划》、《上海儿童发展"十五"计划与到2015 年规划思路》、《上海儿童发展"十一五"规划》及《上海儿童发展"十二五"规划》,逐步形成了"政府主导、制度保障、资源统筹、合力推进、各方参与"的儿童工作格局,有效地推动了儿童在健康、教育、权益保护、福利保障等领域的发展。数据显示,上海儿童健康水平持续提高,婴儿死亡率、5 岁以下儿童死亡率均优于世界发达国家平均水平;儿童受教育水平始终处于全国前列,2010 年 3～5 周岁儿童入园率、义务教育阶段普及率、高中阶段入学率分别达到 98％、99.9％和 97％；儿童司法保护专门机构逐步健全，儿童各项权利得到更多尊重和保护；儿童用品监管力度不断加大，儿童安全健康成长的社会环境得到进一步优化。

当然，我们也注意到，上海经济社会的快速发展在为儿童发展带来机遇的同时，也带来了诸多挑战和研究课题。为此，上海市妇女儿童工作委员会于 2005 年依托上海社会科学院青少年研究所的专业科研力量成立了上海市儿童发展研究中心。上海市儿童发展中心旨在以小机构、宽平台、社会化和市场化的运作模式开展儿童发展相关领域的学术研究、咨询服务和承接政府委托课题，开展国内外跨地区、跨文化的学术交流和研究，尽可能掌握第一手调查资料和儿童发展的最新数据，为政府提供决策咨询参考。自成立以来，上海市儿童发展中心定期开展课题招标、学术研讨，积累了一批在儿童发展基础理论、儿童工作实践策略、儿童发展指标国际比较等方面的研究成果，这些成果对解决儿童发展中的突出问题、指导新时期儿童工作、促进儿童研究的学科发展等具有积极的推动作用。

本丛书汇集了上述在学术和实践方面价值突出的儿童发展研究成果，旨在进一步提升社会对促进儿童发展的关注度和参与度，进一步推动上海在儿童发展领域的科学研究，为各级政府的儿童工作建言献策。

相信在各级政府与社会各界的共同努力下，中国的儿童发展一定有更美好的明天！

张丽丽

上海市妇女儿童工作委员会副主任

上海市妇女联合会主席

目 录
Contents

国际大都市儿童发展
指标比较研究

　　儿童是国家的未来，是社会可持续发展的重要资源。儿童事业的发展是衡量一个国家或地区社会经济发展和文明进步水平的重要标志。1990年，世界儿童问题首脑会议通过了《儿童生存、保护和发展世界宣言》和90年代执行这个宣言的《行动计划》，我国政府签署了这个宣言和行动计划。1992年、2001年和2011年，我国政府分别颁布了《九十年代中国儿童发展规划纲要》、《中国儿童发展纲要(2001～2010年)》和《中国儿童发展纲要(2011～2020年)》，以实际行动展示了中国实现儿童发展的全球目标的决心。

　　在国家儿童发展纲要的基础上，1992年和2001年，上海市人民政府分别颁布了《九十年代上海儿童优生、保护、发展规划》和《上海儿童发展"十五"计划与到2015年规划思路》，从上海儿童实际发展的需要出发，对上海儿童发展提出了"以满足儿童发展需要为本，以推进与上海国际经济中心城市发展战略相一致的儿童事业发展"的总目标。2006年与2011年，上海市人民政府又先后颁布了《上海儿童发展"十一五"规划》与《上海儿童发展"十二五"规划》，提出了"上海儿童发展水平接近或达到世界发达国家和地区儿童发展平均水平"的总目标。五年来，上海加快完善保护儿童权利的法律体系，强化政府责任，不断提高儿童工作的法制化和科学化水平，使儿童生存、保护、发展的环境和条件得到明显改善，儿童权利得到进一步保护，儿童发展取得了巨大成就。截至2010年，规划确定的主要目标基本实现：

——上海在儿童出生预期寿命、婴儿死亡率、5岁以下儿童死亡率及新生儿死亡率等健康指标上已全部达到甚至部分超过世界发达城市水平。

——上海基础教育的普及程度，包括各级教育的入学率和升学率，以及各级公立学校在校生比例，在世界发达国家国际大都市中位居前列。

——上海为修订和完善儿童有关法规积极作为，儿童保护法律体系初步形成。上海已有较健全的儿童保护机构和组织，设有专门的少年法庭，儿童权益得到切实保障。

——上海高度重视儿童安全保护，已建立儿童食品用品安全和交通安全指标。

——上海重视儿童文化环境和友好型生态环境的建设，儿童成长环境更趋优化。

——上海儿童福利事业发展迅速，在全国率先提出改善儿童生活水平、优先发展儿童福利、构建儿童福利体系的设想。

受社会经济、文化等因素的影响，上海儿童发展及权利保护仍然面临着诸多问题与挑战：全社会儿童优先意识有待进一步加强，儿童工作机制有待进一步完善。解决儿童发展面临的瓶颈问题，促进儿童的全面发展和权利保护，仍然是未来五年儿童工作的重大任务。未来五年，是我国全面建设小康社会的关键时期，儿童发展面临前所未有的机遇，将为儿童健康成长带来更为有利的社会环境。

为把握时代发展机遇，推进上海儿童发展与经济社会发展保持同步，使上海儿童的整体发展水平与上海建设国际性经济、金融、贸易和航运中心城市的地位相适应，进而实现人的全面发展，上海市儿童发展研究中心受上海市妇女儿童工作委员会的委托，开展此项"国际大都市儿童发展指标比较研究"。

本着以先进的国际理念指导上海儿童事业发展的原则，本研究在综合考虑社会发展现状、经济发展水平、区域代表性等国际通行评判标准的基础上选择了纽约、伦敦、巴黎、东京和香港这五个国际大都市以及新加坡作为上海儿童发展指标比较研究的对象，上述五个城市和新加坡都是 OECD[①] 的成员，而且是世界

---

① OECD 即经济合作发展组织，是由 30 个市场经济国家组成的政府间国际经济组织，旨在共同应对全球化带来的经济、社会和政府治理等方面的挑战，并把握全球化带来的机遇。

大城市比较中通常选择的五大城市。选择新加坡的理由是因为其首都新加坡的面积与人口占全国总面积与人口的90%，且全国总人口数低于上述六城市，为城市型岛国。新加坡的儿童公共政策及多项儿童发展指标位居全球前列，其"新生儿死亡率"及"5岁以下儿童死亡率"①更是低于上述六城市，居全球榜首，值得上海学习、借鉴。其次，新加坡在地域上属于东亚国家，其文化传统、价值观念、生活习惯等方面都与上海有相近之处。上海与这五个城市及新加坡在发展中也有着许多相似的特点，如人口密度大、经济发展迅速、对外的开放性高、文化多元化，因此有着现实的可比基础。

儿童发展指标属于专题性的社会指标，是对儿童群体生存与发展状况的概括性度量。有关儿童发展指标体系，目前国际上尚无统一的标准，我国的研究也处于初始阶段。本研究在《上海儿童发展"十一五"规划》提出的儿童健康、教育、权益保护、成长环境、福利这五个领域的发展目标基础上，参照东京、伦敦等国际大都市均已设立的儿童福利指标体系，对上海、纽约、伦敦、巴黎、东京和香港这六个国际大都市及新加坡儿童在上述五个领域的儿童发展指标进行比较研究。

一、六个国际大都市及新加坡的范畴

1. 纽约

纽约作为统计概念共有三个。一是纽约大都市圈（New York CMSA），二是纽约州（New York State），首都奥尔伯尼；三是纽约市（New York City），为美国第一大都市和第一大商港（见表1）。

表1　纽　约　概　况

	纽约大都市圈	纽约州	纽约市
人口（万人）	2 120	1 234	824
面积（平方公里）	24 759	8 133	785.6
人口密度（人/平方公里）	856	1 518	10 495

① 联合国儿童发展基金会：《2009年世界各国儿童发展报告》。

2. 伦敦

伦敦有两个概念,一是大伦敦市(Great London),包括 32 个市镇,2008 年人口超过 750 万人口;二是伦敦城(City of London),为大伦敦市的中心区,是伦敦的金融中心,常住人口只有 7 万。

3. 巴黎

巴黎也有两个概念,一是指巴黎大区(Ile-de-France),二是指巴黎市(Paris),在教育上称为巴黎学区(见表 2)。

表 2 巴 黎 概 况

	巴黎地区	巴黎市/巴黎学区
人口(万人)	1 162	219
面积(平方公里)	12 011	105
人口密度(人/平方公里)	967	20 843

4. 东京

东京人口为 1 254 万,占全日本人口的 10%,面积 2 187 平方公里,占日本面积的 0.6%,人口密度为 5 736 人/平方公里。

5. 新加坡

新加坡国土面积 710.2 平方公里。其人口数为 518.37 万,其中新加坡公民 378.93 万,永久居民(绿卡持有者)53.2 万。新加坡的人口密度位居世界前列,每平方公里为 7 299 人(根据 2011 年新加坡统计年鉴计算而来)。

6. 香港

香港的总人口为 711 万(2011 年 6 月),面积 1 104 平方公里,人口密度为每平方公里 6 440 人(2011 年 6 月)。

7. 上海

上海常住人口为 2 302 万人,全市包括郊区面积为 6 340 平方公里,中心城区面积 600 多平方公里,人口密度每平方公里为 3 632 人[1]。

本研究选择上海(包括市区和郊县)、纽约市(New York City)、大伦敦市(Greater London)、巴黎地区(Ile-de-France)、东京和香港及新加坡作为比较的

---

[1] 上海市统计局编:上海统计年鉴.2011.中国统计出版社 2011.

对象。但基于数据的可获得性原因,部分指标只能以国家的数据代替,因此仅供参考而不作为比较的依据。

表3　6个国际大都市及新加坡概况比较

	上海	纽约	伦敦	巴黎	东京	香港	新加坡
人口(万人)	2 302	824	750	1 162	1 254	711	518
面积(平方公里)	6 340	785.6	1 580	12 011	2 187	1 104	710
人口密度(人/平方公里)	3 632	10 495	4 539	967	5 736	6 440	7 299

二、六个国际大都市及新加坡儿童发展指标比较

本研究主要从健康、教育、权益保护、成长环境和福利五个领域对儿童发展指标加以分析比较。

(一)儿童健康指标比较

本研究对上海与纽约、伦敦、巴黎、东京、香港这六个发达城市和新加坡的儿童健康指标加以分析比较,这些城市都有着良好的公共健康体系,为此,我们希望在肯定上海既有成绩的同时,进一步了解上海与国际发达城市和地区的差距;能够从其他城市不同的儿童健康指标中,发现可补充、可借鉴的指标,完善上海儿童健康指标体系的构建。

1. 可比性指标比较

(1) 出生预期寿命

出生预期寿命,表示一批人出生后平均一生可活的年数。平均出生预期寿命是生命历程的重要指标之一。平均寿命数值高低取决于各年龄死亡人数的比例。每一个年龄死亡水平的高低都会影响平均寿命,若低年龄组死亡较多,则平均寿命数值便较低;若低年龄组死亡较少,高年龄组死亡较多,则平均寿命便较高。所以平均寿命也是一个综合反映死亡率水平的指标,它和死亡率是同一件事情的两个相反的方面,死亡率降低,平均寿命便提高。平均寿命指标既能综合

反映全体人口的死亡水平,又摆脱了实际人口年龄构成的影响,兼有总死亡率和分年龄死亡率两者的优点,而且从正面反映人的寿命长短,富有积极的含义,因此得到日益广泛的应用。

(2)婴儿死亡率

婴儿死亡率,是指婴儿出生后第一周岁以内的死亡率,也即未满周岁前死亡数与活产婴儿数的比率。一般以年度为时间计算单位,以千分数表示。

(3)5岁以下儿童死亡率

5岁以下儿童死亡率,指规定年份出生的儿童在年满5岁前死亡的概率(表示每1000名活产的比率),但须以现有年龄死亡率为准。具体计算方式为:5岁以下儿童死亡率=(5岁以下儿童死亡人数/该年龄段儿童的平均数量)×1000‰。

(4)新生儿死亡率

新生儿死亡是指从出生至不满28天的死亡。新生儿死亡率,指某地某年未满4周(或28天)的新生儿死亡与同年活产数的比值。

表4 六大城市及新加坡新生儿可比性健康指标

	上海	纽约	伦敦	法国	东京	新加坡	香港
出生预期寿命①(岁)	80.97	78.2	78.2	80.2	82.1	81.71	
婴儿死亡率②(‰)	2.96	5.4	5.9	3.41	2.9	2.31	1.8
5岁以下儿童死亡率③(‰)	3.74	2.08	6.0	4.1	4.0	2.8	0.7
新生儿死亡率④(‰)	3.6	3.5	3.8	2	1.7	1.37	1.0

从表4可以看出,上海在儿童出生预期寿命、婴儿死亡率、5岁以下儿童死亡率及新生儿死亡率等健康指标上高于香港、新加坡,已经达到甚至优于伦敦等

---

① 出生预期寿命的数据上海、新加坡为2006年的数据,其余各城市2004年的数据。
② "婴儿死亡率",上海和新加坡为2009年的数据;香港为2008年的数据,法国为2007年的数据。
③ "五岁以下儿童死亡率"纽约、伦敦与东京的儿童健康指标体系中没有单独列出该项指标,所以此表中的相关数据是根据其"婴儿死亡率"(1岁以下)与部分"儿童死亡率"(1~4岁)换算出来的;纽约为2005~2007年三年平均值,伦敦、东京为2000年数据,上海、香港、新加坡、法国为2008年的数据。
④ "新生儿死亡率",上海、香港为2008年的数据;纽约为2005~2007年三年平均值,伦敦、东京的儿童健康指标体系中没有单独列出该项指标,所以此表中的相关数据是根据其"婴儿死亡率"(1岁以下)与部分"儿童死亡率"(1~4岁)换算出来的;为2000年的数据,法国、新加坡为2009年的数据。

世界发达城市水平。

在联合国儿基会的统计数据中,香港、新加坡是"5 岁以下儿童死亡率"最低的城市与国家之一,分别仅 0.7‰ 与 2.8‰(2008 年)。上海在经历了 2006 年小幅反弹之后呈逐年下降之势,在 2008 年将其与新加坡的差距缩小至 0.94‰。

2. 上海与其他城市的部分儿童健康指标比较

(1) 与牙齿健康相关的指标——上海与东京的比较

a. 12 岁儿童人均龋齿数

12 岁儿童人均龋齿数,指 12 岁儿童平均每人龋齿的只数。纽约、伦敦、巴黎、香港和新加坡的儿童健康指标体系中均无该指标,仅东京将该指标作为"口腔健康"的一个关键指标,故仅做上海与东京的比较①。

从比较数据可以看出,上海 12 岁儿童人均龋齿数为 0.48,东京人均龋齿数为 2.05。上海儿童的龋齿数明显低于东京;但值得上海借鉴的是,东京对该指标做了分性别统计,使该指标更精确,而且从所得数据看,男女之间确实存在性别差异,女孩龋齿数相对男孩更多。因此,建议上海在该项指标上可以参考东京,做分性别统计。

b. 15 岁儿童牙龈炎发生率

与上一指标相同,纽约、伦敦、巴黎、香港和新加坡的儿童健康指标体系中均无此指标,仅东京将"儿童牙龈炎发生率"作为"口腔牙齿健康"的一个关键指标,香港设有"达到良好牙齿健康状况"指标,2008 年为 84%;所以上海只能与东京做比较。但东京在该指标上分了三个年龄段——小学四年级、初中一年级、高中一年级,并做了男、女生分性别统计,而上海仅"15 岁儿童牙龈炎发生率"。因此,只能粗略将东京高中一年级的数据(最接近 15 岁的儿童组)作为比较对象。建议上海在该项指标上还可以参考东京做进一步的年龄(或年级)和性别的细化。

(2) 体育锻炼达标率——上海与东京的比较

体锻达标率:伦敦、纽约、巴黎、香港和新加坡无此项指标,东京虽然有该项指标,但可能与上海的评定标准有所不同,所以仅将数据列出,暂不比较孰优孰劣(见表 5)。

---

① 参见分报告"上海、东京儿童发展指标比较研究"表 4。

表 5　上海与东京的中小学生体育达标情况比较(体锻达标率%)

	上　海	上海目标值	东京(2003 年)①	东京目标值
小学生	95.0(2005 年)		男：63.9 女：57.6	男：75 女：70
初中生	95.0(2005 年)	≥90	男：39.6 女：80.1	男：50 女：90
高中生			男：85.6 女：73.5	男：95 女：85

从表 5 的比较可以看出,上海中小学生的体锻达标率已超出目标值,而东京中小学的体锻情况与目标值尚有一定差距,但因为两个城市的体锻评估标准可能有所不同,所以很难做出孰优孰劣的判断。另外,东京中小学生体锻数据还体现了性别差异,比上海数据更为细致。

(3) 与体格健康有关的指标——上海与伦敦、东京、香港、新加坡的比较

肥胖率:在该项指标上,上海数据较完善,分别统计了 0～6 岁儿童、小学生和中学生三个群体的肥胖率。伦敦除了统计 2～10 岁儿童的总体"肥胖率"以外,还将"种族与肥胖"作为一个重要指标,对不同种族的肥胖儿童问题加以考察研究;新加坡虽然只有小学生的指标,但做了分性别统计;东京未将该指标列入考核,但将其作为补充性指标加以考查,并分别做了不同年龄的肥胖倾向研究,发现在东京 11 岁的男孩肥胖倾向最为严重;纽约与巴黎不涉及该指标,但美国 2003 年开始将"超重"(overweight)列入到儿童健康指标体系中。

表 6　上海与伦敦、香港、新加坡的儿童肥胖率比较(%)

上　海	伦　敦	香　港	新加坡
0～6 岁：3.5(2005 年) 　　　　3.28(2004 年) 小学生：14.7(2008 年) 　　　　12.9(2005 年) 中学生：12.10(2008 年) 　　　　10.25(2005 年)	2～10 岁：18(2005 年) 　　　　14(2003 年)	小学生：21.3(2008 年) 中学生：17.0(2008 年)	小学生：16.42(2008 年) 　　　　13.12(2005 年)

---

①　东京中小学生体锻达标率中"小学"以"小学四年级学生"数据为准,"初中"以"初中一年级学生"数据为准,"高中"以"高中一年级学生"数据为准。

值得注意的是,虽然上海与伦敦、香港及新加坡不能直接进行数据比较,但从发展趋势看,上海儿童肥胖率发展速度较为缓慢,基本控制在低于15%的目标值范围内。从小学或相当年龄的儿童来看,上海儿童的肥胖严重性低于新加坡:2008年前者为14.7%,而后者则达到16.42%;伦敦呈现出持续增长的趋势,香港儿童的肥胖检出率则明显高于上海。

视力不良率:指某地年内中小学生中视力不良(双眼裸眼视力均低于1.0)的人数占该地区中小学生检查人数的比重。

视力不良已成为全球各地面临的共同难题。2008年,上海中小学生视力不良率约为61.53%,新加坡的数据为55.985%。该项指标仅新加坡和上海作了相关统计。从2004~2008年以来的纵向对比来看,新加坡儿童视力不良率呈总体下降之势(从58.54%到55.985%)。这说明,新加坡在控制儿童视力不良率方面的经验值得上海借鉴(见表7)。

表7 新加坡、上海儿童视力不良率(%)

			2008年
新加坡		中小学男生	53.80
		中小学女生	58.17
		平均值	55.985
上 海		小学生	32.3
		初中生	67.2
		高中生	85.1
		平均值	61.53

来源:新加坡卫生部,*Yearbook of Statistics Singapore*,2009年

3. 结论与建议

每个城市的儿童健康指标必定与这个城市的政治、经济、文化与历史传统相关,所以六大城市除了在儿童出生预期寿命、婴儿死亡率、5岁以下儿童死亡率及新生儿死亡率这四项基本健康指标有可比性之外,其他指标都只是部分城市之间可比。上述六城市及新加坡都基于各自特点形成了可操作化的指标体系,而且都具有相对的稳定性。如沪港两地不约而同地关注儿童的牙齿健康、心理健康、运动习惯。但两地所用的监测指标并不相同,不具有可比性。香港的儿童

健康指标注重儿童患有严重疾病以及因病死亡的情况,更加系统地关注儿童的心理健康,同时运用多项指标来监测儿童的心理状况;上海的健康指标则表现出对过程性指标的关注,它以多项指标来监测儿童保健管理工作。

尽管如此,通过对六城市及新加坡的比较,建议上海在延续原有儿童健康指标体系的基础上,可以在以下几个方面做进一步的尝试与拓展:

(1) 细化部分指标的计量方法,采用多维、多水平计量

比较发现,上海在部分指标上采用的参数相对单一,如儿童死亡率涉及的年龄段范围较偏重 12 岁以下的儿童,儿童肥胖率、儿童视力不良率、儿童牙龈炎发生率及中小学生的体锻达标率均未作分性别统计;而纽约、东京等城市则在很多指标上采用多参数计量法并作了分性别统计,使同一指标更丰富、精细,且从统计原则上讲,参数之间相互形成印证,更具可靠性。具体诸如:

A. 与牙齿健康有关的指标

除了现有的"15 岁儿童牙龈炎发生率"外,还可参照东京补充以下参数:

a. 儿童自己每月至少做 1 次牙齿或牙龈的观察

牙齿与牙龈是很容易看到的,教给儿童做牙齿和牙龈的自我观察,该参数既有利于提高儿童自我保健意识,又有利于龋齿与牙龈炎的预防与早期发现。

b. 每天 1 次的用牙练习

主要是教给儿童正确使用牙齿的方法,让儿童有锻炼牙齿功能的机会。

B. 与体育锻炼有关的指标

在体育锻炼指标上,上海只统计"体锻达标率",东京的指标还纳入了"几乎每天做运动的儿童比例"和"乐于参加体育运动的儿童比例",具体如下:

a. 几乎每天做运动的儿童比例

中小学生正处在身体发育的重要阶段,每天适度的体育锻炼有利于儿童的身心健康,所以东京将该内容作为考核"体育锻炼"的又一重要指标。

b. 乐于参加体育运动的儿童比例

儿童积极参加体育运动的意识是养成良好运动习惯的必要条件,只有儿童自身乐于参加体育活动,才能实现通过体育锻炼提高儿童身体素质的目标。

以上指标在具体统计时,可与"体锻达标率"一样,小学生采用"小学四年级"的数据,初、高中生分别采用一年级的数据。

C. 与"体格健康"有关的指标

建议上海除了"肥胖率"参数以外,还可以参照东京纳入以下计量参数:

a. 维持正常体重的儿童比例

这是东京考察儿童健康状况的一个重要指标,具体分为"小学低年级"、"小学高年级"、"初中"和"高中"四个年龄段来进行。该指标值得借鉴处在于,筛查体格健康儿童时,除了"肥胖儿"外,还可能出现"体重过轻"或者"超重"(但还不是"肥胖")儿童,这些同样是"亚健康"的反映,通过分类统计,可以明确知道除了"正常体重"外还有多少处于边缘状态的儿童。

b. 平均身高与平均体重

这两项也是东京考察儿童健康的指标,通常以"初中二年级"男生、女生的数据为参考。平均身高与平均体重可以从总体上反映儿童的生长发育情况,通过与往年的比较,预测儿童身体发展的一般性趋势。

c. "瘦身"比例

该指标尚未出现在其他城市的儿童健康指标体系中,但东京已将其作为补充性的观测指标,因为随着年龄的增长,"审美观"会影响儿童的健康意识,在东京的研究中可以看到,12 岁女生的"瘦身"倾向非常严重,这将成为影响她们健康的重要因素之一。

D. 与"死亡率"相关的指标

上海的相关指标主要集中于低幼儿童,包括"婴儿死亡率"、"5 岁以下儿童死亡率"、"5 岁以下儿童意外死亡率"等。但伦敦、纽约、巴黎、香港等城市,则不仅包含了低幼儿童的相关指标,还关注了青少年的生命安全指标:

a. 儿童与青少年死亡率

以纽约为例,分别统计了以下四个年龄段的儿童与青少年死亡率:

● 1～4 岁儿童死亡率

● 5～9 岁儿童死亡率

● 10～14 岁青少年死亡率

● 15～19 岁青少年死亡率

b. 导致儿童与青少年死亡的原因

纽约、伦敦、东京、巴黎、香港等城市都将"死亡原因"作为一个重要的儿童健康指标进行考核,诸如分别统计"交通事故"、"癌症"、"传染性疾病"等不同原因

的儿童与青少年死亡比例。

(2) 增加部分指标的量化参数,提高可操作性与可比性

比较发现,上海在心理健康方面的指标相对笼统,主要集中于"创设儿童心理健康的环境"上,比如"专职心理辅导老师持证上岗率"、"儿科医生的心理咨询持证上岗率"等,还未真正集中在"儿童与青少年的心理健康"上。但伦敦、东京、纽约、巴黎等城市,这方面的指标已经非常具体与可操作化。在心理健康的监测与辅导方面,上海没有细化指标;而新加坡则细分为自述幸福感和生活满意度、寻求精神科辅导的儿童比例、压力或不幸福感的原因等指标。

A. 自杀率

儿童与青少年自杀问题不容忽视,在伦敦等大城市都以此作为"心理与情绪健康"的一个关键性指标进行考察。

B. 自残(自我伤害)

伦敦、纽约等一般以"自伤性入院率"作为"自残"的统计数据。据研究,"边缘青少年"的自残行为已经严重影响了其身心健康。以纽约为例,分别统计了"10~14 岁"、"15~19 岁"和"10~19 岁"三个年龄段的自残率。

C. 心理行为异常发生率

伦敦等城市主要统计"情绪障碍"(包括焦虑、抑郁和强迫)、"多动行为障碍"(包括注意力失调与过度活动)和"品行障碍"(包括退缩、攻击性、反社会行为等)的发生率。

(3) 补充部分新指标,体现现代大健康的观念

就现代健康观而言,健康除了个体的心理、生理健康外,还应包括社会适应良好及道德健康、社会福利良好,也就是应考虑"儿童环境"、"儿童福利"、"儿童社会适应"及"儿童道德"等方面的指标及其计量参数。就与其他城市的比较看,上海尚缺乏相关指标,可供参考的有以下两个指标:

A. 与"儿童健康环境"相关的安全措施指标

在东京,"定期检查学校与学生上学途中的安全设施"成为一个重要的儿童健康指标,因为这直接关系着儿童的生命安全。

B. 与"儿童社会适应"有关的健康生活方式指标

上海暂时未涉及相关内容,但伦敦、东京等城市,选择健康的生活方式已成为非常重要的儿童健康指标。该指标更多体现了"健康是一种选择"的现代健康

意识：

a. 认为饮酒不利于健康的儿童比例

东京通常以"小学四年级"、初、高中一年级学生的数据作为参照值。

b. 认为吸烟不利于健康的儿童比例

东京通常以"小学四年级"、初、高中一年级学生的数据作为参照值。

c. 经常吸烟的儿童比例

在伦敦，通常统计 11～15 岁经常吸烟的儿童比例，作为该项指标的参照值。

d. 睡眠问题

睡眠是人类的主要休息方式之一，没有良好的睡眠，将给儿童带来一系列的身心发展问题。以东京为例，在儿童健康考核中纳入了以下指标：

● 晚上 10 点以前睡觉的小学生比例：以"小学四年级"学生数据为准；

● 晚上 11 点以前睡觉的初中生比例：以"初中一年级"学生数据为准；

● 晚上 12 点以前睡觉的高中生比例：以"高中一年级"学生数据为准；

● 总是感到"想睡觉"或者困乏的儿童比例：分别统计"小学四年级"、"初中一年级"和"高中一年级"的学生数据。

有关"儿童道德健康"和"儿童福利健康"方面的指标各城市普遍缺乏，有待于进一步探索与完善。

（二）儿童教育指标比较

教育关系着每个人的生存与发展，是民族振兴的基石，是创新进步的源泉。现代化一般是以追赶比自己高一层次的国家或地区为目标的，我们希望通过城际比较，了解上海基础教育与纽约、伦敦、巴黎、东京、香港及新加坡相比的实际水准，找到进一步发展的方向和目标。

本研究根据六个国际大都市及新加坡之间指标的共同性程度以及指标数据的可获得性程度，选择了 9 个方面进行比较，其中一些指标还区分了幼儿园、小学、中学（初中、高中）等不同学龄段的教育水平。

1. 可比性指标比较

（1）基础教育普及程度

A. 义务教育年限和免费教育年限

义务教育年限和免费教育年限是政府提供公共教育服务能力的综合反映。

上海的义务教育年限低于纽约、伦敦、巴黎和香港,在提供免费教育方面都不如其他几个国际大都市。新加坡没有义务教育和免费教育概念,但小学教育是强制性的(大致对应儿童年龄为7~12岁),由于就读成本低,所以实质上是没有义务教育的义务教育。

义务教育和免费教育的内涵有所不同,义务教育是强制性教育,是每个公民的义务,在国外,义务教育必须是完全免费并带有强制性的。而免费教育则不一定是强制性的。例如伦敦的公立幼儿园和公立高中是免费的,但不属于义务教育阶段,因此儿童也可以选择不去学校。

表8　六个国际大都市义务教育年限和免费教育年限比较

	上海	纽约	伦敦	巴黎	东京	香港	新加坡
义务教育年限(年)	9	12	11	10	9	9	6
实施义务教育的年龄(岁)	6~14	6~19	5~15	6~15	6~14	6~16	7~12
免费教育年限(年)	9	12	15	16	9	12	
实施免费教育的年龄(岁)	6~14	6~19	3~17	2~17	6~14	6~19	

B. 入学率

入学率一般指净入学率,某一级教育的净入学率指该级教育适龄人口中正在该级学校就读的比例。例如小学学龄儿童净入学率,指的是小学学龄人口中正在接受小学教育人口所占比例。计算公式为:

$$小学学龄儿童净入学率 = \frac{小学学龄人口中正在小学学习的在校学生总数}{小学学龄人口数} \times 100\%$$

各级教育入学率反映了不同国家和地区教育制度的基本结构,入学率高意味着受教育的机会多,或者说教育普及程度高。

a. 小学和初中的入学率

纽约、伦敦、巴黎、东京、香港与上海一样,已经普及了义务教育,统计小学与初中的入学率意义已经不大了,所以纽约、伦敦、巴黎和东京不统计小学和初中的入学率。

b. 学前教育入园率

目前这些城市正在把普及的重点放在学前教育阶段。从表9中的数据比较可以看出,上海学前教育普及率与巴黎接近,高于伦敦和东京。

表9 上海、伦敦、巴黎、东京、香港、新加坡3～5岁儿童入园率比较(%)

	上海	美国①	伦敦②	巴黎③	东京④	新加坡	香港
2007年	96.7		71		64.0		89.1
2005年	95.1			100	65.2		
2003年	99.9	55.1	66	100	65.6		
2001年	99.5	52.4	69	100	66.3	50.5	

c. 高中入学率

纽约、巴黎和东京没有统计高中入学率。但伦敦有对16岁、17岁接受义务后教育的儿童占16～17岁人口的比例的统计,16岁人口中接受义务后教育的比例为78%,17岁人口中为68%。上海已经普及了高中阶段教育,2008年的入学率达97%;香港高中阶段教育2006年的入学率为83%;新加坡2005年的中学毛入学率为63.2%。由此可见,在基础教育阶段各级教育的入学率方面,上海在6个国际大都市中位居前列。

C. 升学率

教育的普及程度也可以用升学率来表示,升学率指同一教育阶段毕业生继续升入衔接之高一层教育阶段学习的学生比例。计算公式为:新学年高一级学校招生数/某一级教育毕业班学生数×100%。例如初中升学率的计算公式为:

$$初中升学率=\frac{新学年高一新生总数}{初中毕业班学生数}\times100\%$$

升学率反映的是某一阶段教育升入高一级教育的流量,而入学率反映的是

① 纽约市没有相关统计数据,这里用美国的数据代替,为3～4岁儿童的入学率,仅供参考。
② 伦敦统计幼儿入园率的口径是3～4岁进入学前教育机构的人数/3～4岁儿童数。这里的学前教育机构包括公立幼儿园、公立小学中的幼儿部以及私立和特殊学校中的幼儿部。其中2003年有66%的3～4岁儿童接受了免费的学前教育。
③ 法国全国数据在2001～2002年3～5岁儿童接受学前教育的比例已经达到100%,2岁儿童入园率也达到了34.7%。
④ 东京统计幼儿入园率的口径是小学一年级新生中完成幼儿园教育的人数比例。如果按3～5岁入园人数/3～5岁儿童数计算,则2005年3～5岁儿童净入园率为60.5%。

某一阶段教育的存量,因此升学率在国际比较时优于入学率之处,在于它不受学制长短的影响。升学率高有助于培养教育程度高的劳动力。由于人们对高等教育的经济和社会收益率的认识越来越清晰,因此各大城市的高中升学率都在提高。

a. 初中毕业生升学率

上海初中毕业生升学率高于伦敦、巴黎、东京。新加坡、纽约及全美国的统计一般都将中等教育合并统计,所以不计算初中毕业生升学率。香港只统计小学及初、高中的入学率,不做升学率统计。

表 10 上海、伦敦、巴黎、东京初中毕业升学率比较(%)

	上 海	伦 敦①	巴 黎②	东 京③
2004 年	99.7		74.6	97.3
2003 年	99.8		76.0	97.4
2002 年	99.3			97.0
2001 年	98.0	16 岁:84 17 岁:74		97.2

b. 高中毕业生升学率/高校录取率

东京统计高中毕业生升学率,巴黎统计高中生获得上大学资格的比例,也可以视为升学率,上海和伦敦统计的是高等教育录取率,而纽约则统计高中 4 年按时毕业率。新加坡的教育统计年鉴及联合国儿童基金会对新加坡儿童教育的统计指标在入学率部分仅幼儿园入园率、中小学入学率、毛入学率、净入学率、平均入学年龄、辍学率等,所以这些指标之间不完全可比。上海与伦敦的统计口径比较接近,从比较结果看,上海普通高校录取率高于其他发达城市(见表 11)。

---

① 伦敦初中生升学率指 16 岁或 17 岁继续全日制文化学习或者接受政府资助的职业技能训练的学生所占该年龄段儿童总数的比例。

② 初中毕业文凭(brevet des colleges)的通过率。这里是巴黎学区的数据。

③ 初中毕业生的升学率指进入高中、专门高中、盲校、聋哑学校、养护学校高中部(身体残疾、弱智、体弱多病)的学生占初中毕业生的比例。

表 11　高中毕业生升学率和高校录取率(%)

	上海① 普通高校录取率	纽约② 按时毕业率	伦敦③ 高等教育录取率	巴黎④ 升学率	东京⑤ 升学率
2004 年	84.6	54.3		76.1	53.5
2003 年	81.5	53.4		77.6	52.5
2002 年	81.2	50.8	67		52.4
2001 年	75.9	51.0	68		52.6
2000 年	67.4	49.9	70		51.7

D. 公立学校在校生比例

公立学校在校生比例指的是公立学校在校生占在校生总数的比例。以小学为例,计算公式为:

$$公立小学在校生比例 = \frac{公立小学在校生数}{小学在校生总数} \times 100\%$$

这一指标也反映了政府提供公共服务的能力。上海和东京对幼儿园、小学、初中、高中分别计算公立学校在校生比例;伦敦对幼儿园单独统计,对小学和初中合并统计;纽约对小学、初中、高中合并统计。

比较结果表明,上海各阶段公立学校在校生比例都比较高(见表12)。但要注意的是我们的公立小学和初中要收杂费,公立幼儿园和公立高中还要收学费;

---

① 上海统计的是普通高校录取率。指参加高校招生考试的学生中进入高校的比例。但并不是全部高中阶段教育的毕业生都参加高校招生考试的。

② 纽约市没有高中升学率统计,也没有我们的毕业班学生毕业率统计,而是统计高中 4 年按时毕业率,这是一个真正反映高中教学质量和效益的指标。同时纽约有对高中 4 年累计辍学率的统计,2004 年为 16.3%,计算公式为:四年前入学人数—四年后在校的学生人数/四年前入学人数。除毕业和辍学者外,其余 29.4%仍留在高中读第五年。毕业生中有多少升入大学目前未见统计,但根据纽约州的统计,全州高中毕业生(注意:不是毕业班全部学生,是其中能毕业者)进入高等教育机构学习的比例是 82%。

③ 伦敦高等教育录取率指 20 岁及以下的高中毕业生申请读大学被录取的比例。此外还有其他年龄的学生也可以申请上大学,但录取率相对低一些,2002 年,21～24 岁的高中毕业生申请上大学的录取率是 18%。

④ 获得上大学资格的毕业生比例,是普通毕业文凭、技术毕业文凭和职业毕业文凭的通过率,因获得这些文凭就获得了上大学的资格。但其中有些人不直接上大学,而是先工作或游历几年再去上大学。表中所列是巴黎学区的数据。

⑤ 高中毕业生的升学率指的是进入大学(包括函授部)、短期大学(包括函授部)、开放大学的学生、五年一贯制高中专科和盲聋哑养护学校专科的学生比例,不包括进入专修学校的学生。

而纽约、伦敦、巴黎的公立中小学和幼儿园都不收学杂费,东京的公立高中象征性地收取学费,只占东京家庭平均收入的 1% 左右。香港和新加坡没有该项指标的统计数据。

表 12　上海、纽约、伦敦、东京公立学校在校生比例比较(%)

	上海(2005 年)	纽约(2003 年)	伦敦(2002 年)	东京(2005 年)
幼儿园	85.3	76.3	65	65.2
小　学	95.1			95.4
初　中	87.7	78.7	88.6(2001 年)	74.3
高　中	88.5			43.8

(2) 教育经费

A. 生均教育经费

生均教育经费指平均每个学生(按全日制当量折算)获得的学校教育经费,包括公共财政和非公共财政投入到各级各类学校的教育经费、学生家庭交给学校的经费部分,但不包括学生家庭在学校以外的教育投入。在计算生均教育经费时,通常用全日制学生的当量数作为计算的基准,非全日制学生人数按有关方法折算成全日制学生数。

$$某一级教育的生均教育经费 = \frac{对该级教育的公共财政和非财政性教育经费投入}{全日制当量(折算)学生数}$$

生均教育经费综合反映了按学生平均的教育投入水平,因而通常被用于衡量一个国家或地区教育投入的实际水平。

由于各国货币不同,劳动力成本和商品价格也不同,所以 OECD 等国际组织在进行各项经费的国际比较时,都折算为同一的货币单位后进行比较,一般采用美元或购买力平价美元[purchasing-power-parity (PPP)]。

在上海、伦敦、东京 3 个国际大都市中,东京生均教育经费最高,第二是伦敦,上海最低。2004 年,上海各级教育经费的绝对值如果按汇率折算的话,幼儿园生均教育经费是东京的 11.4%,小学生均教育经费是东京的 8.9%,初中生均教育经费是东京的 7.9%,高中生均教育经费是东京的 10.1%(见表 13)。

表 13   上海、伦敦、东京、新加坡等地生均教育经费比较

	上海(元) (2008 年)	美国 (美元)① (2002 年)	伦敦 (美元)② (2003 年)	法国 (美元) (2002 年)	东京 (美元)③ (2004 年)	新加坡 (美元) (2008 年)
幼儿园	7 672.82	7 881		4 512	11 214	
小 学	13 016.14	8 049	4 645.11	5 033	13 931	5 306
初 中	15 473.62	8 669	6 038.65	7 820	17 555	7 456
高 中	14 964.98	9 607	16 209.90	9 291	19 821	12 066

B. 生均教育经费指数(生均教育经费占人均 GDP 的比例)

生均教育经费指数是指生均教育经费占人均 GDP 的比例,是一个把教育经费与国家的富裕程度综合考虑的衡量指标,它可以用来比较在不同经济发展水平下各国生均教育经费的投入水平,是真正反映在当地的物价水平下教育经费投入相对高低的指标。

生均教育经费指数计算公式为:

$$生均教育经费指数 = \frac{生均教育经费}{人均\,GDP} \times 100\%$$

从目前可获得的数据来看,东京各级生均教育经费指数最接近 OECD 的平均值,各级指数的相对高低也比较合理;伦敦的数据只有地方政府投入,占实际生均经费的 70%,如果折算一下的话,各级生均教育指数的值也是比较合理的;而上海的生均教育投入相对于上海的经济发展水平而言是偏低的(见表 14)。

---

① 这是美国全国的数据,来源于 2005 年 OECD 教育概览,另外 2005 年纽约州统计年鉴中统计了纽约州生均教育经费,但是是幼儿园、小学、中学的总平均数,为 13 369 美元(数据年份为 2003 年)。

② 仅指地方政府投入的经费,没有包括私人的投入和中央政府的投入,英国基础教育经费中地方政府投入约占总经费的 70%。数据源自陆璟等:《国际大都市基础教育发展指标比较研究》,《上海教育科研》2007 年第 1 期。伦敦的数据根据 2012 年 7 月 26 日英镑—美元的汇率折算而成。

③ 东京的数据根据 2012 年 7 月 26 日日元—美元的汇率折算而成。

表 14 上海、伦敦、东京生均教育经费占人均 GDP 的比例比较(%)

	上海 (2004 年)	美国 (2002 年)	伦敦① (2003 年)	法国 (2002 年)	东京② (2002 年)	新加坡 (2007 年)
幼儿园	13.9	22		16	24.7	
小 学	13.4	22	20	18	27.3	3.4
初 中	15.0	24	27	28	33.0	
高 中	21.7	27	41	34	39.7	

(3)儿童接受教育的条件和师资水平

A. 平均班额

平均班额也叫班级规模,是一个特定班级或一个教学团体的学生人数。其计算公式为:

$$平均班额 = \frac{在校学生数}{班级数}$$

平均班额这一指标一般只用来描述小学和初中教育。而对于较高层次的教育来说,由于教学科目的不同,学生经常选择几个班级,因此班级规模很难界定。

平均班额或班级规模到底多大比较适当?目前对这一问题还存在许多争议。一般认为,班级规模较小,师生之间的个体交往增加,教师可以给予每个孩子更多的关照,从而促进学生成绩的提高,并且减少管理大批学生所带来的不便。班级规模的大小也可能影响家长对学校的选择。但班级规模的减少也会导致教育支出中教师成本的增加,从而大大增加教育支出。

一般来说,小学平均班额在 25 人以下,初中平均班额在 30 人以下就达到了小班化的要求,较之伦敦、巴黎和东京,上海的班额明显偏高。

表 15 上海、伦敦、巴黎、东京平均班额比较(%)

	上海(2004 年)	伦敦(2005 年)	巴黎(2004 年)	东京(2005 年)
幼儿园	31.3			26.1

---

① 根据地方政府投入的经费折算为总的生均经费占人均 GDP 的比例。
② 仅包括公立学校。

续　表

	上海（2004 年）	伦敦（2005 年）	巴黎（2004 年）	东京（2005 年）
小　学	36.0	26.8①		30.4
初　中	40.8	21.8	23.5②	36.4

B. 生师比

生师比是反映教育资源配置效率的重要指标，由于不能建立直接的指标来评价教育质量，所以通常用生师比间接地反映教育质量。生师比会受多种因素干扰和影响，如学生上课时间的长短、教师工作时间的长短、教师所教科目的多少、每个教师所负责的班级和学生的数量、教师教学时间和其他时间的分配等。一般来说生师比低意味着学生可以得到更多的教育资源，但过低的生师比又会大量增加教学成本。其计算公式为：

$$生师比 = \frac{全日制当量在校学生数}{全日制当量专任教师数}$$

随着上海幼儿园入园人口逐渐进入高峰，幼儿园生师比自 2000 年以来逐年提高，2000 年时比东京低，到 2007 年已经高于东京了；上海小学和初中生师比低于伦敦、东京和新加坡，但是上海小学和初中的平均班额却高于伦敦和东京，导致这种矛盾现象产生的原因有二：一是国外小学采用包班制，特别是低年级，节约了教师资源；二是因为国外中小学教师任务比较单一，只要教学而不需要从事教育科研，班主任工作也比较少，可以集中精力从事教学工作，也因此节约了教师资源；上海高中生师比则高于伦敦，低于东京（见表 16）。

表 16　上海、伦敦、东京、香港等地生师比比较（%）

	上海（2007 年）	美国（2002 年）	伦敦③（2005 年）	法国（2007 年）	东京（2005 年）	新加坡（2007 年）	香港（2006 年）
幼儿园	17.2	15.5	15.7	18.8	16.9		
小　学	13.87	15.5	22.8	19.0	19.4	22.1	17.6

①　仅指非单个教师包班的班级。
②　此处数据仅指巴黎学区的平均班额。
③　仅指教育部直接拨款公立学校。

	上海 (2007 年)	美国 (2002 年)	伦敦 (2005 年)	法国 (2007 年)	东京 (2005 年)	新加坡 (2007 年)	香港 (2006 年)
初　中	12.8	15.5	16.5	13.7	16.3	18.3	17
高　中	12.76①	15.6	14.9 (2001 年)②	10.6	16.6		

2. 上海与其他城市的部分儿童教育指标比较

（1）教师学历

上海在"十一五"期间,教师学历有了大幅度的提高,中学教师本科以上学历的比例与东京和香港比较接近,原先幼儿园、小学教师学历比东京等地低得多,但到 2008 年则有了大幅度的提高(见表 17)。

表 17　上海与东京各级学校教育中本科及以上学历教师比例比较(%)

	上海(2008 年)	东京(2004 年)	美国(1999～2000 学年)	香港(2010 年)
幼儿园	92.1	40.8	99.7	95.6 (大专及以上)
小　学	90.1	91.3		95.7 (大专及以上)
初　中	99.3	95.1	98.8	94.4
高　中		98.3		

（2）男教师比

男教师比是反映中小学校教师性别结构的重要指标。男性角色的影响对成长早期的儿童(尤其是小学生)有着至关重要的作用,上海教育部门近年来也十分重视幼儿园及中小学增加男教师的招聘比率,但该项指标仅上海和新加坡有不完整的数据。统计结果显示,小学阶段,上海的男教师比例要高于新加坡。但是,新加坡男教师比例虽低于上海,却呈现出逐年递增的态势,而上海男教师比例虽高于新加坡,维持于 21% 以上,却逐年微量递减,两地男教师比呈现出一增

---

① 仅指普通高中。
② 仅指延续教育机构中全职教师的比例。

一减的趋势,值得关注①。

（3）特殊教育

上海为提高残障儿童的生活质量,确保其完全、平等地参与社会和文化生活,推进社会全纳,在完善特殊教育的支持与保障体系上做了大量的工作。上海设有建设 5～6 所特殊教育示范校的指标;提出并实现了规范随班就读工作的管理,明确要求提高残障儿童随班就读的质量;对不能上学的残疾儿童,送教送训上门,纳入学籍管理,为残障儿童提供优质的教育与服务。其他城市未设立相关的可比性指标。

法国历来重视身心有缺陷儿童即特殊儿童的教育问题。法国神父莱佩1770 年在巴黎建立了世界上第一所聋童学校,并创造了聋哑手势教学法。1784年法国人阿于伊在巴黎建立了盲童学校。法国精神病医生塞甘是智力落后儿童教育学的奠基者之一,他于 1839 年在巴黎建立了智力落后学校。残疾儿童教育机构的数量是儿童教育指标中的一个重要组成部分。所以巴黎对这类机构的数量有精准的统计,但其他城市却没有相关的指标和数据②。

3. 结论与建议

上海目前在基础教育的普及程度上,包括各级教育的入学率和升学率指标,都是做得比较好的,而且上海各级公立学校在校生的比例也是最高的,说明上海市政府在公共教育服务的普及方面做了大量工作。

沪港两地儿童教育指标具有高度的相似性和可比性。两地都极为关注政府教育开支、教师资历、生师比与平均班额、入学率与升学率、特殊教育等,相关监测指标的统计口径也较相似。尽管上海市政府的教育投入比香港低,但是上海教师资历、生师比与入学率都优于香港;此外,香港也致力于监测负面指标辍学率,每年定期发布中途离校的中三或以下学生人数。这两点是上海儿童教育指标较欠缺的。不过,上海儿童教育统计体系中监测了儿童家庭教育的状况,将学校教育与家庭教育作为影响儿童发展的整体来推动。

上海的差距主要表现在教育经费和教育质量方面。首先,上海 2007 年刚免除义务教育学生的学杂费,而伦敦、巴黎、纽约和东京不仅免除学生的学杂费、课

---

① 参见分报告"上海、新加坡儿童发展指标比较"表 16。
② 参见分报告"上海、巴黎儿童发展指标比较研究"表 8。

本费,贫困学生还有免费午餐;第二,上海的教育经费相对还比较低;第三,上海没有建立起学生学业水平监测体系,无法对教育的结果做出评价;第四,上海在高标准的教育设施上,例如室内运动场所和游泳池的设置率上,比东京低很多,在这方面反映出上海的办学条件与国际大都市相比尚有不尽如人意之处。

此外,我们发现,纽约、伦敦、香港和东京对信息获取能力教育、问题行为监测以及如下指标的设置是适应新时期教育发展需要的,值得我们参考和借鉴。

(1) 盲、聋儿童初中毕业、高中毕业升学率

东京对随班就读和特殊教育学校的残疾儿童升学率都有详尽的统计,各类残疾儿童初中毕业升学率基本在95%以上。盲校、聋校的高中毕业升学率也分别达到36%和39%。据上海市教委估计,目前上海听力障碍学生初中毕业升高中的比率达90%以上,高中毕业升学率达30%以上;视力障碍学生初中毕业升高中的比率约为80%。但是公开的统计年鉴中没有这一数据。建议今后进一步核实相关统计数据,逐步纳入正式统计的指标范畴。

(2) 学生学业成就

香港、纽约和伦敦都建立了学生学业成就监测评价系统,定期公布监测结果,把教育评价的重点从经费投入、办学条件和入学率转到了教育的质量和结果上。建议上海增设相关指标,把握不同群体和年龄的儿童学习现状和需求,及时调整教材的难易程度,提升儿童的学习兴趣和学习能力。

纽约市的学生学业成就测验分为纽约市标准测验和纽约州标准测验两种,市和州将学生的测验成绩按照相关的学业标准分为四个等级,等级1表示极少部分达到了学业标准;等级2表示部分达到了学业标准;等级3表示达到了所有的学业标准,等级4表示远远超过学业标准。

英国基础教育阶段,每一门课程都设定了10个等级的学业成绩目标。学生每念完一个学段就要参加一次全国性的学习成绩阶段性评价考试,主要为英语、数学和科学三门核心课程。此外,大学招生不再进行全国统一考试,因此学生中学毕业考试(GCSE)以及17~18岁参加的高级水平(A-Level)和高级补充水平普通教育考试也很重要,其成绩将决定着该学生可以投报什么档次的大学。

香港的指标不仅关注儿童受教育的机会(如入学率与升学率),也关注儿童受教育的结果,对于儿童的数学与科学能力、阅读能力以及考试成绩给予高度的关注。

（3）室内运动场设置率和游泳池设置率

上海办学条件的统计指标包括生均校舍面积、实验仪器设备达标率、生均计算机台数等，但缺乏体育设施状况的数据。东京如下两个指标值得参考。从表18的数据可以看出，东京的公立中小学中，几乎都已经有了室内运动场馆和游泳池。建议增设相关指标，以引起有关部门的重视，满足上海儿童的强体健身的实际需求。

表18　东京公立中小学体育设施设置率(%)

	1990 年	1995 年	2000 年	2002 年	2003 年
公立小学室内运动场设置率	99.02	99.22	99.57	99.34	99.41
公立初中室内运动场设置率	98.35	99.25	99.70	99.69	99.85
公立高中室内运动场设置率	98.15	94.42	98.60	96.23	99.04
公立小学游泳池设置率	98.74	98.94	99.06	98.82	98.96
公立初中游泳池设置率	98.65	99.10	98.64	98.32	98.62
公立高中游泳池设置率	87.50	90.23	92.52	92.45	93.75

（4）贫困学生及处境不利儿童等比例

贫困学生比例是评价学校教育公平性的一个重要指标，目前上海尚缺乏，从完善教育指标的角度看，可参考其他国际大都市，建立低保家庭子女的数据统计信息，为政府完善资助方案提供参考依据。

在教育领域，对于幼儿园、中小学而言，不仅要统计其入学（园）率，还应统计学生的重修率、辍学率以及识字率、毕业会考合格率，以更加细致地考察教育质量。在处境不利儿童享受公平、优质教育资源方面，上海目前只统计了进城务工人员子女，对于其他弱势群体也需要加以关注。比如，上海可统计贫困学生比例，建立低保家庭子女的数据统计信息，为政府完善资助方案提供参考依据，加强学校教育的公平性。此外，要引进学生对学校教育的评价指标，切实从受众角度全面、客观地评价上海教育质量，并推动其不断提高。

（三）儿童权益保护指标比较

"十一五"期间，上海立足实际，对儿童的权益保护进行了大量探索，儿童权益保护状况有了很大改善和发展,然而有关儿童权益保护领域的两大目标尚未实现:完善与儿童权益相关配套的法规体系和完善未成年人教育保护指导网络。具体的指标设置主要强调的是儿童及其监护人对有关法律的知晓率和未成年人的犯罪率。

纽约、伦敦、巴黎、东京的所属国及新加坡儿童权利立法发端较早,在儿童权益保障中均有着较长的发展历史,因此与它们的比较对上海儿童权益的保护具有一定的借鉴意义。希望通过比较,能够看到上海儿童权益保护方面取得的成绩,发现上海儿童权益保护指标中存在的不足,为上海儿童权益保障机制的完善提供有益的启示。

1. 可比性指标比较

(1) 儿童保护法律比较

由法律的权威性和强制性决定,完善的法律体系是儿童权益实现的强大后盾与保障,尤其在成文法的国家,以专门的儿童保护法律为基础的儿童法律体系可以视为儿童权益保护力度的体现。因此我们非常赞同把完善与儿童权益相关配套的法规体系列为儿童权益保护领域的两大目标之一。

由于儿童的健康成长涉及众多复杂的社会关系,因此,各国的儿童保护法律都有涉及调整不同社会关系的法律法规,内容丰富,除基本法和部分专门法律外,尚有不少涉及儿童权益的其他法律。对儿童权益保护专门法律的比较,是儿童权益保障机制研究的基础,而关于儿童保护法律的修改则在一定程度上反映了儿童权益保护的不断完善。

表19　上海与美国、伦敦、法国、东京、新加坡儿童保护法律的比较

	专 门 法 律	新修订法律
上海	《未成年人保护法》、《预防未成年人犯罪法》	2000年《婚姻法》 2004年《上海市未成年人保护条例》 2006年修订《未成年人保护法》
美国	《儿童保护法案》、《儿童网络保护法》、《青少年犯教养法》、《防止虐待儿童和待遇法》、《儿童电视法》、《儿童公民法》、《收养和家庭安全法》等	

	专 门 法 律	新修订法律
伦敦	《儿童法案》(1948 年)、《儿童抚养法》、《儿童监护法》、《收养照管法》、《少年福利条例》、《儿童法》(1989 年)、《1963 年青少年法》等	2000 年出台的《刑事法院权利法(判决)2000》
法国	《关于少年犯罪的命令》、《少年法》、《少年福利法》	
东京	《少年法》、《儿童福利法》、《少年审判规则》、《少年院处遇规则》、《少年警察活动规则》、《有关少年保护案件的补偿的法律》、《有关儿童买春、色情行为等的处罚及儿童的保护等的法律》、《对利用网络异性介绍业务诱引儿童的行为等进行规制的法律》、《儿童虐待防止法》、《学校营养午餐法》、《未成年人饮酒禁止法》、《未成年人吸烟禁止法》、《东京都青少年保护育成条例》	2000 年修订《少年法》 2001 年修订《未成年人吸烟禁止法》和《未成年人饮酒禁止法》,制定《有关推进儿童读书活动的法律》; 2002 年修订《有关特殊儿童抚养津贴的支付等的法律》、《少年指导委员规则》和《勤劳青少年福利法》,制定《少年警察活动规则》; 2003 年制定《对利用网络异性介绍业务诱引儿童的行为等进行规制的法律》、修订《母子及寡妇福利法》、《义务教育各类学校教科用图书的免费措施法》; 2004 年修订《有关儿童买春、色情行为等的处罚及儿童的保护等的法律》、《儿童津贴法》、《儿童抚养津贴法》、《学校伙食法》、《义务教育费国库负担法》和《偏僻地区教育振兴法》,2000 年制定、2004 年修订《儿童虐待的防止等的法律》; 2005 年修订《东京都青少年保护育成条例》; 其他涉及儿童权益保护的法律修订,如 2002 年修订《残疾人基本法》、《生活保护法》和《预防接种法》,2002 年制定《独立行政法人日本体育振兴中心法》,2004 年修订的《结核预防法》,2008 年修正《儿童虐待防止法》,2011 年修订《儿童福利法》。
新加坡	《儿童条例》(1927 年)、《儿童和青少年条例》(1949 年)、《儿童与青年法》	
英国	《2002 收养与儿童法》(2002 年)	

由上表可见,各城市或国家对儿童权益的保护,既有内容相对宽泛的法律,也有不少内容细致、针对性强的法律,这些法律基本涵盖了未成年人从出生到成年期各个阶段社会生活的方方面面;同时,从中央到地方,根据儿童保护的新情况,都有专业机构对涉及儿童保护的法律进行及时的修改。尤其在日本,自2000年以来年年都在进行儿童法修订。

上海的儿童保护法律体系虽已初步形成,但儿童权益的保护大量散见于其他法律中,专门以儿童为对象的法律很少,导致对实践的指导性不足和缺乏儿童权益保护的力度。上海在儿童法规的修订和完善上是积极作为的,但儿童问题涉及多方社会关系,指望通过一两部法规实现对儿童的全面保护是不现实的。

(2)儿童保护机构比较

专业儿童保护组织的多寡尤其是非政府组织的参与及儿童福利的促进是完善未成年人保护网络不能回避的问题。

表20　上海与东京、巴黎、新加坡儿童保护机构和组织的比较

	组　织　机　构	特　　　点
上海	政府:青少年保护委员会办公室和社会治安综合治理办公室; 社会:共青团和社区组织; 司法领域:公安局、检察院、指定管辖的少年法庭及工读学校、少管所等儿童矫治机构; 半官方性质的青少年保护组织:阳光社区青少年事务办公室; 儿童福利机构:由政府兴办的儿童福利院(可查知的全市共六所)。	儿童福利机构少、强调社会组织参与的多层次性和协调性、保护组织的非专业化等。
东京	少年司法和矫正机构:家庭裁判所(裁判机构)、少年鉴别所(矫治机构)、少年院(矫治机构)、少年刑务所(日本的少年监狱)、地方更生保护委员会(矫治辅助机构)、保护观察所(矫治辅助机构); 儿童福利机构:儿童福利审议会、儿童福利司(根据法律规定必须设置)、儿童商谈所(根据法律规定必须设置)、福利事务所(非专门儿童福利机构)、保健所(非专门儿童福利机构)。	儿童保护机构和组织的性质,有行政机关及其附属机构,有司法机关,有事业机关,也有社会组织和民间组织。 具有明显的专业性和独立性特征:单独设置、有专门的人员编制、独立、稳定的经费保证和完善的组织体系,精密的分工。 具有儿童保护组织的完善体系,甚至每个村都建立了专门的儿童保护组织。

	组 织 机 构	特 点
巴黎	儿童卫士	法国议会于 2000 年 3 月投票表决后批准建立的旨在保护、促进法律和国际条约规定的儿童基本权利的机构。受理并处理儿童的申诉；对涉及儿童权益的法律提出修改建议；促进儿童权利的保护。
新加坡	新加坡社区发展、青年和体育部，儿童虐待保护小组； YGO(宗教性质的团体，可接纳犯罪青少年的指导组织)。	

从上表可以看出，日本的儿童保护机构中福利机构和司法、矫正机构均不偏废，在保护违法犯罪少年和其他不良少年外，也非常注重对一般儿童福利的保护；而上海儿童保护机构则多局限于违法犯罪及不良少年，对一般儿童福利的关注较少纳入法律保护视野。《儿童权利公约》所保护的儿童四大根本权利是生存权、发展权、受保护权和参与权，实践中往往是这些权利遭受侵犯不能获得保护。因此与儿童及其监护人对有关法律的知晓率同样重要的是儿童保护的机构和组织发展情况，这与未成年人教育保护指导网络的完善这一目标相吻合。

新加坡的儿童保护事业始于 1927 年的《儿童条例》(*Children's Ordinance*)，其目的在于保护儿童免受虐待。1946 年，新加坡社会福利署成立，开始着手制定关于儿童保护的各项社会政策。1949 年，《儿童和青少年条例》颁布实施，从而形成了新加坡儿童保护的基本框架。目前新加坡社区发展、青年与体育部(MCYS)成为保护 16 岁以下儿童免受虐待与疏忽等不当人身遭遇的责任部门，其主要的法律是《儿童与青少年条例》以及《儿童与青年法》(*Children and Young Persons Act*)。1996 年，新加坡政府设置"儿童虐待保护工作小组"(CAPT)，借此宣示跨领域、跨层级的儿童保护机制，从而吻合"儿童最佳利益"(the best interest of the child)的终极价值。

（3）儿童司法制度比较

表 21　少年法庭的独立性、收案范围和法律依据

	机　构	独立性	收案范围	交付少年	法律依据
上海	少年法庭	无	刑事案件	犯罪少年	没有专门的指导少年司法实践的少年法,除最高人民法院、最高人民检察院、公安部、司法部、教育部的有关通知、规定、解释外,法律依据与成人法无异。少年刑事案件审理所依据的法律均非专门的少年实体法和程序法。
英美	少年法庭（少年法院）	有	综合性、福利性	犯罪的少年、需要监管的少年和需要照顾保护的少年	专门的儿童法
巴黎	少年人法院和少年重罪法院	有	少年犯罪案件	犯罪少年(将违法少年、虞犯少年①、需要保护的少年,视为少年福利案件,另依少年福利法处理。)	少年法
日本	东京家庭裁判所	有	有关家庭的案件,少年保护的案件和危害少年福利的成年人刑事案件	犯罪的少年,触法少年和虞犯少年	有专门指导司法实践的少年实体法和程序法,如《少年法》、《少年审判规则》、《儿童福利法》等。

---

① 指可能犯罪的少年。

表 22　审理前的社会调查和强制措施的使用

	社 会 调 查		强制措施的使用
	程序有无	法律依据	与成年人相比
上　海	有	仅相关司法解释中有原则性规定,实践中具有一定的主观随意性	没有法律规定,基本无区别,大量使用
伦　敦			大量对少年适用取保候审
新加坡			司法系统在判决前执行"纠正性质的服务",组织犯罪青少年参加以社区为主导的管教活动,通过活动让青少年对社会形成新的看法和思考模式,纠正其反社会行为。
东　京	有	要求家庭裁判所在对少年做出决定之前必须进行调查,通常由家庭裁判所调查官进行;《少年法》从调查日标、内容到获得帮助支持等方面进行了非常细致的规定;《青少年教养法》也进行了补充规定。	少年法限制对少年进行拘禁

表 23　处置措施——刑罚和保护充分

	处置措施	法 律 规 定
上　海	刑罚和非刑罚	原则性 　除未成年人不适用死刑外,对未成年人是否适用财产刑罚与剥夺政治权利没有规定,对未成年人从轻或减轻处罚不明确不具体,对未成年人适用缓刑、减刑、假释的标准与成年人没有区别,对未成年人规定的刑种单调,且缺乏行之有效的非刑罚方法。上海虽然在未成年人的社区矫治等方面进行了一定探索,但由于不能突破法律的规定而存在很多矛盾与局限。

	处置措施	法　律　规　定
日　本	家庭裁判所仅有保护性处分之权,而无对少年科处刑罚之权。	少年重大案件认为应受刑罚处分为必要和适当时,应解送于应当管辖的地方裁判所相应的检查厅的检察官,由检察官向刑事裁判所按对待成年犯的普通刑事诉讼程序提起诉讼,并具体规定了适用重刑的限制,自由刑的从轻、减轻科处,缓刑、假释条件的放宽等。同时,规定了大量的收容性保护处分与非收容性保护处分。

由如上分析对比可见,独立的少年司法制度的欠缺——少年法庭的非独立性、适用于少年司法的专门少年法律的缺失,对中国儿童保护机制的完善提出了新的挑战。

2. 上海与其他城市的部分儿童权益保护指标比较

世界各国为了社会治安,都会统计违法犯罪率。基于未成年人的群体特殊性,各国对未成年人的违法犯罪率一般也比较关注。然而,因各国的司法制度不同,所以对未成年人违法犯罪年龄的规定、法律的适用性及违法犯罪的认定、处理就会有较大差异,如日本的虞犯少年、美国的身份犯等在我国是不计入未成年人违法犯罪之列的;日本和美国的警察对少年案件具有很大的自主权,对违法犯罪少年可当场作出释放的决定,也可在权限范围内作其他处理,如警告、训诫,或转送社会福利机构等,不同的司法机构担负着截然不同的筛选、处理功能。基于上述原因,本研究未收集到东京、巴黎、伦敦、纽约、香港具有可比性的未成年人违法犯罪率、侵害儿童权益情况的具体资料,因此,无法就各国的未成年人违法犯罪率进行横向比较。同时,未成年人违法犯罪受多种因素(如社会政策、经济状况等)制约,其一定时期内的存在必然具有合理性。所以一定时间内未成年人违法犯罪率的下降,不能简单归因于权益保护的功效,即便一段时间内未成年人违法犯罪率有所上升,科学地说亦不能归咎于权益保护的缺失。但不可否认的是,儿童权益保护机制和儿童权益保护机构是否完善、健全确实在一定程度上反映出儿童权益保护的状况。

未成年人犯罪率是衡量儿童发展的重要指标。上海对这一指标的定义是:某地年内被区(县)法定罪判刑的、户籍地为本市(15～17 岁)未成年人罪犯占该地不满 18 周岁未成年人口总数的比重。计算方法:未成年人犯罪率＝某地年内未成年人罪犯人数/该地年末 18 周岁以下未成年人口总数×1/万。据此,上海 2005～2008 年未成年人犯罪率依次为：9.6/万、10.8/万、12.1/万、10.2/万。

　　新加坡的统计数据是以涉案人数为统计口径的。2008 年,7～15 岁少年犯(被逮捕)为 1 701 人,7～19 岁青少年犯罪(被逮捕)为 3 854 人,7～15 岁新增缓刑处置青少年为 346 人。7～15 岁未成年人犯罪率约为 3.56(1/万),7～19 岁青少年犯罪率为 5.21(1/万)。这说明,上海在控制未成年人犯罪率方面与新加坡有一定的差距。

　　(1) 青少年吸毒率

　　吸毒对青少年身心健康危害极大,会对人的中枢神经系统、循环系统、消化系统、免疫系统、造血系统等造成严重损伤并导致死亡。美国青少年吸毒者数量惊人,在 2009 年,12 至 17 岁的青少年中有 10% 是非法吸毒者。[①] 纽约市特殊麻醉品监管部的官员指出：许多新型毒品的成瘾者均为青少年,且来自郊区的中产和富裕家庭,纽约长岛的青少年把吸食海洛因视为流行,在商场、公园甚至校园走廊等青少年聚集地,毒贩频繁出入向孩子们推销烈性海洛因。长岛医院的青少年服务中心负责人霍华德表示："问题成瘾的孩子年纪越来越小,毒品价格便宜又容易得到。[②] 据统计,2005 年,新加坡 15～29 岁青少年吸毒率达到 6.1/万人。2008 年,上海 32 934 位吸毒人员中,青少年成为主要受害人群,吸食新型毒品人群中 35 岁以下青少年占 75% 以上。此外,女性吸毒人员呈上升趋势；18 岁以下未成年吸毒人群中,女性比例超过男性。

　　(2) 少女怀孕

　　少女怀孕指妊娠发生在女性青春期 10～19 岁年龄段。这是一个世界性的公共卫生难题。根据联合国 2001 年的报道,世界上每年有 1.32 亿婴儿出生,其中 1 400 万为少女母亲所生,约占 10.6%。由于充分重视这一问题,新加坡少女怀孕比率要低得多,仅 3.5%。但是,在所有结婚的女性中,20 岁以下的女性占了 5.1%。

　　美国少女怀孕问题于 2006 年创下 15 年来的新高,该年度少女生子比例为英国的 2 倍、法国的 4 倍、日本的 10 倍。截至 2008 年,有近 750 000 名小于 20 岁的女性怀孕,其中 733 000 名少女介于 15～19 岁,13 500 名为 14 岁以下者。[③]

---

　　① 数据来源：美国物质滥用和精神健康服务管理局(SAMHSA)应用研究办公室,http://www.nccp.org/publications/pdf/text1008.pdf

　　② 2008 年 7 月 21 日中国新闻网。

　　③ 数据来源：Kost Kand Henshaw S, U. S. Teenage Pregnancies, Births and Abortious, 2008：National Trends by Age, Race and Ethnicity, 2012, ＜ http://www. guttmacher. org/pubs/USTPtrends08. pdf＞

20世纪60年代,美国开始在全国各地设立少女孕妇学校,仅纽约一地就有4所,其在校人数最高曾达1 500人。但纽约积极贯彻《少年健康大纲》,自1976年以来少女怀孕率持续下降,至2007年7月,该市关闭所有少女孕妇学校,但政府继续在学校向青少年提供避孕咨询、实施禁止滥用药品规范,为女青少年提供健康保护。①

上海及东京等国际大都市目前无相关的统计数据。但据2004年1~6月间上海市国际和平妇幼保健院对该院要求终止妊娠的少女(10~19岁)的调查显示:这些少女妊娠女孩平均年龄为(17.57±1.21)岁,20.0%来自中学,36.5%来自中专和职校②。另外,上海"少女意外怀孕求助热线65876866"在2005~2009四年间共接到咨询电话39 000余通,救助少女超过2 600人次。这说明,少女怀孕问题在上海也不容忽视。

3. 结论与建议

上海、东京、纽约、伦敦、香港及新加坡在儿童权益保护方面都有着自己的法律法规体系,但是在具体的指标方面,东京、纽约、伦敦未提出太多的指标内容,上海和这些城市主要的差异性可以概括为:第一,为发挥儿童的主体作用,保障儿童参与权,培养儿童的公民意识,上海设置了儿童每天享有自主支配闲暇时间这一指标,东京、纽约、伦敦则没有这项指标。第二,在进一步推动未成年人司法制度建设,加强未成年人的司法保护,预防和减少未成年人犯罪方面,上海提出了未成年人犯罪率、儿童法律援助处理率这两项指标,东京、纽约、伦敦没有这些指标。第三,在保护儿童权益方面,上海提出了保障男女儿童平等出生的机会,严格控制非医学需要利用技术手段为孕妇做胎儿性别鉴定的指标内容,东京、纽约、伦敦也没有这方面的指标内容。由此可见,各城市在制定具体的指标方面,还是有很大的思维差异。

总体而言,纽约、伦敦市在儿童权益保护方面虽然没有较细致的指标,但是其完善的法律法规还是可以为儿童权益提供足够的保护,东京市儿童权益保护法律法规的完善程度比上海更进一步,尤其体现在独立的少年司法制度方面,这也是上海需要努力探索的重点。

———————

① 新闻晚报2007年6月3日。
② 许洁霜等:《上海市妊娠少女性与避孕知识及行为的调查》,《中国妇幼保健》,2005年第10期。

香港、新加坡两地和上海一样,对未成年人的违法犯罪问题都给予了高度的关注。但是,上海仅限于对问题儿童的关注,而香港、新加坡再次表现出对负面指标的关注,他们不仅关注儿童犯罪问题,同时也注重统计监测并报告儿童吸毒、吸烟、少女怀孕的情况。

儿童权益保护是个复杂的系统工程,因此,衡量上海儿童权益保护的指标不能局限于法律的知晓率和违法犯罪率、儿童法律援助处理率等方面。建议增加如下指标,多方面考察上海儿童权益保护的发展状况。

(1)增加与儿童相关的法律修改、制定内容的指标

儿童权益保护法律体系的完善是实现儿童权益保护的基础。上海市于"十一五"规划中也将完善与儿童权益相关配套的法规体系作为儿童权益保护领域的两大目标之一。然而,因上海市地方立法不能突破国家立法的权限,对儿童权益保护法律的完善存在很大局限,所以儿童权益保护法律法规体系的完善将是个长期的过程。但这并不等于上海市儿童权益保护法律法规的完善就不能有所作为。事实上,随着儿童权益保护的一些新情况的出现,儿童权益保护法律领域也出现不少空白,上海可参考其他城市,在不突破立法权限的条件下前瞻于国家立法,制定一些针对性强、内容细致的地方法规,从而为维护儿童权益提供良好的支撑。上海市在法规的修订和完善上一贯积极作为,因此,把儿童权益保护的目标量化为相关的法规制定、修改指标是完全可行的。

(2)增加参与儿童权益保护的非政府组织、专业机构数量、政府投入力度等方面指标

日本的儿童权益保护机构和组织具有明显的专业性和独立性特征。不仅关注违法犯罪及不良少年的保护,也重视一般的儿童福利。从前文的对比表中可见,上海在这方面尚有欠缺,但阳光社区青少年事务办公室及青少年社工的设立,表明上海市政府在完善未成年人保护指导方面是有设想、有决心、有力度的。因此,为了推动社会非政府组织的参与,加大投入与指导是很有必要的。这一指标的设立也是对完善儿童权益保护指导网络这一目标的细化和落实。

(3)增加对未成年犯罪嫌疑人使用强制措施、庭审前的社会调查、合适成年人参与、采用取保候审的比例

未成年犯罪嫌疑人权益的保护是未成年人权益保护的重要组成部分,然而由于独立少年司法制度、专门少年实体及程序法律的欠缺,在未成年人刑事案件

的法律适用中，未成年人的特殊性并未得到应有的体现。因此，若将对犯罪嫌疑人使用强制措施，对其进行庭审前的社会调查，吸纳合适成年人参与以及采用取保候审的比例作为衡量未成年人权益保护的指标不仅能够起到司法督促作用，也能较好地反映上海市保护未成年犯罪嫌疑人权益方面的情况。

（4）增设儿童自杀率、少女怀孕及堕胎等指标，即儿童虐待的细分统计指标

新加坡关于儿童保护的指标主要包括：出生人口性别比，儿童自杀率，15 岁至 19 岁少女的堕胎率，青少年违法犯罪率，无父母看管儿童数，儿童虐待案例分类统计（身体虐待、性侵犯、身体忽视和情绪暴力），儿童虐待受害者信息统计（年龄、家庭背景、经济水平等），儿童虐待报案率、儿童虐待报案方式统计，儿童虐待案件处理与安置信息统计。上海可借鉴新加坡对儿童虐待案件进行细分统计，包括其类型、受害者信息统计、报案率、处理与安置等。这种统计还应该进一步延伸至其他方面，比如针对儿童的性侵犯、身体忽视乃至情绪暴力，从而确保儿童不仅在身体，同时也在心理和情绪等方面得到全面有效的保护。最后，对于儿童自身造成的"伤害"，也需要多加关注，比如自杀、少女堕胎等，需要增设相应的统计指标。

根据《刑法》及其司法解释，虐待罪属于自诉案件范围，应由受到暴力对待的一方主动提出诉讼，否则司法不能主动干预，只有致人重伤或死亡，才能进入国家公诉程序。但现行的《民事诉讼法》规定，无诉讼行为能力人由其监护人作为法定代理人代为诉讼。这就意味着未成年人的家庭暴力很难进入司法程序。假设孩子遭受父母一方虐待而另一方不愿或不敢代理孩子提出诉讼，或父母双方都对孩子施暴，那么未成年人自己起诉就会出现法院无法受理的局面。由于上海市立法作为地方立法，不能突破立法的权限，对儿童权益保护法律的完善存在很大局限。因此，上海市儿童权益保护的完善从法律的角度来说更有赖于国家立法，其目标的实现并非部分量化指标所能反映。针对当前家庭暴力事件频发的现状，有必要在国家层面制定专门的、系统的、防治家庭暴力的法律法规，以充分保护未成年人的合法权益。

（四）儿童成长环境指标比较

国内外不同地区对儿童成长环境的定义和侧重各有不同。现在各国比较通用的儿童成长环境指标主要是参照 OECD 的人类发展指标，如儿童贫穷率，但上海、纽约、伦敦、巴黎、香港、东京和新加坡的指导理念并不相同，因此对儿童成长环境的理解也各不相同。如中国儿童中心提出有利于儿童的"良好社会环境"

包括媒介环境、观念环境和社区环境;来自英国的一份调查重视儿童成长环境的治安安全和儿童减贫;而世界卫生组织号召"让儿童拥有一个健康的环境"。这些概念运用上的差异,源于不同地区社会经济发展水平和儿童发展水平的差异。

我们将儿童成长环境指标分为儿童安全和儿童文化两大类,按类别对六个国际大城市和新加坡的相关指标进行描述和比较。

1. 可比性指标比较

（1）儿童安全环境

A. 儿童虐待

根据世界卫生组织的定义,儿童虐待是指对儿童有义务抚养、监管及有操作权的人做出的足以对儿童的健康、生存、生长发育及尊严造成实际的或潜在的伤害行为,包括各种形式的躯体和情感虐待、性虐待、忽视及对其进行经济性的剥削。

纽约、东京、香港、新加坡的儿童保护部门都设立了专门的指标,统计儿童虐待现象的发展和变化趋势。

纽约

纽约的防止儿童虐待指标主要包括儿童寄养率、虐待举报数、有效率和儿童虐待、忽视。

a. 儿童寄养（Foster Care — Children and Youth in Care）

定义:儿童寄养率（rate of foster care）指,截至每年 12 月 31 日,由社会福利部门监管下的 0～21 岁儿童青少年人数占该年龄段总人数之比。2001 年纽约的儿童寄养率为 7.5％每千人。

b. 儿童虐待举报数和儿童虐待举报有效率（Indicated Reports of Child Abuse and Maltreatment）

定义:一年中向国家福利机构举报并登记的儿童虐待事件总件数。其中有明显证据的举报占总举报数之比为有效率。之所以采取两个指标,因为前者可能是一人多次举报;高举报率也可能意味着更好的保护,因为对证据的制定比较宽松。相关数据:2003 年为 33.4％,1996 年为 33.6％。

c. 儿童虐待和忽视

根据法庭判决和被社会工作人员带走的儿童数量确定。

东京

东京对儿童虐待的定义是:儿童虐待是指向不同官方机构如"儿童相谈所"

咨询和求助的儿童虐待案例。儿童寄养是指儿童相谈所评估儿童需要紧急保护时，将儿童安置于附设的临时保护机构或其他机构、寄养家庭等的一系列措施。

东京儿童虐待数据：2000 年有关部门受理的有关虐待儿童案例就近 2 000 件，1991 年东京共受理 126 件，这一数字较过去 10 年增加了 15.4 倍。其中，上东京儿童救助中心面谈的个案共有 1 940 件，电话咨询1 618件，占东京全部儿童虐待案例的 37.4%，其次为警察局备案个案，占 22.4%，再次为向当地儿童委员会求助的案例，占 10.3%。

新加坡

从统计数据看，新加坡 2008 年受调查的儿童虐待案件数为 176 件，与 1999 年的 190 件和 2003 年的 205 件相比有明显下降。2008 年新加坡父母看护缺失的儿童数新增 121 人，这个数据比 1999 年（111 人）稍高，但较之 2003 年的 164 人有明显下降。统计分析显示，13～14 岁为儿童父母看护缺失的高发期[①]。

香港

香港提出了困境儿童（CEDC, Children in Especially Difficult Circumstances）概念。困境儿童是现代社会、特别是转型社会存在的一个特殊群体。他们无法如一般儿童那样从父母、家庭获得足够的关心、照顾与保护，其应享受的生存权、发展权与受保护权面临严重威胁。长期以来，香港政府致力于发展儿童社会福利，高度关注儿童社会化保护。例如，政府统计处在其统计年刊中特别列出了各类弱势儿童的统计报告。相关的统计指标包括虐待儿童数字（新登记儿童受虐待的个案数目）、居住于低收入住户的 0～14 岁儿童占该组别人口的百分比、居住于单亲家庭的儿童占总儿童人数的百分比、非婚生儿童的比率（由未婚妇女所生儿童的总数占全体儿童的比率）、贫穷儿童比例（0～14 岁儿童生活于贫穷家庭的比例）、家长工作时间过长的家庭数目（家长每周的工作时数最少 60 小时的家庭数目）、家庭暴力个案数目（家庭暴力案件数字）、离婚数字（因离婚而成为单亲的数字及比例）、0～19 岁儿童因死亡外因导致的死亡的人数、0～19 岁儿童因交通事故死亡的人数、移居人口（在香港以外地方出生，现居香港的 15 岁以下儿童人口）、新来港儿童人口数目（0～19 岁从中国内地持单程通行证的新来港儿童数字）

---

① 新加坡政府网："Wellbeing of Children"，http://fcd. ecitizen. gov. sg/NR/rdonlyres/3CBA6CC2－6A28－4E41－8B4A－B42945AC07EF/0/Chpt4. pdf

等。显然,香港政府并不避讳对儿童问题、困境儿童生存状况的统计监测。

上海目前缺乏相关的统计口径,但相关研究表明,儿童虐待在上海是一个不容忽视的问题。比如,1998 年对中韩两国 4～6 年级学生经历暴力的跨文化研究显示,上海小学生在过去一年里被教师体罚的发生率为 51.1%[①]。2005 年至 2008 年,在上海市妇联系统信访接待中,家庭暴力投诉分别为 2 848 例、2 045 例、1 501 例和 1 418 例,其中儿童为重要的受害者之一。

B. 经济安全

儿童经济安全是各大城市都比较重视的一个问题。儿童贫穷率是各国最为通用的、衡量儿童经济安全状况的一个指标。

纽约

纽约采用儿童贫穷和接受食品券的儿童青少年两方面来监测儿童的经济安全状况。

a. 儿童贫穷

定义:联邦政府每年根据家庭规模划定的贫困线,生活在贫困线以下家庭中的儿童即贫穷儿童。贫穷线的划定是根据家庭年度人均税前总收入确定,故家庭子女数不同的家庭的贫穷线就不同。统计数据为:2002 年美国三口之家和四口之家的贫困线分别是 14 348 美元 1 年和 183 920 美元 1 年。2002 年纽约贫困儿童率比 1995 年下降 21%,为 20.2%,1999 年为 25.4%。

b. 接受食品券的儿童青少年

定义:食品券是联邦政府为低收入家庭提供的可以购买低价质量营养相同食品的购物券。食品券发放是美国农业部食品计划中一部分。指标包括接受食品券的儿童青少年总人数和接受率(占全部儿童总数的比率)。相关数据如下:1995 年纽约共有 972 911 位儿童接受食品券,接受率为 21.5%,2003 年总数为 691 183 位儿童,接受率为 15.2%,比 1995 年下降 29%,但高于全国平均水平。

伦敦

伦敦政府《儿童健康年度报告》的十大指标中,涉及儿童经济环境的指标主要包括三方面:

---

① 玄吉龙等:《中韩儿童经历暴力发生的跨文化研究》,《中华实用中西医杂志》,2004 年第 4 期。

a. 涉及儿童的失业

定义：18 岁以下失业家庭儿童所占全体儿童比率；18～24 岁青少年失学或无业率；有 18 岁以下儿童失业家庭的类型。

数据：伦敦 18 岁以下失业家庭儿童占全体儿童比率达 23%，而全国这一比例只有 17%。伦敦中心各区 18～24 岁失学或无业率从 7% 到 33% 不等，仅略高于全国平均水平。伦敦郊区这一比率更低。

伦敦未成年人失业家庭共 200 000 户左右，占全部未成年人家庭 23%，居全国比率之冠，占全国这类家庭 1/5 左右。伦敦中心区未成年人失业家庭占 31%，伦敦郊区为 18%。有未成年人单亲家庭就业率更低，伦敦中心城区为 61%，郊区为 58%，非单亲家庭这一比率伦敦中心区只有 16%，伦敦郊区 10%。

b. 黑人和少数民族失业

定义：分种族的失业家庭儿童。2001 年全国调查中，伦敦 20% 白人儿童居住在失业家庭中，黑人儿童这一比率高于 30%，黑白混血儿童这一比例也类似。其中比例最高的儿童居住在黑白混血的加勒比海黑人和孟加拉裔家庭中（均为 40%），其次为非洲裔黑人（39%）。印度裔儿童家庭的失业率远远低于其他种族。中心城区的少数民族失业风险更大，比率高于郊区。

c. 不适合居住的家庭比例

定义：分地区和分种族住房拥挤家庭中儿童人数，无家可归家庭中儿童人数和儿童救助站中儿童人数。相关数据如下：

第一类：分地区住房拥挤家庭儿童的具体数据见表 24。

表 24　伦敦居住在过分拥挤家庭中儿童分年龄表

	儿童数（人）	占全部儿童数百分比（%）				
	总　计	总　计	0～4 岁	5～9 岁	10～14 岁	15～18 岁
伦敦中心区	247 712	41.4	40.2	39.3	42.4	46.4
伦敦郊区	213 992	21.0	21.0	18.8	21.1	24.3
伦　敦	461 704	28.5	28.7	26.3	28.7	32.0

来源：2001 年 Census Theme Table TT01, Crown.

第二类：分种族住房拥挤家庭儿童的具体数据见表 25。

表 25　伦敦居住在过分拥挤家庭中儿童分种族和地区表(%)

	伦敦中心区	伦敦郊区	伦　敦
全部未成年人	41.4	21.0	28.5
英国裔白人	25.8	13.2	16.6
爱尔兰裔白人	30.8	17.8	22.2
其他白人	38.4	24.2	31.5
加勒比海黑白混血	37.7	23.1	30.2
非洲黑白混血	46.2	33.6	40.1
白人和亚裔混血	33.7	19.0	24.0
其他混血	40.8	22.7	30.9
印度裔	43.0	28.7	31.2
巴基斯坦裔	49.6	38.7	42.0
孟加拉国裔	68.5	48.5	65.6
其他亚裔	55.8	44.1	47.2
加勒比海黑人	41.3	27.8	35.2
非洲裔黑人	63.7	52.1	59.1
其他黑人	50.7	35.4	44.6
中国人	47.4	27.3	36.2
其他种族	53.4	35.0	42.9

来源：2001 年 Census Theme Table TT02，Crown.

　　2003 年到 2004 年伦敦官方认可的无家可归家庭占家庭总数的 22%。该年度共接受了 69 000 例申请，30 500（40%）例得到批准。这一比例比 1999 年到 2000 年度上涨了 7%。其中有未成年人或孕妇的家庭占 2/3。截至 2005 年 3 月，在临时救助处居住的家庭总数已经连续 5 个月上涨，达到了 63 282 户。

　　巴黎

　　法国国家统计局网站上缺乏巴黎的儿童贫穷指标,但法国全国的儿童贫穷指标仍旧采用 OECD 的标准,其定义为：中等收入以下儿童家庭所占全部家庭的比率。OECD 提供的数据表明法国的儿童贫穷率是英、美、日、法四国中最低的,2000 年该国这一比率只有 7.3%,其次为日本,达 14.3%。

C. 成长环境

上海

上海儿童成长环境的主要指标、支持性指标和策略措施中都有涉及儿童食品用品安全和交通安全的指标：

学生营养午餐质量合格率达100％。

对婴幼儿辅助食品、儿童学习用品、娱乐健身玩具、卧房家具等儿童产品逐年加大监督抽查力度，监督抽查不合格的本市企业整改复查合格率达100％。大型游乐设施定检率为100％。

针对儿童生理特点，开展适用于儿童的配方药物研究与应用，使儿童专业药品数量逐年提高。

将机动车、汽车尾气路检排放达标率提高至大于80％。保障儿童交通安全，学校、儿童活动场所等进出口处交通标识设置率为100％。

强化对儿童食品、用品和玩具等检测标准的管理，推动其标准化建设。

相关策略和措施为：建立、完善儿童食品、用品的检测标准，将儿童玩具、用品等的生产监督管理纳入法制轨道。要求企业和经销部门严格按照标准，把好质量关。技术监督部门定期抽查检测，对不符合标准的产品予以坚决抵制。

加大儿童食品的科技投入和政策倾斜的力度，生产出一批具有民族特色，拥有自主专利权的儿童食品的品牌系列。重点开发婴儿断奶食品、婴幼儿辅助食品、学生奶制品和学生营养午餐。加强开发促进儿童智力、身心健康的玩具、文教用品、健身体育器材及幼儿园大型玩具，鼓励企业在新品开发中采用国际标准或国外先进标准。

伦敦

伦敦的儿童健康10大指标中有两条涉及儿童成长环境指标：

a. 空气质量指标 NO_2 和 PM_{10}

定义：会导致儿童哮喘发病率上升的空气质量指标二氧化碳（NO_2）和（PM_{10}），在指定马路监测点根据欧盟规定的达标或超标数。

数据：2004年监测指标发现 PM_{10} 的日均值在伦敦几个测试点仍旧超标，NO_2 年均报告超标的监测点在下降，说明伦敦的气候有所改善，但中心城区这一问题仍旧严重。在最新的一项调查中，有1/3以上青少年认为影响环境质量的大问题是气候变化及河流污染，有45％青少年认为交通污染是最大的问题。

b. 每千人中交通死亡和伤亡率

定义：每千人中交通意外死亡和重伤率；伦敦各区儿童马路意外率。

表26　伦敦2004年道路儿童伤亡率　　　　　　　　单位：人

	2003 年	2004 年
儿童步行者	324	304
儿童脚踏车	62	47
小汽车乘客	109	89
儿童公交乘客	16	21
其他儿童意外	32	26
16 岁以下所有儿童意外	543	487

来源：LAAU 和 ONS①2003 年中期估计值。

表27　伦敦 2004 年每千人中儿童马路意外率　　　　　　单位：‰

	数量（人）	0～4 岁比率	5～9 岁比率	10～15 岁比率	16 岁比率	17 岁比率
中心城区	1 556	0.9	2.2	3.6	5.2	6.3
郊　区	2 648	1.0	1.8	3.2	6.6	7.6
伦　敦	4 204	1.0	1.9	3.3	6.1	7.1

来源：LAAU 和 ONS2003 年中期估计值。

东京

东京采用"儿童安全"总指标来评价儿童生活的环境，具体包括食品和交通安全两个分指标。其定义为：儿童安全是用于评价总体儿童安全的环境指标。

数据：交通安全设施，学校和上下学途中需要设有安全设施且定期检查。食品安全，每年由福祉保健局进行食品安全检查，2003 年不合格率为 0.10％，比前一年高 0.03％。

上海和东京都很重视儿童受虐待的问题，上海市提出了逐年降低儿童受暴力犯罪侵害总数这一具体指标，东京有儿童虐待防止对策这一大的目标，并且包括具体的相关指标。

在健全儿童生命安全保护方面，上海提出了 18 岁以下儿童因交通事故死亡

---

① ONS 为英国国家数据办公室（office for National Statistics）。

的人数逐年下降、18 岁以下儿童自杀死亡的人数逐年下降等具体指标,东京提出了儿童安全对策和目标,但没有涉及具体的数字,另外在保护的内容上双方也有不同,东京涉及的方面更加广泛,比如地方安全地图制作推进事业、采用了 ICT 儿童保护系统的构筑、运用等具体指标。

(2) 儿童文化环境

上海

上海比较重视儿童文化环境的建设,2006～2008 年,上海的"社区儿童活动场所或儿童图书室的配备率"已连续三年达到了 80% 的目标值。但和其他国际发达城市相比,指标比较抽象,缺乏量化的标准。相关指标为:

社区儿童活动场所或儿童图书室的配备率达到 80% 以上。

向儿童免费开放部分科普、文化、体育等活动场所,儿童凭相关证件可在指定场所享受优惠票价。

每年出品不少于 1 部儿童故事片和 2 部儿童电视剧。

逐年提高青少年科普知识教育率,以成人票价的 30% 向儿童(18 岁以下)优惠开放各类科普、文化、体育等活动场所和教育基地。

具体的策略措施为:

全市少儿图书馆实行 IC 卡通借并上网的规范服务,市和各区县图书馆联建少儿特色的文献数据库,实现儿童读物资源共享。各街道、乡镇图书馆须设立少儿阅览室。出版部门应根据儿童在各个生长时期的特点和需求,出版有利于儿童健康益智、图文质量好、印刷质量高的少儿图书。

扩大儿童活动场所利用率。新建一所现代化上海少年儿童图书馆;提高各级少年宫和青少年活动中心的活动质量;加强社区儿童活动场所或儿童图书室的建设;开放学校活动资源,并利用校园网络为儿童提供相关科普、文体设施服务信息。

推动构建服务上海和全国的儿童文化产品的产业链。提高文化产品的质量;开展儿童文化产品需求特征研究;严厉查处和整治危害儿童成长的读物、音像和网络产品;推进儿童影视作品的分级管理。

2. 上海与其他城市儿童成长环境的部分指标比较

(1) 巴黎

A. 儿童文化生活

定义:按儿童参与各种文化活动的比率来确定。

表28　巴黎儿童参加文化生活(%)

	讲　座	看电影	参观博物馆、纪念馆或历史古迹	上剧院或听音乐会	参与娱乐活动
总人口	58	50	45	29	14
15～24岁	72	89	46	40	24

B. 参与运动

定义和数据:包括分年龄段分性别和运动类别的各类子目标。如2003年法国国家经济研究与统计署(INSEE),最新的指标包括12～17岁儿童在体育课外从事运动的比率,其中男孩、女孩参与运动的比率分别为77%和60%,频率更多。参与运动除与性别相关外还与社会经济地位和15岁以后的专业选择有关。

C. 公共阅读系统

除此之外,法国的公共阅读系统非常发达,各级图书馆设置健全。

D. 零用钱:理财教育

定义:代际内变化很大,1992年教育调查表明一学年约有3/4的6～25岁的孩子按月或不定时收到超过3 000法郎(460欧)的零用钱。这个比例随孩子年龄和教育程度增加而增加。理财教育从很小就开始。在代际间建立起一种鼓励和奖励关系。

数据:18.2%的父母会给孩子在学校的公益服务付钱,18.5%的家长会以钱鼓励孩子在家中从事劳动。

(2) 东京

日本极为重视儿童读书活动,且有非常健全的分层次图书阅读系统。自2000年被定为全国的"儿童阅读年"后,还连续三年开展了"儿童阅读运动"。

A. 日本图书馆系统。

日本一级(都、道、府、县政府指定)公共图书馆中设有专门儿童图书室的有67所,二级(市、区立)公共图书馆(人口3～30万人)则有1 506所,町、村立图书馆(人口8 000～3万人)有848所,私立儿童图书馆25所,合计日本全国约有2 446所儿童图书馆(室),儿童类藏书计约6 000万册,全国儿童年借书量约1.4亿册,平均每位儿童年借书量约25册。此外,学校图书馆设置率高达96%。

B. 东京的著名儿童图书馆。

2000 年东京成立"上野国际儿童图书馆",为全国最大规模少儿图书馆。馆中除收藏大量国内外儿童读物及相关信息外,还极为重视儿童电子图书馆的建设,预计将收藏儿童读物 40 万册,并指导儿童使用网络和电子信息。

东京市立的日比谷图书馆为专门的儿童青少年馆,以提供儿童、青少年数据为主要特色。现有儿童读物约 2 万册及杂志 3 万册,该馆每日入馆人数约 3000 人次。

C. 儿童书籍出版和评比。

东京每年有 3 500 种儿童新书出版。青少年治安本部每年评定优秀青少年读物、不健全青少年读物和不安全玩具,同时公布出版机构和生产厂家。

(3) 新加坡

上海与新加坡在儿童社会环境保护领域有类似的指标,如电影院上座率、体育运动场所使用率、孤残儿童家庭寄养人数等;但亦存在较大的差异。如上海设有儿童食品、用品和玩具质量抽查不合格企业整改复查合格率及大型游乐设施定检率,要求学校、儿童活动场所进出口处交通标识设置率,强调社会环境中儿童食品、用品和游乐场所对儿童健康成长的安全性。新加坡则更注重家庭对儿童成长的环境影响力,设有家庭信息统计、家庭幸福感评价、亲子关系亲密度评价,亲子沟通满意度评价等指标。

为了培养儿童的艺术欣赏能力以及对体育运动的热爱,鼓励儿童的探险精神,新加坡除拥有多所艺术和体育中心外,还建立了探险中心——新加坡外展学院。新加坡重视儿童读书活动,据新加坡国立图书馆的统计数据显示,2008 年,图书馆 13 岁以下读者达 315.9 万,借阅量为 7 782.7 万人次。但近年来 13 岁以下读者的借阅量明显下降。目前,新加坡中小学图书馆纸质图书总量达到 3 900 万册,校均 2 956 册,师生人均达到 31.8 册,电子读物等拥有量达 78 万余件。师生图书馆纸质书刊阅览座位总数达 13.9 万座,校均 97.4 座,百生拥有座位达 10.6 座[①]。由于新加坡的统计数据包括了非儿童读物,因此,在满足儿童阅读需求方面已取得一定成绩[②]。

---

① 吕星宇、占盛丽:《上海市中小学图书馆建设的问题与对策——兼论国外中小学图书馆的建设经验》,《上海教育科研》2010 年第 1 期。

② 参见"上海、新加坡儿童发展指标比较研究"表 25。

3. 结论与建议

在对各大城市的儿童成长环境指标进行比较后,我们发现六城市及新加坡的儿童成长环境指标各有侧重:

(1) 纽约的儿童成长环境指标较系统,有主管部门、分指标定义、指标统计以及和历年的简要比较,而且每年统计数据,是一个比较成熟的体系。

(2) 巴黎的儿童成长环境指标系统性较差,主要原因在于缺乏主管部门。与儿童相关的经济补贴由家庭部负责,统计指标由社会发展部提供。各部门之间缺乏整合的渠道。但总体来说,巴黎高度重视文化指标的建设和青少年素质的提高。

(3) 伦敦的儿童健康指标体系较为健全,但涉及儿童成长环境的指标相对较少。

(4) 东京没有专门的儿童成长环境指标,很多内容散见于教育部门的指标系统和社会福利部、食品安全部的各种年度报告中。

(5) 香港特区政府未开展儿童发展指标体系建设,涉及儿童成长环境的指标相对缺乏。

(6) 新加坡的儿童成长环境指标与上海缺乏可比性,新加坡重视家庭对儿童成长的环境影响力,设有家庭信息统计、家庭幸福感评价、亲子关系亲密度评价,亲子沟通满意度评价等指标。

(7) 上海的儿童成长环境指标比较规范,分总体目标、支持指标和对策措施三级,条理清晰,但操作性定义较为模糊,缺乏和国际发达城市间的可比性数据。

基于上述国际比较的数据,我们建议在上海儿童成长环境指标的设计中,可考虑基于地方特性增设如下指标,以实现达到或超越发达城市的儿童发展水平的最终目的。

(1) 增设儿童经济安全指标

儿童贫穷问题成为国际社会关注的焦点,关怀贫穷儿童不仅是儿基会的千年发展目标之一,也是全体儿童共同发展的重要基础。当代中国儿童的发展状况不断提高,在这种背景下关注不利处境儿童的发展尤其重要。国外(如伦敦、纽约、巴黎、东京)在儿童贫穷方面都有详细的指标,以衡量儿童的全体发展水平,并保障处境不利儿童的成长能够得到关注。以上海为代表的国内各大城市

目前还没有相关的指标,不能说不是一种缺憾。

（2）增设儿童交通安全指标

城市化过程中,交通安全对城市儿童的成长威胁越来越大。

团中央、全国少工委、教育部和公安部不久前公布的少儿意外伤害专项调查报告显示,57%的被调查儿童和父母认为,交通事故等是威胁少年儿童人身安全的最危险因素。我国中小学生每年的非正常死亡人数都在1万人以上,平均每天有40多人,相当于每天有一个班在消失。其中,校内外交通事故是学生校内外生活的五大安全隐患之一。

因此,在儿童发展指标中进一步建立明确儿童交通安全指标非常重要。首先,借鉴国外交通管理、儿童交通安全的成功经验,制定相应指标,确立以人为先、行人第一、儿童生命权利至上、机动车避让儿童为原则的交通法规。其次,实施符合儿童青少年特点、具有针对性、细致而人性化的交通安全教育;再次,要规范儿童、青少年骑自行车、摩托车等交通工具的行为;同时明确严格的法律责任,处罚违章行为。另外,还应明确学校、幼儿园周围交通环境设施的特殊性能,推广实施"上学安全路线"项目、学校安全校车等措施,保证少年儿童交通安全。

（3）加强儿童文化建设指标的操作性

加强和改进儿童思想道德建设是一项常抓不懈的系统工程,媒体环境和文化环境的建设是其中重要的一环。

以下三个层面的建设非常重要。市级层面的儿童文化中心建设和儿童文化产品指标的确立与落实;社区层面的儿童文化设施建设,保证儿童在学习之余和假期中有活动的场所;家庭层面的儿童文化环境建设与教育。各地历年的儿童发展指标中往往都包含儿童文化指标的内容,但和国外相比,一是儿童文化设施使用率没有反映,二是体育、娱乐、阅读等方面的指标没有细化,三是儿童文化产品的指标并没有有效促进儿童文化产品的质量和数量提高。

（4）增设儿童家庭幸福感评价指标

上海可借鉴新加坡经验,通过设置儿童的家庭幸福感评价、亲子关系亲密度评价、亲子沟通满意度评价等指标考察家庭因素的影响力,通过增加志愿者服务信息、社区服务信息、公共援助信息将社区和自愿者服务的影响纳入统计范围。

（五）儿童福利指标比较

儿童福利是国家社会福利体系的重要组成部分，即社会福利在儿童这个特殊群体中的体现。1959年联合国《儿童权利宣言》指出："凡是以促进儿童身心健全发展与正常生活为目的的各种努力、事业及制度等均称之为儿童福利。"

儿童福利有广义和狭义之分，广义儿童福利是由国家和社会为针对全体儿童的普遍需求所提供的，旨在保证儿童正常生活，促使其身心全面、健康发展的资金与服务；狭义儿童福利则指政府和社会为有特殊需要的儿童（如孤儿、残障儿童、贫困儿童、被虐待或者被忽视的儿童、行为偏差或情绪困扰的儿童等）及其家庭提供的各种支持、保护和补偿性服务。中国目前的儿童福利政策更偏重于狭义儿童福利，主要是政府和社会为残疾儿童、孤儿、弃婴和其他处于特殊困境下的儿童提供的福利项目、设施和服务。

上海的儿童福利事业伴随着经济与社会的发展变化，经历了若干不同的发展阶段，每一阶段因社会背景、主要关注问题、政府角色、儿童生存发展的福利需求状况以及儿童福利制度的指导思想与政策方针的差异，呈现不同特征。以下为上海儿童福利事业发展的几个主要阶段：

萌芽起步（1949～1958年）：启动面向少数儿童的政策与福利服务，主要分散于法律保护、基础教育、妇幼保健、婚姻家庭、孤残儿童等领域。

初步发展（1958～1966年）：政治经济水平的提高推动了儿童生存发展与福利状况的进展，儿童健康成长状况优于前一阶段。

中断停滞（1966～1977年）："文革"阶段，儿童福利事业处于停滞状态。

恢复重建（1978～1990年）：1978年中国进入了改革开放和社会主义现代化建设的新时期，儿童福利工作随社会经济的发展步入正轨。

迅速发展（1990～2010年）：1990年8月29日，中国政府签署了《儿童权利公约》，我国儿童福利事业与国际儿童福利事业接轨，进入制度化建设时期；上海儿童福利事业稳步发展，服务范围拓展，全社会对儿童的关注程度明显提高。

重大突破（2010年～至今）：2010年11月，《国务院办公厅关于加强孤儿保障工作的意见》出台，标志着国家对孤儿基本生活的保障真正从（福利）院内扩大到院外,从以实物救助为主转向以现金救助为主。在西方福利国家发展史上,院内福利向院外福利的扩展,是现代意义上社会福利制度的标志。[①]

1. 上海与其他城市的儿童福利指标体系比较

纽约

美国的儿童福利体系与中国相似,针对群体多为遭遇不幸情景的儿童或其家庭,根据个别问题需求予以救助、保护、矫正、辅导,有效改善其所面临的困境。美国的儿童福利立法中,对真正没有对象身份背景限制的服务项目只有 17 项,占 13.4%。[②]

纽约的儿童福利指标主要有三部分:公共福利资助、低收入补助和学校午餐计划的享受人数及比例。

(1) 公共福利资助

定义:由地方政府救助计划,如家庭资助计划(Family Assistance,FA)或国家安全网络计划(State's Safety Net,SN)出资,为低于纽约政府规定生活水平的儿童家庭发放的补助金。该指标的监测包括 18 岁以下接受此救助的儿童人数和比例。

数据:1995 年,纽约共有 775 310 位儿童(儿童总数的 17.1%)接受公共福利资助。截至 2003 年年底,共 352 652 位儿童(儿童总数的 7.8%)接受公共资助。

医疗援助计划(Medicaid):这是美国最大的为穷人提供的医疗保险计划,该计划主要是针对符合"抚养未成年子女家庭援助计划(AFDC)"或"补充收入保障(SSI)"的人群。该计划在贫困儿童医疗保障方面发挥了重要作用。

教育资助:美国政府对儿童的基础教育资助力度很大。公立幼儿园(Kindergarten)是最大的政府资助项目,其功能主要是为儿童做学前准备,设有数学、体育和读写等课程。此外还有专为贫困家庭孩子设立的幼儿园(Head Start),教孩子学习基础的知识和技巧。除了直接资助和开办公立学校外,美国政府还发放教育券帮助贫困学生购买他们所选择的学校教育。

---

① 陆士桢、魏兆鹏、胡伟编著:《中国儿童政策概论》,社会科学文献出版社,2005 年版,第 293 页。
② 薛在兴:《美国儿童福利政策的最新变革与评价》,《中国青年研究》,2009 年第 2 期。

（2）低收入补助 SSI 计划（Supplementary Security Income）

定义：此计划是按国家统一标准向 10～19 岁残疾儿童家庭提供的月补助金，申请资格控制比公共福利资助更严，资助金额也更多。而且同一个家庭不可同时接受公共福利资助和 SSI 资助。

数据：1995 年，共有 80 995 名 20 岁以下的儿童和青少年（占此年龄段儿童总数的 1.6%）接受了 SSI 资助；2003 年年底，有 76 934 名 20 岁以下的儿童和青少年（占此年龄段儿童总数的 1.5%）接受了 SSI，比例基本持平。

（3）免费或低价学校午餐

定义：全日制幼儿园至小学阶段接受校方提供的免费或打折学校午餐（但质量和营养与不打折午餐相同）的儿童数量、比率。

数据：2002～2003 学年，50.7% 的儿童接受校方提供的免费或打折学校午餐，由于是国家午餐计划一部分，这一比例自 1999 年以来就相对稳定。

巴黎

巴黎的儿童福利指标和儿童福利政策挂钩，在各城市中比较突出。

（1）家庭补贴

定义：国家统一针对所有 16 岁以下儿童的家庭，随孩子的数目和年龄增加而增加。

（2）住房补贴

定义：对租房和买房的家庭实行补贴。

数据：2/3 的家庭为有儿童的家庭。

（3）产假资助、新生儿补贴、残疾儿童补贴和单亲家庭补贴

法国有产假资助项目，随生育孩子数量增加而不断增加，生育第 3 个孩子时母亲产假可达 26 周，父亲也同时享受休假工资并享有交通费和医疗补贴。另外收养孩子也可享受产假。

（4）新生儿补贴：妇女从怀孕第 3 个月起就可以享受该补贴，直到孩子出生后 3 个月，面向所有妇女，不考虑收入和工作与否。

（5）残疾儿童补贴：生活无法自理的儿童每月可享受 350 美元左右补贴，可以自理的可以享受 170 美元左右补贴。

（6）单亲补贴：主要为低收入家庭提供，有 3 岁以下儿童的无业父母可以享受。

另外,巴黎儿童家庭还可享受减免收入税、消费税等补贴。

巴黎儿童福利指标还包括：社会福利支出中用于家庭与儿童的比例(2007年巴黎比例是 27.3%);残疾儿童医疗设施数量[1]等。

调查显示,从 1991 年到 2001 年的 10 年间,生活在社会福利机构中的巴黎儿童数量呈不断减少的趋势[2]。

香港

为了给所有的儿童平等地提供生存、发展与参与的机会,在政府与社会各界的共同努力下,香港发展了一系列儿童福利服务。例如,为促进 3 岁以下幼儿的体能、智能、语言、社交及情绪的发展,香港设有幼儿中心服务;发展了支持家庭照顾儿童的托管服务,帮助边缘青少年的外展社会工作服务、青少年深宵外展服务、小区支持服务计划等,更为虐待儿童、虐待配偶及性暴力个案受害人提供专业支持。所有这些儿童服务项目,被视为香港儿童福利事业发展的标志,受到市民的广泛关注。社会福利署每年定期公布各项服务的人力、财力、物力等资源的投入状况,公布实际受益的儿童数目。

下表详细罗列了沪港两地用来统计监测困境儿童的类型、数量以及相关服务的指标。从中可见,与香港相比,上海在对困境儿童的统计报告监测以及对他们的服务帮助方面非常落后。从现有的资料看,上海尚未系统关注各类无法从家庭获得充分照顾、身处困境的儿童,也未开发针对他们的社会服务项目(见表 29)。

表 29　香港困境儿童类型与服务

		香　　港	上　　海
困境儿童类型	生活在单亲家庭的儿童数目	居于单亲家庭的 18 岁以下儿童人数;单亲家庭的数目	
	非婚生婴儿数目	由未婚妇女所生婴儿的总人数	

---

[1]　参见"上海、巴黎儿童发展指标比较研究"表 9。
[2]　参见"上海、巴黎儿童发展指标比较研究"表 10。

		香　港	上　海
困境儿童类型	家庭暴力个案数目	新登记儿童受虐待的个案数目	
	残障儿童数字	0～17岁登记残障儿童数目	残疾儿童总数
	跨境通婚数目	成功申请无结婚纪录证明书人士及在香港登记结婚而新郎/新娘来自内地的人士数目	
	家长工作时间过长的家庭数目	家长每周的工作时数最少60小时的家庭数目	
	贫穷儿童比例	0～14岁儿童生活于贫穷家庭的比例	
	1. 入息低于平均综援金额的家庭的0至5岁及6至14岁儿童		
	2. 无业家庭的0至5岁及6至14岁儿童		
	3. 单亲及入息低于平均综援金额的家庭的0至5岁及6至14岁儿童		
	4. 0至5岁及6至14岁儿童的综援受助人,以及15至21岁的儿童综援受助人		
	申领书簿津贴的儿童人数及金额		获得两免一补救助的学童数
	失业率	青少年失业率(15～19岁);15～19岁待学待业青少年人数;整体劳动人口的失业率	

			香　港	上　海
困境儿童服务	日间幼儿中心	服务单位数目		
		个案数目		
	住宿幼儿中心	服务单位数目		
		个案数目		
	儿童院	服务单位数目		儿童福利院受助儿童数
		个案数目		
	男童院或宿舍	服务单位数目		
		个案数目		
	女童院或宿舍	服务单位数目		
		个案数目		
	儿童之家	服务单位数目		
		个案数目		
	寄养安排及督导	服务单位数目		
		个案数目		
	海外领养	服务单位数目		
		个案数目		
	儿童中心	服务单位数目		
		个案数目		
	青少年中心	服务单位数目		
		个案数目		
	青年中心	服务单位数目		
		个案数目		
	综合青少年服务中心	服务单位数目		
		个案数目		
	学校社会工作服务	服务单位数目		
		个案数目		
	地区青少年外展社会工作队	服务单位数目		
		个案数目		
	青少年深宵外展服务	服务单位数目		
		个案数目		

东京

东京设有如下儿童福利机构：儿童福利审议会、儿童福利司（根据法律规定必须设置）。1947 年，日本正式颁布了关于儿童及儿童福利的第一部基本法《儿童福利法》，并于 2004 年、2005 年、2011 年先后数次修改《儿童福利法》。1964 年，厚生省改"儿童局"为"儿童家庭局"，实行《母子福利法》，设立支持性的儿童商谈法，首开地方区域的儿童咨询、商谈与辅导机构。1970 年儿童津贴制度创立；1971 年公布儿童津贴法。1974 年，颁布"支付特别儿童抚养津贴"，同年实施"障碍儿保育"等措施，扩充特殊教育及障碍儿的保育政策。1981 年，颁布"母子与寡妇福利法"，将儿童福利扩展至单亲家庭。1991 年实施《育儿休假法》；1994 年文部省、厚生省、建设省、劳动省推行《育儿支援计划》（天使计划）/《紧急保育对策 5 年事业》；1996 年中央儿童福利审议会出台（中间报告）《少子社会相应的保育体系》。这一时期日本的各项福利政策趋于完善，并将儿童福利从特殊儿童扩展到一般儿童。为了迅速应对虐待儿童事件，东京市政府建立了各种儿童支持系统，从 2002 年开始实施儿童咨询处改革。除了进行儿童福利院的增员、2003 年在各儿童咨询处设置虐待对策班、家庭复归支援人员以外，为了对应紧急案件还在儿童咨询处设置了 365 天无间断的咨询窗口。2004～2006 年，东京除儿童福利院继续增员外，还导入了合作医师制度、强化了医学的对应力。2007 年度进行儿童福利院的增员和实现咨询处内的充实强化。2008 年除通过新规章设置等确保了临时保护所 168 名定员外，还通过心理职员等对临时保护儿童进行个别疗法或集体疗法强化对儿童的心理关怀和改善人际关系等措施。另外，为了强化虐待对应力，全东京都正推进具备儿童虐待防止功能的先驱型儿童家庭支援中心的设置。

东京市设有精细、完整的儿童福利与社会保障方面的指标体系，大体分为四部分内容：① 儿童虐待防止对策[①]，主要包括儿童咨询处的体制整备、为了家庭再统一的援助事业等 6 项指标；② 对儿童的安全对策[②]，主要包括：地方安全地图制作推进事业、儿童安全支援者活动的推进、对"防盗眼"（车辆标签）的企业申请协作等 5 项指标；③ 儿童家庭支援[③]，包括：关于母子医疗费的补助、关于母

---

① http://www.seisyounen-chian.metro.tokyo.jp/seisyounen/01_shisaku_2_1_2.html
② http://www.seisyounen-chian.metro.tokyo.jp/seisyounen/01_shisaku_1_2_5.html♯head
③ http://www.fukushihoken.metro.tokyo.jp/joho/soshiki/syoushi/kodomokatei/index.html

子的保健两大方面共 13 项指标；④ 儿童的咨询·支援体制①，包括：综合性的咨询机关等、行政机关以外的咨询体制、地方的支援、关于保育所的情况等四方面 16 项指标(见表 30)。

表 30　东京市儿童福利指标体系

主　要　目　标			
A. 儿童虐待防止对策	B. 对儿童的安全对策	C. 儿童家庭支援	D. 儿童的咨询·支援体制
1. 儿童咨询处的体制整备(福利保健局) 2. 为了家庭再统一的援助事业(福利保健局) 3. 要保护儿童对策地方协会的设置(福利保健所) 4. 母子保健事业(福利保健局) 5. 被害少年保护对策(警视厅) 6. 儿童的权利拥护(福利保健局、生活文化体育局)	1. 地方安全地图制作推进事业(平成 17 年至今) 2. 儿童安全支援者活动的推进(平成 17 年度至今) 3. 对"防盗眼"(车辆标签)的企业申请协作(平成 18 年度至今) 4. 上学路上等安全对策推进补助事业(平成 19 年度至今) 5. 采用了 ICT 的儿童保护系统的构筑·运用(平成 21 年度)	A：关于母子医疗费的补助 1. 小儿慢性疾病医疗补助 2. 身体障碍儿童的自立支援医疗(育成医疗) 3. 早产儿的养育医疗 4. 东京都特定不孕治疗费补助 5. 结核儿童的治疗补贴 6. 妊娠高血压症候群等的医疗费补助 7. 住院助产(生产费用的补助) B：关于母子的保健 1. 为了母子健康的服务 2. 生产·育儿用册子(从怀孕到生产) 3. 生产·育儿用册子(婴儿出生后保护其健康) 4. 关于先天性代谢异常等检查 5. 关于婴幼儿的事故防止和灾害对策学习	A：综合性的咨询机关等 1. 教育咨询(教育厅) 2. 儿童家庭支援中心事业(补助)(福利保健局) 3. 儿童家庭在家服务事业(福利保健局) 4. 对小学生俱乐部事业的扶助(福利保健局) 5. 儿童咨询所的咨询(福利保健局) 6. 思春期的精神保健福利咨询(福利保健局、医院经营本部) 7. 少年咨询体制(警视厅) B：行政机关以外的咨询体制 1. 知心朋友派遣事业(福利保健局) 2. 民生委员·儿童委员、主任儿童委员活动(福利保健局) C：地方的支援 1. 东京都儿童会馆(福利保健局) 2. 儿童馆(福利保健局) 3. 青年·广场(教育厅) 4. 儿童游乐园(福利保健局) 5. 放学后儿童计划(福利保健局) D：关于保育所的情况 1. 保育所等的设置情况 2. 保育所待命儿童等的情况

---

①　http://www.seisyounen-chian.metro.tokyo.jp/seisyounen/01_shisaku_2_1_1.html#sec3 - 1

从上面的分析及图表可见,东京市的儿童福利指标体系较完善和成熟,其发展特点主要是从对儿童虐待、安全以及身体健康等方面的福利保护逐渐过渡到对儿童生活、课外活动及心理健康等多方面的福利保护。从 A 类的儿童虐待防止对策、到 B 类、C 类的安全对策和家庭支援及 D 类的儿童咨询·支援体制,每一类的目标都具有相关的具体指标,但其涉及的范围各不相同,从身体、安全等外部的福利需求到精神、生活等方面比较容易忽视的福利需求都给予了很好的保护,范围比较宽广,涉及到的指标也很具体,从而使儿童福利保护达到了一个较高的水平。

伦敦

伦敦是世界第六富裕的城市,然而大伦敦市超过 65 万儿童(占儿童总数的41%)和青年处于贫困状态,这意味着他们的家庭收入低于国民家庭收入平均水平的一半。为了实现政府将贫困儿童数量减半的目标,英国贫困儿童数量需要从 1999 年的 340 万降低到 2010 年的 170 万[1]。市长和政府建立了儿童看顾保障能力计划(Childcare Affordability Programme),以保障提供合格且价格便宜的儿童看顾服务,保证家长安心工作。研究如何减少并最终结束伦敦儿童的贫困境遇的伦敦儿童贫穷委员会(London Child Poverty Commission)在伦敦市长和伦敦议会的推动下得以成立。政府规定 16 岁以下儿童可免费乘坐公车和电车,18 岁以卜儿童可在全日制学校免费学习。

伦敦市没有完整的儿童福利指标体系,但是在 2007 年 12 月英国政府发布的布朗儿童发展计划中,有很多关于儿童福利方面的内容。虽然这种福利主要是以教育方面的福利为主,但是对于儿的保护及发展依然具有重大的意义,它已成为英国儿童发展的指导性文件。发展计划所含的福利性政策主要包括三方面[2]:① 儿童家庭福利:主要包括在 3 年内拨款 3 400 万英镑,为每个地方教育当局的家长提供专家咨询服务、扩大以学校为基础的家长支持顾问(Parent Support Advisers)范围等四项内容;② 家庭拓展和社会福利:包括通过提高开端计划儿童中心(Sure Start Children's Centres)的服务范围,以保证更多的家庭能够受益;通过调查的方式,加强对最需要帮助家庭的支持力度;提供相关的服

---

① http://www.london.ca/Child_Care/PDFs/CYNProgressReport_2009.pdf
② 范大勇:《英国布朗政府基础教育政策蓝图:〈儿童计划〉解读》,《基础教育参考》,2008 年第12 期。

务(3 年内提供 9 000 万英镑的资助用来提高残疾儿童的服务设施)等五项内容；③ 表现较差学生的福利：包括 3 年内拨款 2 650 万英镑来调查并试点新形式的小班教学，例如视频学校(Studio Schools)的形式，可以更好地与工商业学校进行联系并提供高质量的职业技术教育来帮助学生、敦促地方当局定期收集并公布学生的表现数据，以促进学校更加重视提高教学的质量等三部分内容①。

伦敦市政府对儿童福利方面的关注重点主要放在教育和儿童的生活方面；儿童福利范围相对较广泛，从交通到教育及社会生活，上述福利举措对儿童的发展和成长给予了很大的支持和帮助。伦敦每年开展各种各样的调查研究，不断探索新的问题和工作内容，自布朗政府执政以来，在教育方面的投入非常之大，对于儿童的家庭福利、社会福利和表现较差的学生都给予了一定的福利优待。

新加坡

新加坡没有完整的儿童福利指标体系，但有很多社会福利组织，这些组织对确保儿童社会福利的实施起着至关重要的作用。新加坡的社会福利组织主要针对社会弱势群体，如老人、丧偶女性以及儿童。2008 年，新加坡服务于离异女性和孤儿的社会福利组织为 20 个，服务于丧偶女性和 12 岁以下儿童的组织为 3 个，这两个数据与 1998 年相比均有明显下降②。

2. 上海与其他城市部分儿童福利指标比较

上海、伦敦、纽约都有相对完整的儿童福利指标内容，在 2011 年颁布的上海儿童发展"十二五"规划，儿童福利已作为独立的领域被提了出来。上海、伦敦、纽约儿童福利指标的内容各具特色，目前虽没有相同的指标可进行直接比较，但是彼此关注的内容具有一定的相似性。

上海与伦敦、纽约儿童福利指标的相似性在于，都对处于困境的家庭给予很大的福利支持，上海有推进困境儿童家庭扶助服务这样的大目标。伦敦对于儿童家庭的福利支持则更加广泛，主要有儿童家庭福利及家庭拓展部分的指标内容③，具体包括：在 3 年内拨款 3 400 万英镑，为每个地方教育当局的家长提供

---

① 参见"上海、伦敦儿童发展指标比较研究"表 6。
② 参见"上海、新加坡儿童发展指标比较研究"表 26。
③ 范大勇：《英国布朗政府基础教育政策蓝图：〈儿童计划〉解读》，《基础教育参考》，2008 年第 12 期。

专家咨询服务、扩大以学校为基础的家长支持顾问(Parent Support Advisers)范围、为家长建立儿童的健康发展档案、改变家长的健康观念、政府设立家长委员会(Parents Panel),将家长的观念放在政府儿童政策的中心位置、通过提高开端计划儿童中心(Sure Start Children's Centres)的服务范围,以保证更多的家庭能够受益;通过调查的方式,加大对最需要帮助家庭的支持力度,提供相关服务等指标内容。

纽约为贫困家庭提供的医疗保险在贫困儿童医疗保障方面发挥了重要作用,政府还发放教育券帮助贫困学生购买他们所选择的学校教育。

东京具有成熟、完整的儿童福利指标体系。上海与东京的儿童福利指标体系目前还没有可比性指标。

两个城市的相似性表现为:对孤残儿童的福利保护是双方都予以关注的内容,上海市在这方面的第一个目标就是进一步发展面向孤残儿童的福利服务,加强孤残儿童康复和特殊教育工作,进一步做好孤残儿童养育和服务工作,促进孤残儿童的社会融合等。东京虽然没有直接提到孤残儿童,但在儿童家庭支援福利中含有母子医疗费的补助,对小儿慢性疾病和身体障碍儿童家庭也给予特殊的福利。

上海与伦敦、纽约儿童社会福利指标的差异性方面,主要有以下内容:

第一,上海的儿童福利保护更侧重于对孤残儿童和家庭处于困境的儿童的保护;伦敦儿童福利保护指标没有目标人群差别,只是提到了表现较差的儿童的福利,总体而言是从各个不同层面去保护儿童,为其提供福利保护。

第二,在健全儿童福利服务方面,上海提出强化对单亲家庭、服刑人员家庭、父母残疾或长期患重病家庭儿童及农村留守儿童的援助;完善孤儿养育和服务;发展面向流动儿童的公共服务等具体指标或内容,伦敦、纽约没有这样的指标和内容。

第三,纽约的儿童福利服务项目繁多,尽量满足各类儿童的不同需要。伦敦、纽约的社会服务相对发达,能为各类儿童提供全面的服务,其支出、受益人数及工作人员数量均已超过了现金待遇项目。由专业的儿童福利机构向服务对象提供各种服务而非简单地发放救助金,既有利于满足其实际需要,也可防止资金被其父母挪作他用。上海的儿童福利服务项目尚有待于进一步发育完善。

第四,在医疗保障方面,上海有儿童参加居民医疗保险的比率达99%以上这样的指标,伦敦、纽约则没有类似的指标。

上海的儿童福利指标涉及的方面虽然广泛,但具体内容尚不细致完善,因为上海的儿童福利指标只是在上海市儿童发展"十二五"规划中刚刚提出,正处于探索阶段,伦敦在儿童福利方面的发展已经比较完善,新的福利计划更多的是涉及教育方面的内容,这些不同的发展趋势也反映出两城市的具体发展目标有很大的不同,其所在的国家、经济社会的大背景也具有很大的差异性。

上海与东京儿童福利指标的差异性表现为:第一,上海的儿童福利指标侧重于对孤残儿童和困境家庭儿童的保护,如发展面向孤残儿童的福利服务,推进困境家庭儿童服务等方面。东京的儿童福利基本倾向于普惠型福利,没有在目标上区分儿童的类别,只是从不同的方面去保护儿童,为其提供福利,但在儿童家庭支援方面也提到了对于特殊儿童的福利补助。第二,上海提出了培养儿童社会工作者这一大目标,且有儿童参加居民医疗保险的比率达99%以上的具体指标,东京没有这方面的内容。东京建立了一套完善的儿童咨询和福利体制,从综合性的咨询机关、行政机关以外的咨询体制、地方的支援等方面出发,对不同年龄阶段的儿童在学校、家庭以及游乐园等社会生活环境中给予了充分的援助和支持。东京的儿童福利体系已实行了半个多世纪,因此较成熟与完善。上海的儿童福利指标刚开始设置,在具体的操作性和指导性方面还有待于进一步的实践和检验,在具体内容方面,因各自的社会环境及经济、文化等方面的差异,只能依据自身需要来制定相关的指标,但双方的最终目标都希望为儿童提供一个更加有利的成长环境,使之得到全面的保护与发展。

巴黎的儿童福利指标与儿童福利政策挂钩,为普惠型福利。上海与巴黎没有可比性儿童福利指标。巴黎儿童福利指标含有16岁以下儿童的家庭补贴、住房补贴、新生儿补贴、残疾儿童补贴和单亲家庭补贴,社会福利支出中用于家庭与儿童的比例以及残疾儿童医疗设施数量等具体指标和内容。上海没有相关指标,但已开始对特殊儿童的提供福利服务的补缺性服务。上海儿童发展"十一五"规划中设有"残疾儿童配套康复设施数"的监测指标,但自2005年以来始终空缺。

3. 结论与建议

综上所述，相比伦敦、纽约、东京、巴黎等国际发达城市，上海的儿童福利指标虽涵盖范围较广，但相对分散和混乱，未能形成目标明确、自成体系的儿童福利指标体系系统。上海儿童福利指标体系的完善仍需关注以下问题：

第一，缺乏权威性和统一性，形式不够明确。较之美国的"立法先行"，我国就严格意义而言尚无专门的"儿童福利政策"，实际操作中多以政府部门的行政法规或其他法律中的相关条文为准，缺乏稳定性和权威性，不利于儿童福利指标的制订、解读与执行。

第二，结构性问题较突出，内容缺乏完整性。我国在大病儿童医疗保障、残疾儿童康复保障、受艾滋病影响儿童救助、预防和救助弃婴、早期教育、特殊教育等多个方面均缺乏有效政策，过于依赖临时性社会救助。此外，与特殊福利政策相比，对一般儿童的发展性福利政策缺乏重视，尤以儿童个人辅导的福利服务政策为甚。

第三，体制存在缺陷，主要表现为部门分割与协调性差，缺乏整体效应，最终直接影响实施效果。上海未建立专门的儿童行政管理机构，儿童组织无行政权限，在儿童政策的制定与推进中地位与作用不明确。

上海应在现有基础上进一步建设和健全儿童公共福利指标体系，为特殊儿童和病残儿童提供健康发展的条件；确立儿童福利工作者的资格和专业标准；确保儿童福利设施的公益性和使用率设立相应指标。

目前上海市政府正借鉴国际发达城市的有益举措，在既有的行政框架下进一步提高政府的公共服务能力，力争实现儿童福利由补缺型向适度普惠型、发展性福利的跨越性转变。

三、六个国际大都市及新加坡儿童发展指标体系比较

从评估框架看，虽然上海与其他城市和地区所处国家、社会背景有很大的不同，文化差异也很明显，但是在儿童发展的指标体系方面，各城市还是有一定相似性的，因为有些问题是不分国别与地区，各个国家和社会都会遇到的共同问题，比如人口健康与出生素质这些问题，所以各国都会给予关注。上海和其他发达城市的儿童发展尚存在一定的差距，有些问题是在长期的历史积累

中形成的,它涉及社会生活的方方面面,不只是现时的经济发展成果就可以简单决定的,因此通过这样的比较研究,对于健全上海儿童发展规划,具有一定的积极意义。

以纽约为例,纽约的 KWIC 与上海儿童发展指标体系存在的较大的差异。KWIC 主要从儿童的"生活领域"出发,将评估范围分为"经济安全"、"身心健康"、"教育"、"公民的权利与义务"、"家庭"和"社区"等 6 个方面;而上海主要依据《儿童权利公约》(CRC)中的生存权、发展权、受保护权与参与权等儿童基本权利,将评估领域分为"健康"、"教育"(发展)、"法律保护"和"社会环境""儿童福利"等 5 个方面。但从具体的内容看,两者的领域之间相似性很高,具有体系上的可比性。首先,"健康"和"教育"是两者共同评估的领域;其次,KWIC 中"公民的权利与义务"与上海的"权益保护"相近;最后,KWIC 中的"经济安全"、"家庭"和"社区"可以看作是儿童发展的"大环境",因此也可与上海的"社会环境"做一比较。

香港特区政府没有专责处理儿童事务的部门,也没有像上海市妇女儿童工作委员会这样一个常设议事协调机构。为此,很难有效监测到儿童的生存权、发展权、受保护权等各项权利实现的整体状况。迄今为止,香港政府没有一套儿童发展指标体系去全面监测儿童的发展状况。本研究关于香港儿童的发展指标及相关数据,源于特区政府教育统筹局、卫生署、社会福利署、保安局等相关部门每年发布的儿童发展特定方向的统计结果,以及政府统计处提供的关于香港儿童状况的总报告。其内容主要集中于儿童健康、儿童教育、困境儿童与儿童服务方面。

法国政府的多个部门参与儿童事务的管理和政策的制定,包括卫生与体育部、教育部、参议院社会事务委员会、儿童卫士(Défenseur des enfants)等,有关巴黎儿童的发展指标主要来自国家经济研究与统计署、巴黎市政府、社会与卫生事务局(DRASS)等机构的统计与研究。

伦敦市没有完整的儿童发展指标体系可供参考,但在 2007 年 12 月发布的布朗儿童发展计划之中,还是可以看到很多关于儿童福利方面的内容,虽然这种福利主要是以教育方面的福利为主,但是对于儿童的保护及发展依然具有重大的意义。

新加坡卫生部、教育部、社区发展、青年与体育部等政府部门和相关组织分别从儿童健康、儿童教育、儿童发展环境和儿童保护等领域设立了儿童发展统计指标分类统计。其中,有不少指标与上海相同或者相似,但也有不少统计指标为上海所缺少并具有借鉴意义。

东京市政府的多个部门均参与儿童事务的管理和政策的制定,具有相对完善的儿童发展指标体系。日本政府高度重视儿童的健康成长与发展,早在1947年就颁布了第一部关于儿童的基本法《儿童福利法》。半个多世纪后,东京的儿童发展事业与国家经济发展同步,取得了长足的进步,从加强儿童的基本保护、完善相关法律、法规的初级阶段发展到制定了专门的适用于少年司法的少年法律,对于儿童的保护更加完善、全面。

伦敦、巴黎、东京、香港、新加坡和上海一样,主要依据《儿童权利公约》(CRC)中的生存权、发展权、受保护权与参与权等儿童基本权利,将评估领域分为"健康"、"教育"(发展)、"法律保护"和"社会环境""儿童福利"5个方面。从具体的内容看,虽然可比性指标不多,但指标体系具有一定的可比性。

1. 指标的内容侧重点不同

就各个城市的不同评估领域而言,其指标基本指向两大类:其一,儿童指标(或者称为"主体性指标"),即直接反映儿童主体状况的指标;其二,资源或服务性指标(或者称为"客体性指标"),即反映保障儿童某一领域发展的资源或服务,如保健服务、教育资源等。从各城市的差异性看,香港、伦敦及纽约的KWIC,更倾向于"儿童指标";而上海的指标体系则相对倾向于"资源或服务指标",以"健康"、"教育"、"环境"等三个领域最为突出。

以纽约为例,在"健康"领域纽约的13项指标中,12项(约占92.3%)均属于"儿童指标",分别覆盖出生安全、生长情况、死亡率、心理健康、生殖健康等方面;仅1项为"保健服务"。而上海的19项"健康"指标中,属于"保健服务"的有9项(占到47.4%),近一半。

其次,从"教育"领域看,纽约的8项指标均属于"儿童指标",而且7项直接反映儿童的"学业水平";而上海的11项指标中,8项(约占72.7%)属于"资源或服务性指标",仅3项属于"儿童指标",其中只有"高中阶段教育入学率"这1项反映学生的"学业水平"。

最后,从"环境"领域看,纽约的9项指标中8项(约占88.9%)属于"儿童指标",直接反映出儿童在家庭、社区的生存状况,以及所能获得的社会支持;仅"常住居民失业率"这 1 项属于"客体性指标";而上海的 11 项指标中,仅"孤残儿童家庭寄养人数"和"5 岁以下儿童意外死亡率(户籍人口)"等 2 项为"儿童指标",其他 9 项(占 81.8%)均为"客体性指标",主要监测儿童生活的社区或社会环境。

纽约的 KWIC 包含了 33 项指标,其中 31 项(占 93.9%)属于"儿童指标";而上海的 45 项主要指标中,仅 19 项(占 42.2%)为"儿童指标",前者的比例显然高于后者的。这表明,纽约的 KWIC 更强调指标对儿童发展水平的直接反映;而上海更集中在促进儿童发展的资源建设和服务完善上。

另外,在"法律保护"领域,纽约、东京、香港、新加坡等城市和上海的指标侧重点相同,均属于"儿童指标",直接反映了儿童的权利与义务。

2. 指标的儿童覆盖面不同

就儿童发展指标体系的覆盖面而言,我们还是以纽约为例进行比较。以纽约 KWIC 中的 31 项"儿童指标"和上海的 19 项"儿童指标"分析所覆盖的儿童年龄段,结果发现:纽约的 KWIC,随儿童年龄增长,其涉及的评估指标条目增加,0～6 岁、7～14 岁、15 岁及以上分别有 15 项、22 项、26 项;而上海的指标体系相反,随年龄增长,涉及的指标依次减少,对应的三个年龄段依次为 15 项、10 项、5 项[①]。

3. 相同指标的定义与统计口径不同

相对而言,纽约、新加坡、伦敦等城市的指标定义操作性更强,而且更为精细。比如,"婴儿死亡率",纽约分别以婴儿死亡率、新生儿死亡率、新生儿产后死亡率等 3 项来反映;同样,"儿童死亡率"也分了 1～4 岁、5～9 岁、10～14 岁和15～19 岁等 4 个年龄组加以统计;伦敦对有无住房、是否单亲、不同种族、父母是否失业等不同类别的儿童皆有统计,其统计结果有助于政府出台更具针对性的解决措施。

4. 借鉴与启示

综上所述,上海与伦敦、纽约、东京等发达城市及新加坡的儿童发展指标体系在侧重点、人群覆盖面、操作性定义及其计算等方面均存在差异,这与彼此所处的社会经济状况、文化背景等有关。建议上海一定程度上借鉴他人经验,以进

---

① 参见"上海、纽约儿童发展指标比较研究"表 3、图 6。

一步完善本地的儿童发展指标体系。

（1）适当增加"主体性"指标，提升指标的实效性

主体性指标，即"儿童指标"，相对"客体性"指标而言，更能直接反映儿童的发展状况。前面已经看到，上海的"主体性"指标不足一半，尤其是在"教育"与"环境"领域显著不足。事实上，保健服务、教育资源以及环境创设的最终目的都是为了促进儿童发展，而且也只有"儿童发展"才是检验这些外在"客体性"指标效用的最有力标准。因此，建议在未来的儿童发展指标中，借鉴KWIC适当增加"主体性"指标，或者将某些"客体性"指标修改为"主体性"指标。比如，"十一五"中的"社区儿童活动场所或儿童图书室的配备率"这一环境指标已达标，但环境改善的根本目的在于提升儿童文化生活质量，而到底儿童对这些社区场所或设施的利用率、满意度如何，需要更直接的"主体性"指标来反映。

（2）适当补充大年龄段儿童指标，提高指标的发展性

上海既有的指标体系拓展性相对较低，部分指标"低幼化"，难以覆盖儿童整个生命周期。这一方面反映了上海所处的发展阶段，保障儿童的"生命安全"依然是首要任务；另一方面，也反映出上海儿童指标研究的"滞后性"，缺乏与大年龄段儿童相匹配的指标，比如"健康"领域，基本停留于"生物学"层面，还难以将"生物—心理—社会"的大健康理念操作化，在"心理健康"与"生殖健康"等方面的研究缓慢，使大年龄段儿童的指标难以落实。因此，未来应加大相关方面的研究与投入，尽快补充6岁以上儿童的发展性指标。

（3）完善指标的操作性，丰富指标体系的数据信息

上海既有的儿童健康指标体系，在分类统计上相对纽约、东京等城市还比较粗糙，比如在"儿童死亡率"方面，上海只设有"婴儿死亡率"和"5岁以下儿童死亡率"，而纽约则精细得多；在"儿童牙龈炎发生率"方面，上海只有15岁儿童一个年龄段，东京不仅分了小学四年级、初中一年级和高中一年级三个年龄段，还做了分性别统计；伦敦、新加坡等城市的很多统计指标都是分民族进行的，有助于进行细分。其次，上海的某些指标存在定义与计算方法上的缺陷，比如"孕产妇系统管理率"和"孕产妇保健覆盖率"；最后，上海还存在一些定义模糊，效率较低的指标，比如"0～18岁儿童家长接受家庭教育指导率"。这些问题都亟待借鉴纽约的KWIC及其他一些国家或地区的指标体系予以完善。

（4）增设负向统计指标，引导公众积极地关注儿童问题

上海、香港和巴黎的儿童发展指标比较结果显示：尽管绝大部分指标的统计口径不一致，但还是能从香港、巴黎的儿童统计数据中看出政府和社会对儿童发展状况监测不同于上海的特点。

强化对弱势儿童福利保障的监测，采取客观的立场，不避讳对负向指标的统计，是香港、巴黎儿童监测过程中的重要特点。香港卫生署等部门定期公布儿童被虐待的数据、儿童自杀、儿童因交通事故死亡的数据、单亲家庭儿童、贫困家庭儿童、辍学率等一系列在我们看来高度敏感的数据，并没有在儿童工作的实践中造成严重的负面影响。如果说统计指标具有社会导向性的话，我们认为，这类负向指标的公布，可以引导公众更积极地关注我们的儿童问题，进而更好地照顾、保护儿童。和对弱势儿童、儿童问题的关注一脉相承，政府与社会特别关注儿童福利、儿童服务的发展。这方面统计数据的丰富，和上海相关数据的严重欠缺，形成了鲜明的对照。

香港、巴黎儿童发展监测的另一个特点是过程性指标与结果性指标的有机结合。在各个部门公布的统计数据中，既有关于投入的报告，也有关于产出的报告。此外，儿童指标的发展必须注重来自儿童的意见。儿童工作若要在《儿童权利公约》的框架下进行，主观性指标的引入势在必行。就儿童发展指标体系的建构而言，香港的发展并不比上海先进。特区政府没有开展儿童发展指标体系建设，没有建立一个完整的儿童发展指标体系。这样的状况，一方面可能是因为香港缺乏一个专事儿童事务的部门，也可能是因为对儿童发展整体性评价的困难，儿童及儿童发展具有的本质复杂性，这种复杂性是操作化计量化的障碍。

综上所述，上海、纽约、伦敦、巴黎、东京和新加坡都有比较完善的儿童发展的指标体系，并且各自兼具本土性及民族特点。由于各城市和地区的历史传统和发展环境有着很大的不同，民族文化与民族心理也有着很大的差异，在看待具体问题时必然会有自己的独特视域和角度，究竟如何才能融合中外文化之精华，取他人所长补己所缺，亟待我们借鉴先进地区的有益举措予以践行、完善。

四、对进一步完善上海儿童发展指标体系的思考与建议

上海儿童发展与其他五个国际大都市和新加坡比较的既有地位、不足之处，以及可参照其他城市进一步改进的建议总结如下：

（一）儿童健康领域

1. 上海在儿童健康上取得的成绩

上海在儿童出生预期寿命、婴儿死亡率、5 岁以下儿童死亡率及新生儿死亡率等健康指标上已全部达到甚至部分超过世界发达城市水平。

2. 上海儿童健康指标存在的不足

上海部分指标采用的参数相对单一，涉及的年龄段范围较偏重 12 岁以下的儿童，而其他城市则在很多指标上采用多参数计量法，使得同一指标更丰富、完整，如按性别和年级进行分别统计和细化，参数间相互形成印证，更具可靠性。具体体现在与牙齿健康、体育锻炼、体格健康及死亡率有关的指标上。

心理健康方面的指标相对比较笼统，主要集中在"创设儿童心理健康的环境"上，如"专职心理辅导老师持证上岗率"、"儿科医生的心理咨询持证上岗率"等，还没有真正集中在"儿童与青少年的心理健康"上，但在其他城市，这方面的指标已经非常具体，并具有可操作性，如对自杀率、自残、心理行为异常发生率等指标的统计。

缺乏"儿童社会适应"及"儿童道德"等现代健康意义上的指标及计量参数，而其他城市则早已注重对此类指标的统计，具体表现为与"儿童健康环境"相关的安全措施指标和与"儿童社会适应"有关的健康生活方式指标。

3. 完善上海儿童健康指标的建议

上海可细化部分指标的计量方法，采用多维、多水平计量。

上海可增加部分指标的量化参数，提高可操作性与可比性。

上海可补充部分新指标，体现现代大健康的观念。

（二）儿童教育领域

1. 上海在儿童教育上取得的成绩

上海在基础教育的普及程度，包括各级教育的入学率和升学率，以及各级公立学校在校生比例，在各国际大都市中位居前列，例如上海的学前教育普及率高于伦敦、东京、香港和新加坡，上海初中毕业生升学率高于伦敦、巴黎和东京等。上海为完善特殊教育的支持与保障体系做了大量工作，实现了对残障儿童零拒绝、为残障儿童提供优质教育与服务的全纳教育目标。说明上海的公共教育服务已基本达到国际大都市儿童发展的平均水平。

2. 上海儿童教育指标存在的不足

上海的义务教育年限低于纽约、伦敦、巴黎和香港,在提供免费教育方面不如其他几个城市。

上海 2007 年刚免除义务教育学生的学杂费,而纽约、伦敦、巴黎和东京不仅免学杂费、课本费,贫困学生还能享受免费午餐。

上海教育经费相对较低,生均教育投入对应上海经济发展水平而言是偏低的。

上海目前的平均班额高于其他城市。

上海尚未建立学生学业水平监测体系,无法对教育的结果做出评价。

上海在高标准的教育设施上,如室内运动场和游泳池的设置率上,比东京低很多,这反映出上海的办学条件与其他国际大都市相比还有一定差距。

3. 完善上海儿童教育指标的建议

上海可参考和借鉴其他城市部分适应新时期教育发展需要的教育指标,将其纳入正式统计的指标范畴,如对盲、聋儿童初中毕业、高中毕业升学率的统计。

上海可建立学生学业成就监测评价系统,将教育评价的重点从经费投入、办学条件和入学率转到教育的质量和结果上来。

上海可增设学校室内运动场设置率和游泳池设置率。

上海可统计贫困学生比例,建立低保家庭子女的数据统计信息,为政府经费资助提供参考依据,加强学校教育的公平性。

（三）儿童权益保护领域

1. 上海在儿童权益保护上取得的成绩

上海的儿童保护法律体系已初步形成,上海在法律的修订和完善上是积极作为的。

上海已建立较健全的儿童保护机构和组织。

上海已建立专门的少年法庭。

2. 上海儿童权益保护指标存在的不足

就儿童保护法律而言,上海的儿童保护法律体系虽已初步形成,但儿童权益保护的相关条例大量散见于其他法律中,专门以儿童为对象的法规很少,对实践的指导性不足,缺乏保护力度。

上海儿童保护机构多局限于违法犯罪及不良少年,对一般儿童的关注较少。

上海尚缺乏独立的少年司法制度,少年法庭非独立性、适用于少年司法的专门少年法律缺失。

3. 完善上海儿童权益保护指标的建议

上海可根据儿童保护的实际情况,制定内容细致、针对性强的法律法规,同时要加强对法律法规的修订,即增加与儿童相关的法律修改、制定内容的指标。

在儿童保护机构中,福利机构和司法、矫正机构不能偏废,在保护违法犯罪少年和其他不良少年时,也要注重对一般儿童福利的保护,可增加参与儿童权益保护的非政府组织、专业机构数量、政府投入力度等方面指标。

加强对独立少年司法制度的建设,增加对未成年犯罪嫌疑人使用强制措施、庭审前的社会调查、合适成年人参与、采用取保候审的比例。

(四)儿童成长环境领域

1. 上海在儿童环境保护上取得的成绩

上海已经建立对儿童食品用品安全和交通安全的指标。

上海比较重视儿童文化环境的建设。建立了强化儿童网络安全的监测指标。

2. 上海儿童环境保护指标存在的不足

在上海的儿童文化指标中,儿童文化设施使用率没有得到反映,体育、娱乐、阅读等方面的指标没有细化。

3. 完善上海儿童环境保护指标的建议

上海可进一步丰富本土的发展指标,如增设儿童经济安全指标、增设儿童交通安全指标,加强儿童文化建设指标的操作性。

(五)儿童福利领域

1. 上海在儿童福利事业上取得的成绩

近年来,上海儿童福利事业稳步发展,服务范围拓展,全社会对儿童的关注程度明显提高并进入制度化建设时期。

上海已设立了儿童医疗保险参保率达 99% 以上以及残疾儿童康复服务补贴实行全覆盖等指标。

上海注重对孤残儿童和困境家庭儿童的保护,提出强化对单亲家庭、服刑人员家庭、父母残疾或长期患重病家庭儿童及农村留守儿童的援助;完善孤儿养育和服务;发展面向流动儿童的公共服务等具体指标或内容。

2. 上海儿童福利指标存在的不足

上海缺乏对儿童贫穷方面的统计指标,而在其他城市,儿童贫穷都有详细的指标,以衡量儿童的整体发展水平,并保障处境不利儿童的成长能够得到关注。

结构性问题较突出,内容缺乏完整性。上海的儿童福利指标涉及的方面虽然广泛,但具体内容尚不细致完善。我国在大病儿童医疗保障、受艾滋病影响儿童救助、预防和救助弃婴等方面均缺乏有效政策,过于依赖临时性社会救助。

上海的儿童福利指标侧重于对孤残儿童和困境家庭儿童的保护,较少关注满足不同群体儿童需要、提供全面服务的普惠型、发展性福利。与特殊福利政策相比,对一般儿童的发展性福利政策缺乏重视。

3. 完善上海儿童福利指标的建议

上海应在现有基础上进一步建设和健全儿童公共福利指标体系。

设立儿童福利工作者的资质和专业标准指标。

增设儿童福利组织、儿童公益性福利设施及使用率指标。

我们在分析比较上海、纽约、伦敦、巴黎、东京和香港这六大城市及新加坡在健康、教育、权益保护、成长环境和福利这五个领域的儿童发展指标时,尽力汇集了各种数据,以期从量化标准上反映国际大都市儿童发展的相关内涵。对于缺乏城市数据的,又补充了国家的相关数据进行比较。希望通过比较研究,了解上海儿童发展的优势和不足,从中找到差距,明确努力方向,从而为上海儿童事业的发展提供导向,为政府决策提供依据。当然由于存在社会制度、文化观念、政治理念、意识形态等方面的不同,六城市和新加坡之间存在着不同特性和差异,其儿童发展也存在一定程度的不可比性,这也是做量化研究时的一个难点,有待于我们进一步完善与克服。

五、六个国际大都市及新加坡儿童发展指标比较体系汇总表

为方便儿童工作者检索应用,我们将六个国际大都市及新加坡儿童发展在健康、教育、成长环境、福利领域的指标汇总如下,有关儿童权益保护领域的指标内容请见"表23 上海与美国、伦敦、法国、东京、新加坡儿童保护法律的比较"、"表20 上海与东京、巴黎、新加坡儿童保护机构和组织的比较"、"表21 少年法庭的独立性、收案范围和法律依据"、"表22 审理前的社会调查和强制措施的使用"和"表23 处置措施——刑罚和保护充分"。

表31　儿童健康指标设置一览表

		上海	纽约	伦敦	巴黎	东京	香港	新加坡
生命素质	出生预期寿命	出生预期寿命	出生预期寿命	出生预期寿命	出生预期寿命	出生预期寿命	出生预期寿命	出生预期寿命
	死亡率	婴儿死亡率;5岁以下儿童死亡率;5岁以下儿童意外死亡率;孕产妇死亡率;(婴儿前五位死因和构成)	婴儿死亡率(新生儿死亡率;28天到1周岁婴儿死亡率);儿童死亡率(1~4岁儿童死亡率;5~9岁儿童死亡率;)青少年死亡率(10~14岁青少年死亡率;15~19岁青少年死亡率)	1~19岁儿童死亡率;1~19岁儿童死亡率原因分布(诸如交通意外,癌症,呼吸道疾病,自杀等)	婴儿死亡率;5岁以下儿童死亡率;20岁以下的儿童死亡率;导致儿童死亡的具体死因分布(诸如意外死亡率,感染性疾病,癌症死亡率,自杀等)	0~4岁儿童死亡率;乳儿死亡率;新生儿死亡率;孕产妇死亡率;死产率;围产期死亡率;意外事故发生率	婴儿死亡率;5岁以下儿童死亡率;新生儿死亡率;早期新生儿死亡率;晚期新生儿死亡率;新生儿后期死亡率;0~14岁儿童因疾病而死亡的人数	婴儿死亡率;新生儿死亡率;5岁以下儿童死亡率;孕产妇死亡率
	特殊儿童比例	新生儿甲状腺功能低下筛查率;新生儿苯丙酮尿症筛查率;新生儿听力障碍筛查率;住院分娩出生缺陷儿发生率	早产儿比例;低体重婴儿出生率			合计特殊出生率;低体重儿出生率	新出生体重在2.5公斤以下的婴儿比例;新出生体重在1.5公斤以下的婴儿比例;新出生体重在4.0公斤以上的婴儿比例	5岁以下生长迟缓儿童比例;5岁以下子宫萎缩儿童比例

续 表

		上 海	纽 约	伦 敦	巴 黎	东 京	香 港	新加坡
身体健康	患病率	1岁以下儿童贫血发病率;5岁以下儿童中重度营养不良患病率	哮喘入院率	急诊入院率(包括:肺炎、哮喘、细支气管炎、上呼吸道感染;其他的急性呼吸道炎症等)	癌症发生率;糖尿病发生率;哮喘流行率;传染性疾病发生率	感染症发生率(诸如:流行性感冒、结核病、SARS等)	小学生脊柱弯侧的甄别率;中学生脊柱弯侧率的甄别率	
	体格发育	儿童肥胖率(0~6岁;小学生;中学生)		肥胖率(2~10岁);种族与儿童期肥胖率	超重率和肥胖率	平均身高与平均体重(初中二年级);维持正常体重的儿童比例;12岁女生的"瘦身"比例	小学生肥胖检出率;中学生肥胖检出率;患有需长期复诊的疾病的15岁以下人数及比率;15岁以下人士于医管局辖下医院(住院服务)的出院人数	儿童肥胖率(男生:小一或相当年龄;小五或相当年龄;小六或相当年龄;女生:小一或相当年龄;小五或相当年龄)
	体育锻炼	体锻达标率;中小学生每天不少于一小时体育锻炼时间				体锻达标率;每天做运动的儿童比例;乐于参加体育运动的儿童比例	体育参与率	

续　表

		上海	纽约	伦敦	巴黎	东京	香港	新加坡
	牙齿、视力等健康	小学生龋齿填充率;12岁儿童人均龋齿数;15岁儿童龋齿发生率;中小学生视力不良率				12岁儿童人均龋齿数;儿童牙龈炎发生率(小学;初中;高中);儿童每月至少做1次牙齿或牙龈的观察;每天1次的用牙练习	达到良好牙齿健康状况的比例	中小学男生视觉不良率;中小学女生视觉不良率
心理和情绪健康	自杀率			15岁以下的儿童自杀率;15~19岁的青少年自杀率	10~14岁儿童自杀率;15~17岁的青少年自杀率		死于自杀的儿童人数	
	自我伤害率(自残率)		自伤性入院率(10~14岁;15~19岁)	自伤性入院率(15岁以下;15~19岁)				
	心理行为异常发生率			情绪异常(焦虑症;抑郁症;强迫症;多动行为障碍(注意力失调与过度活动);品行障碍(退缩;攻击性;反社会行为等)	行为障碍(多动;品行障碍;青春期抑郁;青春期焦虑;学习障碍或智力失缺陷;心理健康(儿童健康问卷所测量的)	乐于上学的儿童比例;监护人认为心理健康的儿童比例;学不上学的儿童比例;举止古怪的儿童比例	小学生自尊心偏低的比例;在医管局辖下医院(精神科)专科门诊的0~14岁到诊人数	

续表

		上海	纽约	伦敦	巴黎	东京	香港	新加坡
生活方式	饮食	学校配备专业营养师		每日吃水果、蔬菜的儿童比例（5～15岁；16～24岁）		每天吃早餐的儿童比例；乐于吃饭的儿童比例		
	睡眠					晚上10点以前睡觉的小学生比例；晚上11点以前睡觉的初中生比例；晚上12点以前睡觉的高中生比例；总是感到"想睡觉"或者睡眠困乏的儿童比例		
	不良行为习惯发生率			饮酒；吸烟；物质滥用（如毒品）	饮酒；吸烟；物质滥用（如毒品）	认为饮酒不利于健康的儿童比例（小学；初中；高中）；认为吸烟不利于健康的儿童比例（小学；初中；高中）		

续　表

		上海	纽约	伦敦	巴黎	东京	香港	新加坡
健康服务系统	性健康	中学生接受青春期教育率	少女生育率；少女怀孕率；性传染病报告案例数（早期梅毒；淋病）	18岁以下有性健康观念的儿童比例；性传染病报告案例数；使用避孕工具的比例		不满20岁的性传染病报告数		
	生理健康	计划免疫疫苗全程接种率；预防接种的免疫种类；0~6岁儿童保健管理率；孕产妇系统管理率；生殖健康教育知晓率	孕期照料（孕早期照料；孕后期照料）			定期检查学生上学与学校往途中的安全；设置学校保健委员会的学校比例		
	心理健康	专职心理辅导老师持证上岗率；儿科医生的心理咨询持证上岗率		促进儿童心理健康服务（CAMHS）				幸福感和生活满意度；压力或不幸福的原因
	母乳喂养率	4个月婴儿的母乳喂养率		新生儿的母乳喂养率；6个月婴儿的母乳喂养率；12个月婴儿的母乳喂养率	新生儿的母乳喂养率；6个月婴儿的母乳喂养率；12个月婴儿的母乳喂养率		以全母乳喂哺达4至6个月的婴儿的比例	

表32 儿童教育指标设置一览表

教育普及	上海	纽约	伦敦	巴黎	东京	香港	新加坡
义务教育年限	义务教育年限	义务教育年限	义务教育年限	义务教育年限	义务教育年限	义务教育年限	义务教育年限
免费教育年限	免费教育年限	免费教育年限	免费教育年限	免费教育年限	免费教育年限	免费教育年限	
教育规模（平均每万人在校小学生数;平均每万人在校中学生数）					每10万0~5岁人口中的托儿所数;每10万3~5岁人口中的幼儿园数,每10万6~11岁人口中小学校数;每10万12~14岁人口中初中学校数;每10万15~17岁人口中高中学校数;每100平方公里可居住地中的小学、初中、高中学校数		

续　表

	上　海	纽　约	伦　敦	巴　黎	东　京	香　港	新加坡
入学率	3～5岁儿童入园率;小学学龄儿童净入学率;初中净入学率		3～4岁儿童中接受免费学前教育的学生比例;16～17岁学生接受义务后教育及政府提供的培训的比例		小学新生中读完幼儿园的学生比例;小学新生中读完托儿所的学生比例;	3～5岁儿童入园率;6～11岁儿童的就学比率;12～16岁儿童的就学比率;17～18岁儿童的就学比率;每年新入读特殊学校的儿童数目;中途离开学校的中三或以下学生数	幼儿园入园率,中小学入学率,毛入学率,净入学率,平均入学年龄
升学率	初中毕业生升学率;普通高中招生比例;普通高校录取率;盲、聋哑学生初中毕业率;盲、聋哑学生高中毕业生升学率	高中毕业生中计划进入高等院校的比例	高等教育录取率	获得初中毕业文凭即获得升入高中的资格的比例;获得高中毕业文凭即获得升入高等院校的资格的比例	初中、高中毕业生升学率;盲、聋初中、高中毕业学率	大学教育资助委员会资助课程的学生人数(全日制)	

续表

		上海	纽约	伦敦	巴黎	东京	香港	新加坡
教育经费	公立学校在校生比例	公立幼儿园、小学、初中、高中在校生比例	公立托所在园儿生比例;公立中小幼在校生比例	公立幼园在儿生比例;公立中小学在校生比例		公立托儿所幼儿园在校比例;公立中高中在校生比例		
	生均教育经费	普通中学生均经费支出;普通中学高中生均预算内教育经费支出;普通中学初中生均经费支出;普通中学初中生均预算内教育经费支出;小学生均经费支出;小学生均预算内教育经费支出;农村初中生均经费支出;农村初中生均预算内教育经费支出;农村小学生均经费支出;农村小学生均预算内教育经费支出		小学生均经费;中学生均经费		公立幼儿园生均公共教育经费;公立小学生均公共教育经费;公立初中生均公共教育经费;公立高中生均公共教育经费	教育经费(亿元);教育经费预算内占财政经费支出比例(%);生均教育经费指数	教育财政投入占财政总投入和GDP的比例,小学生均经费,中学生均经费

续表

		上海	纽约	伦敦	巴黎	东京	香港	新加坡
教师队伍	生师比	普通小学生师比；普通初中生师比；普通高中生师比		托儿所生师比；小学生师比；中学生师比；私立学校生师比；特殊学校生师比		托儿所、幼儿园、小学、初中中师比	幼儿园、中学、小学、中学生师比	小学、中学生师比
	教师学历比例	普通高中、普通初中、小学、幼儿园、特殊教育教师中分别达到专科、本科、研究生学历的比例				幼儿园、小学、初中、高中教师中分别达到专科、本科、研究生学历的比例	幼儿园、小学、中学教师拥有大学毕业学历的比例；幼儿园、小学、中学教师曾接受教师训练的比例	教师学历水平；受专业训练的教师比例
	教师性别比例	幼儿园、小学、初中、高中女教师比例				小学、初中女教师比例		小学、初中、高中男女教师比
办学条件	平均班额	幼儿园、小学、初中、普通高中平均班额		小学（1～6年级）平均班额；中学（7～11年级）平均班额	初中平均班额	幼儿园、小学、初中平均班额	幼儿园、小学、中学平均班额	班级数及班级规模

续 表

教育质量		上海	纽约	伦敦	巴黎	东京	香港	新加坡
	生均学校占地面积					公立小学、初中、高中生地面积均占地面积;公立小学、初中生室外运动场面积		
	运动场、游泳池设置率					公立小学、初中、高中室内运动场设置率;公立初中、高中生均游泳池设置率		
	学业成绩		3、4、5、6、7、8年级阅读成绩低于基本水平的比例（1级）、达到和熟练（3级）和高级（4级）的水平比例;有50%以上学生阅读成绩低于学校1级水平的学校比例;3～8年级数学成绩低于基本水平、达到和熟练水平和高级水平的比例	关键阶段学业成绩达标率;义务教育结束时（11年级）获得普通中等教育普通证书和国家资格证书的学生比例;义务教育后获得2个高级水平的学生比例以及获水平和高级补充水平的普通教育证书的学生比例			小四学生的数学运算能力;中二学生的数学运算能力;小四学生的科学能力、中二学生的数学能力,学生的阅读能力、解难的能力;会考体考及格率、会考获6科或以上合格的学生比例;会考以上优良水平比例;会考考生只得0分学生比例	识字率、小学毕业率、会考通过率等

续表

	上海	纽约	伦敦	巴黎	东京	香港	新加坡
毕业率		高中按时毕业率		初中毕业率；获得中业士文凭率；高中毕业率；获得高中毕业士文凭率；适龄人口中获得高中毕业士文凭的比例			
辍学率		9~12年级累计辍学率	被学校永久排斥的学生比例			中途离校的中三或以下学生人数	辍学率
留级率		9~12年级累计留级率					
缺席率			教育和技能部直接拨款公立学校一学年时间的学生缺席比例	中等教育旷课率	长期不在校学生比例		重修率
其他			黑人和少数民族学生比例；母语不是英语的学生比例；到外区就读的学生比例；教师流动率；教师缺编率；特殊教育需要的学生比例；失业率，16~18岁学生经济活动率；有免费午餐的学生比例；难民学生比例；能够获得学校免费午餐的学生比例；学生对学校的评价为"好"的比例				

表33 儿童教育状况一览表(2001～2007年)

	上海	纽约	伦敦	巴黎	东京	香港	新加坡
义务教育年限(年)	9	12	11	10	9	9	6
义务教育年龄段(岁)	6～14	6～19	5～15	6～15	6～14	6～16	7～12
免费教育年限(年)	9	12	15	16	9	12	
免费教育年龄段(岁)	6～14	6～19	3～17	2～17	6～14	6～19	
3～5岁入园率(%)	99.9	54.0*	66	100	64.0	89.1	50.5
高中毕业生升学率/高校录取率(%)	84.6	54.3	67	76.1	53.5		
幼儿园公立学校在校生比例	85.3	76.3	65		9.0		
小学公立学校在校生比例	95.1			85.4*	95.4		
初中公立学校在校生比例	87.7	78.7	88.6	78.8*	74.3		
高中公立学校在校生比例	88.5			69.5*	43.8		
幼儿园生均经费指数	7 672.82	7 881*		4 512*	1 114 637		
小学生均经费指数	7 426.24	8 049*	3 000	5 033*	963 302		5 306
初中生均经费指数	8 285.57	8 669*	3 900	7 820*			7 456
高中生均经费指数	12 025.40	9 607*	10 469	9 291*	1 350 990		12 066
幼儿园生均经费指数	13.9	22*		16*	24.7	21.6	
小学生均经费指数	13.4	22*	20	18*	27.3		19.3

续　表

	上　海	纽　约	伦　敦	巴　黎	东　京	香　港	新加坡
初中生均经费指数	15.0	24*	27	28*	33.0	21.6	19.3
高中生均经费指数	21.7	27*	41	34*	39.7		
幼儿园平均班额	31.3				26.1		
小学平均班额	36.0	21.7*	26.8		30.4		
初中平均班额	40.8	22.6*	21.8	23.5	33.4		
幼儿园生师比	17.2	15.5*	15.7	18.8*	16.9		
小学生师比	13.87	15.5*	22.8	19.4*	19.4	17.6	22.1
初中生师比	12.8	15.5*	16.5	13.7*	16.3	17	18.3
高中生师比	12.76	15.6*	14.9	10.6*	16.6		
幼儿园教师大专及以上学历	15.9	40.8	99.7*			8.7	
小学教师大专及以上学历	18.5	91.3				79.4	
初中教师学历	80.5	95.1	98.8*			94	
高中教师本科及以上学历	97.9	98.3					
教育经费占 GDP 的比重						4	3.4

注：* 为国家数据。
　　** 生均教育经费的货币单位为：上海：人民币，纽约：美元，伦敦：美元，巴黎：美元，东京：美元，香港：美元，新加坡：美元。

表34 儿童安全、环境和福利指标设置一览表

儿童安全		上 海	纽 约	伦 敦	巴 黎	东 京	香 港	新加坡
	儿童虐待	儿童虐待	儿童虐待率			儿童虐待案件数	虐待儿童数（新登记虐待个案受害儿童数）、居住于人口低于该组别居住人口的家庭的儿童占的比例、单亲家庭生活的儿童比例、非婚生儿童比例（0~14岁）、生活于贫穷家庭的儿童比例、家长工作时间过长，每周最少工作60小时的家长数目（家庭数目）、家庭暴力个案数目（家庭暴力事件数）、0~19岁儿童因死亡外因导致的死亡人数、0~19岁儿童因交通事故致死的死亡人数等	儿童虐待安置信息统理与安置信息统计
	经济安全（儿童贫穷）		贫困儿童率；接受食品券的儿童数	失业家庭中儿童占全体儿童比例；拥挤家庭中儿童所占有儿童的比例	法国儿童贫穷率			儿童自杀率，15岁至19岁少女的堕胎率，少年违法率，母管看青童犯罪率，无文母儿童，虐待案例分类统计（身体虐待、忽视性犯罪、身体暴力），儿童情绪虐待等统计（年龄、身体虐待，经济水平等），案率，儿童虐待报案方式统计，15~29岁青少年吸毒率

续　表

指标		上海	纽约	伦敦	巴黎	东京	香港	新加坡
儿童安全	交通			道路儿童伤亡率		交通安全设施定检		
	食品	营养午餐合格率				食品安全不合格率		
	环境	尾气路检排放达标率		空气中CO_2含量				
	其他产品	儿童产品合格率；儿童游乐设施合格率						
文化					儿童参与各类文化活动的比率；公共阅读系统	儿童图书系统；儿童产品文化评比		儿童图书系统；体育运动场所及其使用率

续 表

社会福利			上 海	纽 约	伦 敦	巴 黎	东 京	香 港	新加坡
	各项与儿童有关的福利			公共福利资助人数；低收入补贴中儿童人数；学校免费午餐人数		接受家庭补贴中儿童人数；接受住房补贴中儿童人数；产假补贴人数；残疾儿童补贴人数；单亲家庭补贴数		幼儿服务中心；服务于6~24岁儿童及青少年的青少年服务中心和儿童及青年中心等服务机构的数目，各机构获得政府资助的名额	社会福利组织：草根组织数量，组织志愿者服务组织数量，儿童中心年度护理人次，公共援助服务人次，家庭服务中心数①
	儿童寄养			儿童寄养率				儿童寄养人数		
	其 他						儿童参加各类运动的比率			
	其 他						儿童零用钱统计			

① 《2009 年新加坡统计年鉴·文化与娱乐部分》

第一章

上海、伦敦儿童发展
指标比较研究

儿童是国家的未来,儿童的发展水平与程度体现着一个国家或地区的发展水平。上海与伦敦作为世界性的大都市,在推动儿童发展方面都取得了较大的成绩,也拥有各自的经验和特点。本研究从健康、教育、权益、环境和福利五个领域对上海和伦敦儿童发展指标体系进行比较,旨在为上海儿童事业的发展提供借鉴和参考。

一. 伦敦儿童概况及《伦敦让儿童和青年更美好—— 市长的儿童和青年战略》介绍

作为英国首都的伦敦,实际上有两个概念,一是指大伦敦市(Great London),包括 32 个市镇,面积 1 580 平方公里,2008 年人口超过 750 万;二是指伦敦城(City of London),即大伦敦市的中心区,是伦敦的金融中心,常住人口只有 7 万。根据 2007 年《伦敦儿童状况报告》(*State of London's Children Report 2007*)[1]显示,约 12.5% 的英国人口居住在大伦敦市,其中 32% 属于黑人、亚洲人或者其他少数种族群体[2](简称 BAME)。伦敦 18 岁以下儿童和青少年大约

---

[1] http://legacy. london. gov. uk/mayor/children/docs/solc-summary-2007. rtf
[2] Black,Asian or minority ethnic,简称 BAME groups.

有 172 万,占伦敦总人口的 22.9%,其中 51.2% 为男性,48.8% 为女性。儿童和青少年中 45% 是 BAME。预计到 2016 年,这一比例将要超过 50%。单亲家庭儿童占 23%。无业家庭的儿童比例为 23.1%。

儿童与青少年一直是伦敦政府的重点关注对象。将伦敦建设成为儿童友好型(child-friendly)的城市,是伦敦市政府的努力目标。2004 年伦敦市政府发布了《伦敦让儿童和青年更美好——市长的儿童和青年战略》(*Making London better for all children and young people — The Mayor's Children and Young People's Strategy 2004*,简称儿童和青年战略)。这份具有全局性、纲领性、前瞻性的文件提出了未来十年伦敦的儿童政策和行动策略,是一份真正意义上的伦敦儿童发展规划,也成为伦敦儿童发展的评估框架。由大伦敦政府及包括伦敦交通局、警局、发展署、消防和应急规划署,以及伦敦各市镇、志愿组织和社区组织等在内的部门和团体共同组织实施。其执行成果在其后陆续发布的《伦敦儿童状况报告》(*State of London's Children Report*)、《儿童和青年战略进展报告》(*CYP Strategy Progress Report*)中得以体现。

《儿童和青年战略》由三个主题构成,分别是减少贫困和社会排斥,促进包容和平等,为伦敦儿童、青年和他们的家庭提供高质量的服务和设施。在七个领域共提出了 27 条政策及 86 个行动要点。

表1　《儿童和青年战略》中的政策要点

领　　域	政　　策
1. 让儿童和青少年发声	a. 决定权得到系统提升 b. 平等参与权 c. 享有法律咨询、辩护服务和申诉 d. 以监测和评估促进参与权 e. 参与民主进程
2. 理解儿童生活的多样性	a. 实施和监测评估本文件 b. 采取额外的措施来监测和评估本文件中主要目标的实施进展状况 c. 从国家政府获取额外的资源,为伦敦儿童提供更广泛的服务

领 域	政 策
3. 健康	a. 加强公共领域建设，满足健康需求 b. 解决儿童健康的不平等
4. 休闲娱乐和教育	a. 使儿童享受更好的休闲、文化、玩耍、运动和艺术 b. 推动伦敦的景点、设施、服务发展和完善，形成对儿童友好的环境 c. 促进学校和教育发展 d. 减少教育不平等和教育排斥 e. 促进弱势群体青年的教育、技能、职业培训的获得
5. 环境安全	a. 提升交通的安全可靠性 b. 确保儿童在有人监督和无人监督的环境中都能安全玩耍 c. 打击一切歧视，促进多样性 d. 解决对儿童的暴力和虐待
6. 积极的社会参与	a. 确保在影响儿童事务上，儿童有优先抉择权 b. 在对待青少年犯罪问题上与《联合国儿童公约》保持一致
7. 经济福利	a. 降低儿童贫困和收入不平等的程度及影响 b. 确保儿童和家庭得到更好的照顾和支持 c. 儿童使用更加安全、便捷、便宜的交通工具 d. 确保弱势群体儿童需求得到满足 e. 获得优质且负担得起的住房 f. 让流浪儿童、难民和寻求庇护者的子女和其他重要的弱势群体获得适当的服务和住房

如表 1 所示，在七个领域中，领域 1 和 2 属于基础性领域，领域 3～7 属于政府力图改善和提高的实质性领域。由于文件中的政策和行动要点以过程性目标和措施为主，没有明确的量化指标，因此对伦敦儿童发展指标体系的概括除了以《儿童和青年战略》这一文件为基础外，还吸取了以下资源。① 《伦敦儿童状况报告》(*State of London's Children Report 2004、2007*)，《儿童和青年战略进展报告》(*CYP Strategy Progress Report 2005*)等伦敦儿童发展的反馈性报告中的统计口径和数据。② 根据英国国家数据办公室（Office for National

Statistics,简称 ONS)①发布的历年数据报告。需要指出的是,由于 ONS 发布的数据报告数量极其庞大,要将其中有关儿童的统计指标全部归纳非常困难,因此本研究主要按照《儿童和青年战略》、《伦敦儿童状况报告》、《儿童和青年战略进展报告》中所涉及的内容来提取 ONS 中的指标和数据。下文中涉及伦敦儿童发展的数据,如没有表明出处,都来自 ONS 网站。

二、伦敦儿童发展指标体系

(一)健康领域

伦敦市在关于儿童健康方面一直以来都十分重视。调查显示,89％的伦敦儿童和青少年对他们的健康状况表示满意。伦敦儿童饮酒少,而食用足量新鲜水果和蔬菜的比例较高,但缺乏足够的锻炼,未来趋于肥胖的可能性较高。对此政府也提出了一些策略措施,比如:关注家庭健康饮食,鼓励儿童、青少年和家长一起参与有规律的运动,通过社区支持健康积极的生活方式,营造健康饮食和健康运动的文化氛围并且渗透到市民的工作环境和日常生活中,市民能够获得更多更好的饮食和运动习惯方面的信息等。②

总体来看,伦敦现有的儿童健康方面的指标可以分为如下六个方面:人口素质、身体健康、心理健康、生活方式、健康服务、生殖保健。

表 2 伦敦市儿童健康指标体系

主 要 指 标		
A. 人口素质	B. 身体健康	C. 心理健康
1. 出生预期寿命 2. 婴儿死亡率 3. 5 岁以下儿童死亡率 4. 新生儿死亡率	1. 肥胖率 2. 急诊入院率 3. 免疫水平 4. 死亡原因	1. 自杀率 2. 自伤性入院率 3. 心理行为异常发生率

---

① 英国最大的官方数据发布机构,http://www.ons.gov.uk/ons/index.html。
② State of London's Children Report 2007, http://legacy.london.gov.uk/gla/publications/children.jsp

主　要　指　标		
D. 生活方式	E. 健康服务	F. 生殖保健
1. 经常吸烟、饮酒、物质滥用(如毒品)的儿童比例 2. 每日水果蔬菜摄入量	1. 健康学校创建比例 2. 母乳喂养率	1. 有性健康观念的儿童比例 2. 性传染病报告案例数 3. 使用避孕工具的比例 4. 18 岁以下怀孕率

（二）教育领域

从 20 世纪末至今的 10 多年时间中,英国在基础教育方面取得了很大的进步,尤其是在处理教育投资和提高儿童学习动力等方面取得了非常大的成绩。具体说来,自 1997 年新工党上台之后,登记注册的儿童护理机构数量增加了一倍;学校教育质量的标准也不断提高,现在 11、14、16 和 19 岁等不同年龄阶段的学习成绩达到了历史上最好的水平,适龄青年的大学入学率也比以往提高很多;相对贫困儿童的数量已经降低到 60 万以下,同时少女未婚先孕的比例也达到了20 年当中的最低水平[①]。英国布朗政府 2007 年执政后非常重视儿童的教育,希望将英国建设成世界上最适合儿童成长的国家,为此发布了《儿童计划:构建更加美好的未来》(以下简称《儿童计划》)报告。这份报告将儿童和家庭的需要摆在教育工作的中心地位,成为了指导英国儿童教育的纲领性文件。具体来看,伦敦的教育指标体系可以分为教育基本情况、学业质量、辍学及处境不利学生教育情况三方面。

表 3　伦敦市儿童教育指标体系

主　要　指　标		
A. 教育基本情况	B. 学业质量	C. 辍学及处境不利学生教育情况
1. 义务教育年限 2. 小学和初中入学率	1. 学生学业成就 2. 关键阶段学业成绩达标率	1. 被学校永久排斥的学生比例 2. 教育和技能部直接拨款公立学校中缺席一半时间的学生比例

[①]　范大勇:《英国布朗政府基础教育政策蓝图:〈儿童计划〉》解读,《基础教育参考》2008 年 12 期。

主 要 指 标		
A. 教育基本情况	B. 学业质量	C. 辍学及处境不利学生教育情况
3. 学前教育入园率 　4. 高中入学率 　5. 初中毕业生升学率 　6. 高中毕业生升学率 　7. 公立学校在校生比例 　8. 生均教育经费 　9. 生均教育经费指数 　10. 平均班额 　11. 生师比 　12. 免费教育年限	3. 义务教育结束时(11年级)获得普通中等教育证书和国家普通职业资格证书的学生比例 　4. 义务后教育学生中获得2个高级水平的学生比例以及获得高级补充水平普通教育证书的学生比例	3. 黑人和少数民族学生比例 　4. 母语不是英语的学生比例 　5. 到外区读中学的学生比例 　6. 教师缺编率 　7. 教师流失率 　8. 16～18岁学生经济活动率 　9. 有特殊教育需要的学生比例 　10. 难民学生比例 　11. 能够获得免费午餐的学生比例 　12. 学生对学校的评价为"好"的比例

（三）权益保护领域

伦敦市在儿童权益维护领域也有着相对完善的法律法规体系,为儿童的发展提供了法律上的保障。这些法律法规包括《儿童抚养法》、《儿童监护法》、《收养照管法》、《少年福利条例》、《儿童法》(1989年)、《1963年青少年法》等法律法规以及2000年出台的《刑事法院权利法(判决)2000》新修订法律。自2005年以来,儿童和青年的犯罪行为已经降低,15～20岁狱中青年数量在2006年到2007年之间有6％的下降①。在最近的调查中,37％的7岁和28％的10岁小学生感到欺侮是他们在学校里遭遇到的问题。2006年,在伦敦街头有16个儿童被杀,376名严重受伤,1 849名轻伤。2006～2007年伦敦不满18岁的犯罪受害者共有64 468人。②

伦敦市一方面加强儿童保护法律体系建设,建立了儿童保护机构和组织、少年司法制度、适用于少年司法的专门少年法律,从制度上保障了儿童的权益。另

---

① http://www. london. ca/Child_Care/PDFs/CYNProgressReport_2009. pdf
② http://www. london. ca/Child_Care/PDFs/CYNProgressReport_2009. pdf

一方面积极倡导儿童履行自己的决定权,鼓励儿童积极对社会事务发表自己的想法和意见,发挥儿童在民主化进程中的作用。相关的重要指标如下所示。

表 4　权益保护相关指标

主　要　指　标	
法　律　约　束	社　会　参　与
1. 服刑率 2. 反社会行为令的使用次数 3. 被欺侮率	1. 儿童参加志愿者的比例 2. 担任校董会成员的比例 3. 选举权行使比例 4. 建立有关儿童权利的网站 5. 让儿童获知"年轻伦敦人论坛" 6. 举办"认识市长"活动 7. 确保所有儿童能发表自己的意见和想法（包括年幼的儿童） 8. 支持创建英国儿童委员会并确保其履行真正的权力 9. 支持将选举权降低至 16 岁

（四）成长环境领域

在儿童成长环境领域,政府制定了许多政策措施,比如:

（1）发布《拜伦报告》(Byron's Report),报告对互联网不合适的内容以及网络游戏对于儿童成长所造成的不良影响进行揭示,并指出解决办法;

（2）成立专门委员会,对商业领域对儿童身心健康的影响进行评价;

（3）对家庭安全设备进行资助,以防止儿童在家里出现各种事故;

（4）鼓励地方当局设立限速 20 英里每小时的公共区域,这样可以大量减少儿童在交通事故中的事故率等。[①]

总之,政府希望通过各种措施的设立与实施,保证儿童的环境安全。同时政府也采取了其他的行动,比如,政府在伦敦市建立家庭地带（HOME ZONE）,为儿童提供可以户外玩耍的场地。家庭地带附近的车速必须减缓,车辆必须减少,街道必须具有良好的照明,必须有配套的花卉园艺和餐饮服务,使家庭地带成为对儿童和大众而言更好和更安全的活动场地。在过去几年中,政府提供更多的

---

① 范大勇:《英国布朗政府基础教育政策蓝图:〈儿童计划〉解读,《基础教育参考》2008 年 12 期。

资金为儿童和青年建立休闲娱乐的场所,并提出改善当地娱乐设施的计划。政府也常常从儿童自身出发,通过调查让他们自己说出对于伦敦环境的看法和意见,以便为政府的行动提供依据。在2009年的一次调查中,45%的儿童和青少年认为交通污染是最大的问题,选择随地乱扔垃圾的占39%。36%认为气候变化是影响环境质量的最大问题,选择河流污染的占34%,空气质量污染占32%。儿童和青少年认为政府应当优先改进的事项有:保留公园和绿地,占32%;减少倾倒废物和垃圾的数量,占8%;提高空气质量,占26%;减少随地乱扔垃圾,占25%;减少交通污染,占24%。① 具体而言,伦敦市儿童环境保护领域的指标体系可以分为保护儿童的社会环境和保护儿童的家庭环境两个方面。

表5 伦敦市儿童成长环境指标体系

主 要 指 标	
A. 保护儿童的社会环境	B. 保护儿童的家庭环境
1. 空气质量指标 NO_2 和 PM10 2. 道路儿童伤亡率 3. 儿童马路意外率	1. 贫困儿童率 2. 18岁以下失业家庭儿童占全体儿童的比例 3. 拥挤家庭中儿童占全体儿童的比例 4. 18岁以下儿童失业家庭的类型 5. 分种族的失业家庭儿童比例 6. 无家可归家庭中儿童人数和儿童救助站中儿童人数 7. 家庭暴力数量

(五)福利领域

伦敦是世界上第六富裕的城市,然而大伦敦市超过65万儿童(占儿童总数的41%)和青年处于贫困状态,伦敦城中51%的儿童和青年处于贫困状态,这意味着他们的家庭收入低于国民家庭收入平均水平的一半。为了实现将贫困儿童数量减半的目标,英国贫困儿童数量需要从1999年的340万降低到2010年的170万②。为此伦敦政府采取了一系列的行动:市长已经对伦敦最低工资做出

---

① http://www.london.ca/Child_Care/PDFs/CYNProgressReport_2009.pdf
② http://www.london.ca/Child_Care/PDFs/CYNProgressReport_2009.pdf

了承诺,2007 年每小时 7.2 英镑。这个标准高于英国的平均水平,因为伦敦生活成本较高。市长和政府建立了儿童看顾保障能力计划（Childcare Affordability Programme）,保障提供合格且价格便宜的儿童看顾服务,以便保证家长能安心工作。伦敦儿童贫穷委员会（London Child Poverty Commission）在伦敦市长和伦敦议会的共同推动下得以成立,研究如何减少并最终结束伦敦儿童的贫困境遇。同时政府为 16 岁以下儿童乘坐公车和电车埋单,也为 18 岁以下在全日制学校学习的儿童提供免费交通。①

关于儿童社会福利的具体指标内容,在 2007 年 12 月发布的《儿童计划》中可见一斑。布朗儿童计划本身就是英国政府一项非常宏伟的教育计划,它已经成为了英国儿童发展的指导性文件。具体来看,其中的福利性政策主要包括儿童家庭福利、家庭拓展和社会福利、表现较差学生的福利等三方面内容。②

表 6　福利相关指标

主　要　指　标		
A. 儿童家庭福利	B. 家庭拓展和社会福利	C. 表现较差学生的福利
1. 在 3 年内拨款 3 400 万英镑,为每个地方教育当局的家长提供专家咨询服务 2. 扩大以学校为基础的家长支持顾问（Parent Support Advisers）范围 3. 为家长建立儿童的健康发展档案,改变家长的健康观念 4. 政府设立家长委员会（Parents Panel）,将家长的观念放在政府儿童政策的中心位置	1. 通过提高开端计划儿童中心（Sure Start Children's Centres）的服务范围,以保证更多的家庭能够受益 2. 通过调查的方式,加强对最需要帮助家庭的支持力度,提供相关的服务 3. 获得优质且负担得起的住房 4. 让流浪儿童、难民和寻求庇护者的子女和其他重要的弱势群体获得适当的服务和住房 5. 3 年内提供 9 000 万英镑的资助用来提高残疾儿童的服务设施 6. 扩大家庭基金（Family Fund）的资助范围,将对残疾儿童家庭的资助年龄延长至 18 岁	1. 3 年内拨款 2 650 万英镑来调查并试点新形式的小班教学,例如视频学校（Studio Schools）的形式,可以更好地与工商业学校进行联系并提供高质量的职业技术教育来帮助学生 2. 敦促地方当局定期收集并公布学生的表现数据,以促进学校更加重视提高教学的质量

---

① http://www. london. ca/Child_Care/PDFs/CYNProgressReport_2009. pdf
② 范大勇:《英国布朗政府基础教育政策蓝图:〈儿童计划〉》解读,《基础教育参考》2008 年 12 期。

主　　要　　指　　标		
A. 儿童家庭福利	B. 家庭拓展和社会福利	C. 表现较差学生的福利
	7. 政府 3 年内为地方教育当局提供 2 250 万英镑的资助,用于修缮 3 500 个操场,以便残疾儿童也能使用,尤其是要修缮适合 8~13 岁儿童使用的操场 8. 16 岁以下/18 岁以下接受全日制教育的儿童免费公车/电车,家庭公交免费及优惠(陪同 11 岁以下儿童搭乘地铁),保证残障儿童交通便捷	

三、上海、伦敦儿童指标体系比较

由于上海和伦敦在宏观社会、经济、文化方面的差异,以及儿童发展现状和特点的不同,在制定儿童政策和指标体系时的侧重点也有所不同。事实上,尽管伦敦政府提出了一系列用以评估儿童发展的政策和行动要点,但并没有形成一套成体系、易量化的考核指标。同时两座城市在儿童发展相关数据的统计口径上存在较大差异。因此本研究只对上海、伦敦的可比性指标加以比较。

(一)健康领域

1. 生命素质指标

表 7　上海、伦敦健康指标比较

	上　海	伦　敦
出生预期寿命①(岁)	80.97	78.2
5 岁以下儿童死亡率②(‰)	4.58	6.0
新生儿死亡率(‰)	3.6	3.8

①　出生预期寿命的数据上海、伦敦分别为 2006 年、2004 年的数据。

②　伦敦的儿童健康指标体系中没有单独列出该项指标,所以此表中的相关数据是根据其"婴儿死亡率"(1 岁以下)与部分"儿童死亡率"(1~4 岁)换算出来的;上海为 2005 年数据(户籍人口),伦敦为 2000 年数据。

表8　婴儿死亡率(‰)

	2000年	2001年	2002年	2003年	2004年	2005年	2006年	2007年
上海①	5.05	5.71	5.01	5.52	3.78	3.78	4.01	3.00
伦敦	5.9				5.2	5.1		

2. 肥胖率

在肥胖率这项指标上，上海数据更为完善，分别统计了0～6岁儿童、小学生和中学生三个群体的肥胖率，而伦敦只有2～10岁的总体数据。

表9　上海、伦敦儿童肥胖率比较(%)

上　　海	伦　　敦
0～6岁儿童：3.5(2005年) 　　　　　　3.28(2004年) 小学生：12.9(2005年) 　　　　14.7(2007年) 　　　　13.49(2004年) 中学生：10.25(2005年) 　　　　10.52(2004年) 　　　　11.4(2007年)	2～10岁：18(2005年) 　　　　　14(2003年)

除了以上一些可比性指标，其他方面两市的指标还是有很大的区别。主要体现在：第一，在关于新生儿健康的各种指标上，像新生儿苯丙酮尿症筛查率、新生儿甲状腺功能低下筛查率等，上海有具体的指标，而伦敦在这方面则没有相关的指标内容。第二，在儿童身体及心理健康方面，上海关注的生理指标内容相较伦敦更多，涉及牙齿健康、视力健康、体育锻炼时间等方面，但对于心理健康的关注则缺乏具体的指标，而伦敦则有心理行为异常发生率等具体指标，还有自杀率、自伤性入院率这样的生命安全方面的指标。上海只是在儿童的心理健康方面提出了开设区(县)儿童保健机构儿童心理咨询门诊这样的指标。

(二)教育领域

上海与伦敦的儿童教育指标体系总体上来说具有很大的相似性，两城市都

---

① 上海为户籍人口数据。

比较重视教育的质量和效益,另外对于处境不利儿童的教育权利也比较关心,其中可比较性的指标有以下这些:

1. 义务教育年限

表 10　上海、伦敦义务教育年限比较(年)

	上　海	伦　敦
义务教育年限	9	11

2. 小学和初中的入学率

伦敦与上海一样,已经普及了义务教育,统计小学与初中的入学率意义已经不大了,所以对小学和初中的入学率未做统计。

3. 学前教育入园率

表 11　上海、伦敦 3～5 岁儿童入园率比较(%)

	上　海	伦　敦①
2007 年	99	71
2005 年	99.9	—
2004 年	99.9	66
2003 年	99.9	66
2002 年	99.9	72
2001 年	99.5	69

4. 初中毕业生升学率

表 12　上海、伦敦初中毕业升学率比较(%)

	上　海	伦　敦②
2008 年/2009 年	97.0	16 岁:94 17 岁:85
2007 年	98.0	—

---

① 伦敦统计幼儿入园率的口径是 3～4 岁进入学前教育机构的人数/3～4 岁儿童数。这里的学前教育机构包括公立幼儿园、公立小学中的幼儿部以及私立和特殊学校中的幼儿部。
② 伦敦初中生升学率指 16 岁或 17 岁继续全日制文化学习或者接收政府资助的职业技能训练的学生所占该年龄段儿童总数的比例。

	上　海	伦　敦
2006 年	97.0	—
2005 年	—	—
2004 年	99.7	—
2003 年	99.8	—
2002 年	99.3	—
2001 年	98.0	16 岁：84 17 岁：74
2000 年	97.0	—

5. 高中毕业生升学率

表 13　上海、伦敦高中毕业生升学率和高校录取率比较(%)

	上海① 普通高校录取率	伦敦② 高等教育录取率
2004 年	84.6	—
2003 年	81.5	—
2002 年	81.2	67
2001 年	75.9	68
2000 年	67.4	70

6. 公立学校在校生比例

公立学校在校生比例指的是公立学校在校生占在校生总数的比例。上海对幼儿园、小学、初中、高中分别计算公立学校在校生比例；伦敦对幼儿园单独统计，对小学和初中则合并统计。

---

①　上海统计的是普通高校录取率。指参加高校招生考试的学生中进入高校的比例。但并不是全部高中阶段教育的毕业生都参加高校招生考试。

②　这里的伦敦高等教育录取率指 20 岁及以下的高中毕业生申请读大学被录取的比例。此外还有其他年龄的学生也可以申请上大学，但录取率相对低一些，2002 年，21～24 岁的高中毕业生申请上大学的录取率是 18%。

表 14　上海、伦敦公立学校在校生比例比较(%)

	上海(2005 年)	伦　敦
幼儿园	85.3	65(2002 年)
小　学	95.1	88.6(2001 年)
初　中	87.7	
高　中	88.5	—

7. 生均教育经费

表 15　上海、伦敦生均教育经费比较

	上海(元)(2004 年)	伦敦(美元)①(2003 年)
幼儿园	7 672.82	—
小　学	7 426.24	4 645.11
初　中	8 285.57	6 038.65
高　中	12 025.40	16 209.90

8. 生均教育经费指数

生均教育经费指数是真正反映在当地的物价水平下教育经费投入相对高低的指标。

表 16　上海、伦敦生均教育经费占人均 GDP 的比例比较(%)

	上海(2004 年)	伦敦②(2003 年)
幼儿园	13.9	—
小　学	13.4	20
初　中	15.0	27
高　中	21.7	41

---

①　仅指地方政府投入的经费,没有包括私人的投入和中央政府的投入,英国基础教育经费中地方政府投入约占总经费的 70%。数据来自陆璟等:《国际大都市基础教育发展指标比较研究》,《上海教育科研》2007 年第 1 期。伦敦生均教育经费根据英镑——美元汇率换算。

②　根据地方政府投入的经费折算为总的生均经费占人均 GDP 的比例。

9. 平均班额

表 17 上海、伦敦平均班额比较(%)

	上海(2004 年)	伦敦(2005 年)
幼儿园	31.3	—
小 学	36.0	26.8①
初 中	40.8	21.8

10. 生师比

表 18 上海、伦敦生师比比较(%)

	上 海		伦 敦②		
	2004 年	2007 年	2001 年	2005 年	2006~2007 年
幼儿园	17.2	—	—	15.7	—
小 学	14.3	14	—	22.8	21.9
初 中	15.4	14	—	16.5	16.1
高 中	17.6③	—	14.9④	—	—

在其他指标的对比上,上海与伦敦存在着很大的差异性,第一,上海除了在教育的基本指标方面之外,只有提高家庭教育质量和管理水平这样的一个大目标,具体指标也只有0~18岁儿童家长接受家庭指导率这一项,伦敦在基本的教育指标之外,还有对于学业质量方面的指标,比如学生学业成就、关键阶段学业成绩达标率、义务教育结束时(11 年级)获得普通中等教育证书和国家普通职业资格证书的学生比例等方面,内容比较齐全,在这方面上海有必要把纯粹的从外部来抓教育发展向关注教育本身的质量问题转变。只有提高教育的质量,才是真正的让教育获得了发展。第二,在保障处境不利儿童享有公平的受教育权这方面,上海暂时还没有具体的指标,而伦敦在这方面已经有了很多的指标,如他

---

① 仅指非单个教师包班的班级。
② 仅指教育部直接拨款公立学校。
③ 仅普通高中。
④ 仅指延续教育机构中全职教师的比例。

们对黑人和少数民族以及母语非英语的学生的比例都有统计,这些都是上海所没有的指标。

(三)权益领域

在儿童权益维护方面,上海市和伦敦市都有很多关于儿童青少年保护的法律、法规,但具体的发展程度还有差别,比如伦敦市有专门的适用于青少年的法律,上海则没有独立的少年司法制度,两城市可比性指标如下:

1. 儿童保护法律体系

表 19 上海、伦敦儿童保护法律的比较

	专 门 法 律	新 修 订 法 律
上海	《未成年人保护法》、《预防未成年人犯罪法》	2000 年《婚姻法》 2004 年《上海市未成年人保护条例》 2006 年修订《未成年人保护法》
伦敦	《儿童抚养法》、《儿童监护法》、《收养照管法》、《少年福利条例》、《儿童法》(1989 年)、《1963 年青少年法》等	2000 年出台的《刑事法院权利法(判决)2000》

2. 少年司法制度

表 20 上海、伦敦少年司法制度比较

	机构	独立性	收案范围	交付少年	法律依据
上海	少年法庭	无	刑事案件	犯罪少年	没有专门的指导少年司法实践的少年法,除最高人民法院、最高人民检察院、公安部、司法部、教育部的有关通知、规定、解释外,法律依据与成人法无异。少年刑事案件审理所依据的法律均非专门的少年实体法和程序法
伦敦	少年法庭(少年法院)	有	综合性福利性	犯罪的少年、需要监管的少年和需要照顾保护的少年	专门的儿童法

虽然伦敦在儿童权益保护方面有着很完善的法律法规体系,但是在具体的指标方面,伦敦并没有提出太过细致的指标内容,只是从法律法规出发提出目标和指标,两者的差异性可以概括为:第一,为发挥儿童的主体作用,保障儿童参与权,培养儿童的公民意识,上海设置了儿童每天享有自主支配闲暇时间这一指标,伦敦则没有这项指标。第二,在进一步推动未成年人司法制度建设,加强未成年人的司法保护,预防和减少未成年人犯罪方面,上海提出了儿童法律援助处理率指标,伦敦没有这一指标。第三,在保护儿童权益方面,上海提出了出生人口性别比(户籍人口),严格控制非医学需要利用技术手段为孕妇做胎儿性别鉴定两项具体的指标内容,伦敦没有这方面的指标内容。可见,两城市在制定具体的指标方面,有着很大的思维差异。

(四)环境领域

在环境保护领域,两城市没有直接的可比性指标,虽然都有空气质量指标这一项,但是上海为机动车、汽车尾气路检排放达标率,而伦敦则是空气中 NO_2 和 PM_{10} 的比例。在相似性方面,首先,两者都提出了对儿童社会、生活环境的保护,比如空气质量指标、道路儿童伤亡率、儿童马路意外率、大型游乐设施定检率、学校、儿童活动场所进出口处交通标识设置率、儿童专用药品数量等指标内容,虽然具体的内容不同,但其大的范围都是保护儿童的社会、生活环境。其次,两城市都有关于对处境不利儿童及家庭环境方面的保护,涉及的指标有:18岁以下失业家庭儿童占全体儿童的比例、拥挤家庭中儿童占全体儿童的比例、18岁以下儿童失业家庭的类型、分种族的失业家庭儿童比例、无家可归家庭中儿童人数和儿童救助站中儿童人数、孤残儿童家庭寄养人数、残疾儿童配套康复设施数等指标。

(五)福利领域

儿童福利领域在相似性方面,两城市都对处于困境的家庭给予福利支持。上海有推进困境儿童家庭扶助服务这样的大目标。伦敦对于儿童家庭的福利支持则更加广泛,主要有儿童家庭福利及家庭拓展部分的指标内容。两城市在儿童福利保护的差异性主要体现在上海的儿童福利更强调针对特定儿童群体,伦敦则是大福利的观念,不仅针对个别群体,更旨在提高伦敦所有儿童的福利水平。上海的儿童福利指标体系在"十二五"发展规划中才刚刚提出,正处于探索发展的阶段。伦敦在儿童福利方面的发展已经比较完善。

四、启示与借鉴

(一)指标内容的启示与借鉴

通过以上的比较分析,我们可以看到,虽然上海和伦敦所处的国家、社会背景有着很大的不同,中西方的差异也很明显,但是在儿童发展的指标体系方面,两城市还是有一定的相似性,因为有些儿童问题是各个国家和社会都会遇到的。但是上海和伦敦的发展还是有着很大的不同,虽然上海经济发展取得了很大进展,但是儿童发展问题是在一个长期的历史过程中形成的,它受社会生活方方面面的影响。通过比较研究,对上海的儿童政策制定具有一定的积极意义。

第一,在健康领域,除了现有的对儿童基本的身体健康方面的关注以外,也应该关注儿童的心理健康。第二,在教育领域,必须更加强调教育质量并且制定相应指标内容来落实教育的质量。提高处境不利儿童的教育获得,推动教育为所有学生提供获得发展的机会。第三,在儿童权益维护领域,上海如何加强法律、法规的有效性或许才是保护儿童权益的重点,这些都是上海该继续探索的问题。第四,在儿童环境安全领域,除了社会环境安全外,涉及家庭环境安全的指标,例如很多城市和地区都常用的贫困儿童率对上海有借鉴意义。第五,在社会福利领域方面,应该将儿童福利的主体——即儿童的范围扩大到整个儿童群体,而不是仅仅局限在某个群体,应该为所有的儿童都提供一个良好的发展环境和发展条件。第六,总的来看,关于儿童发展的指标体系,上海和伦敦都有着比较完善的目标和内容,并且也都有自己的特点和适用性,上海在借鉴伦敦的指标时也应该考虑到上海本身的情况,很多指标只有放在一定的社会背景下才可以得到更加准确的理解。上海与伦敦分处亚欧两大洲,各自的历史传统和发展环境不同,民族文化与民族心理也有着很大的差异,在看待具体的问题时必然会有自己独特的眼光和角度。如何取人所长来补己所缺,需要不断探索才有可能实现。

(二)指标设计思路的启示与借鉴

(1)儿童发展被置于国家战略发展的高度,儿童发展是伦敦发展的目的而非手段。从《伦敦让儿童和青年更美好——市长的儿童和青年战略》这一题目可以看出，首先，该文件是从城市为儿童服务的角度提出的，儿童的发展是城市发展的根本目的而非途径、手段和工作。其次，该文件本身就是伦敦市长对儿童发展亲自做出的承诺，同时亦是这一文件落实推进的全权负责人。这意味着儿童发展不是某个政府部门和组织的"份内工作"，而应该由政府各部门合力推动。或者更准确地说，推动儿童发展不能被定性为"工作"，而应该是贯穿政府各项政策措施的指导思想和最终目的。

（2）客观呈现儿童发展不良情况，注重缺失的弥补，是伦敦儿童发展指标设计的基本出发点。指标体系中负向指标占了一定比例，例如自杀率、自伤性入院率、心理行为异常发生率、性传染病报告案例数、贫困儿童率、失业家庭儿童比例等。对不良指标的披露表现了政府正视儿童发展问题的决心和勇气，同时信息的公开能够引导公众更积极地关注、照顾和保护儿童，有效监督政策和措施的落实。儿童发展政策和指标的设计不能停留在正向的成绩建设上，更多地关注不足和缺陷，应当成为上海儿童发展规划的制定方向。

（3）强调措施的落实而非定量考核，是伦敦儿童发展指标监测评估的立足点。如前所述，伦敦并未像上海一样形成一套严密的儿童发展规划纲要及指标体系。伦敦《儿童和青年战略》虽然提出了 27 条政策及 86 个行动要点，但内容更多地是对政策措施和发展方向的定性描述，量化指标极少，更没有规定必须达到的百分比。可以说，数字不是伦敦儿童发展规划的重点，定量考核也非目的。尽管在其后的一系列评估报告中有各种数据的呈现，但这些数据的作用主要是客观描述儿童发展状况，并不是对《儿童和青年战略》的最终评估。《儿童和青年战略》中各项承诺是否兑现，政策是否落实，才是真正的检验标准。

（4）强调儿童主观态度和感受是伦敦儿童发展指标的重要特征。主观性指标的纳入体现了尊重儿童、从儿童需求出发，也与伦敦政府促进儿童积极表露心声，提高儿童民主参与程度的宗旨相关。在儿童发展规划中，儿童不只是被动的客体，更应当是积极的参与者与建构者。

（5）伦敦儿童相关数据的统计口径更细，例如对有无住房、是否单亲、不同种族、父母是否失业等不同类别的儿童皆有统计。其统计结果更有助于政府出台有针对性的解决措施。

（6）伦敦形成了一套具有完整性和延续性的儿童发展规划与评估的综合报告。《儿童和青年战略》提出了促进儿童发展的十年规划，其后又发布了一系列与之相关的报告：《伦敦青年调查》（*Young Londoners' Survey*，2004），目标人群为 11～16 岁；旨在提高儿童游泳锻炼的《儿童免费游泳评估》（*Kids Swim Free Evaluation 2004*）；《教育、职业、培训领域之外的青年》（*Young people not in education，employment or training*，2007）；旨在进一步提升伦敦儿童和青年玩耍休闲空间的《筹备中的玩耍策略指南》（*Guide to Preparing Play Strategies*，2005）以及《伦敦儿童状况报告》（*State of London's Children Report2004*，2007），《儿童和青年战略进展报告》（*CYP Strategy Progress Report2005*，2009），保证了儿童发展政策、措施、指标得以不断落实和推进。

主要参考文献及资料来源

1. 上海市妇儿工委：《上海儿童发展"十一五"规划》。

2. 上海市儿童发展研究中心：《国际大都市儿童发展指标比较研究》，2007 年 7 月。

3. 上海市统计局主编：《上海统计年鉴》（2001～2009），中国统计出版社。

4. 范大勇：《英国布朗政府基础教育政策蓝图：〈儿童计划〉解读》，《基础教育参考》，2008 年 12 期。

5. http://www.ons.gov.uk/ons/index.html

6. http://www.statistics.gov.uk/hub/index.html

7. http://www.dcsf.gov.uk/everychildmatters/

8. http://www.london.gov.uk

9. http://legacy.london.gov.uk/gla/publications/children.jsp

第二章

上海、巴黎儿童发展
指标比较研究

一、巴黎与上海儿童的基本情况

巴黎是法国最大的城市,同时也是法国的第 75 个省。狭义的巴黎市只包括巴黎城内的 20 个区,面积为 105 平方公里,人口 217 万。巴黎市的周围有塞纳省、瓦勒德马恩省和塞纳-圣德尼省,组成了地理意义上的巴黎郊区。巴黎市、上述三个省以及伊夫林省、瓦勒德瓦兹省、塞纳-马恩省和埃松省则共同组成巴黎大区。这片地区在古代被称作"法兰西岛"(Île-de-France),目前是欧洲最大的都市圈之一。所以巴黎是两个地理概念,一是指巴黎大区,二是指巴黎。本报告主要比较巴黎市与上海市的儿童发展指标。

根据 2006 年 1 月的统计,法国有 6 岁以下的儿童 480 万人,虽然法国曾经是欧洲出生率最低的国家之一,但是从 2000 年开始,这一数字以每年平均1.1%的速度上升。这在一定程度上归功于法国政府鼓励生育的政策和对妇女儿童权益的重视。不过表 2 的数据显示,在巴黎市,从 2000 年到 2007 年,婴儿的出生数并没有明显增长的趋势,而是在 31 500 人的数字左右波动。

从人口的年龄结构来看,表 3 显示,巴黎市 20 岁以下的人口数占总人口数的 19.65%,这一比例低于巴黎大区(25.98%)和法国的平均水平(24.76%),这说明巴黎市的出生率在国内处于较低水平。法国国家经济研究与统计署的统计数据还表明,1975 年巴黎市的总人口数为 2 299 830 人,2008 年 1 月 1 日则为 2 199 500 人,呈下降趋势。

表 1　巴黎(2007 年 1 月 1 日数据)①与上海概况②比较

	巴黎大区	巴黎市	上海市
人口(万人)	1 162	219	1 888
面积(平方公里)	12 011	105	6 340
人口密度(人/平方公里)	967	20 843	2 978

表 2　巴黎市人口出生与死亡数据(人)

年　度	2000 年	2001 年	2002 年	2003 年	2004 年	2005 年	2006 年	2007 年
出生(人)	31 940	31 977	32 237	31 493	31 817	31 378	31 748	30 820
死亡(人)	16 286	16 389	15 596	16 685	14 299	14 666	14 076	14 010

数据来源:法国国家经济研究与统计署(INSEE)

表 3　法国、巴黎大区和巴黎市儿童人口年龄结构(人)

年 龄 阶 段	巴黎市	巴黎大区	法　国
0～4 岁	116 653	801 139	3 790 831
5～9 岁	102 840	753 357	3 801 510
10～14 岁	94 916	709 062	3 710 133
15～19 岁	115 648	754 738	3 989 850

年龄计算时间以 2007 年 1 月 1 日为准,数据来源:法国国家经济研究与统计署(INSEE)

再来看上海市的情况,根据 2005 年 1‰人口抽样调查,在全市常住人口中,0～14 岁的人口为 158 万人,占总人口的 8.9%;15～64 岁的人口为1 408万人,占总人口的 79.2%。上海是全国第一个出现人口自然变动负增长的省级行政区,人口自然增长率自 1993 年开始已连续 15 年负增长。2008 年,全市户籍人口出生率为 6.98‰,死亡率为 7.73‰,自然增长率为—0.75‰。③

① 数据来源:法国卫生与体育部网站 http://www.sante.gouv.fr/drees/statiss/frames/fr75.htm
② 数据来源:上海统计局网站 http://www.shanghai.gov.cn/shanghai/node2314/index.html,人口统计时间为 2008 年底,以常住人口为对象。
③ 上海统计局网站 http://www.shanghai.gov.cn/shanghai/node2314/index.html

　　由此可见,巴黎市与上海市在地理范围、人口基数、人口增长、儿童数量方面有较大的区别,另外在经济发展水平、社会文化、生活方式等方面也存在不小的差异。不过作为著名的国际大都市,两者在重视儿童权益和儿童福利方面具有契合点,均坚持"儿童优先"的原则,注重保障儿童生存、发展、受保护和参与的权利,提高儿童整体素质,促进儿童身心健康发展。所以比较两个城市儿童发展指标体系具有积极的意义,以便于我们认识到自身的优势,发现存在的不足,为以后的发展确定更加清晰的目标和思路。

二、巴黎与上海儿童发展指标的比较

　　需要指出的一点是,法国政府的多个部门参与儿童事务的管理和政策的制定,包括卫生与体育部、教育部、参议院社会事务委员会、儿童卫士(Défenseur des enfants)[①]等,有关巴黎儿童的发展指标主要来自国家经济研究与统计署、巴黎市政府、社会与卫生事务局(DRASS)等机构的统计与研究。
　　巴黎与上海儿童发展指标的比较主要可从以下四个方面进行。

(一) 关于儿童健康指标的比较

1. 巴黎儿童健康指标
　　巴黎有关儿童健康的常规指标包括：出生预期寿命,分男性、女性;婴儿死亡率;儿童肥胖率;龋齿数;等等。
　　母亲与儿童健康的关系十分密切,巴黎的统计包括这方面的数据：每 1 万名 15～49 岁妇女分娩率[②];人工流产率(2008 年,巴黎的总数为 9 311 人,比例为万分之 153)。
　　婴儿死亡率(1 年内每 1 千名 1 周岁以下婴儿的死亡率)和 5 岁以下儿童死亡率(1 年内每 1 千名 5 岁以下儿童死亡率)是衡量一个儿童健康水平的两个重要指标。法国的婴儿死亡率和 5 岁以下儿童死亡率分别可见表 4、表 5。[③]

---

　　①　儿童卫士是法国根据 2000 年 3 月 6 日 2000‐196 号法令成立的一个独立机构,其职责是"为保护和促进儿童权利",以确保《儿童权利公约》(*Convention on the Rights of the Child*)的实施。
　　②　法国的法定婚龄为 15 周岁。
　　③　由于无法检索到巴黎市或巴黎大区的相关数据,表 4、表 5 采用了法国的平均数据以做参考。

表4　法国婴儿死亡率‰

年　份	2000年	2001年	2002年	2003年	2004年	2005年	2006年	2007年
比　率	4.51	4.46	4.41	4.37	4.31	4.26	4.21	3.41

数据来源：http://www.indexmundi.com/g/g.aspx?c=fr&v=29

表5　法国5周岁儿童死亡率‰

年　份	2000年	2001年	2002年	2003年	2004年	2005年	2006年	2007年
比　率	5.3	5.2	5.1	5.0	4.8	4.6	4.4	4.2

数据来源：http://www.indexmundi.com/france/infant-and-child-mortality.html

医疗设施是儿童健康的保障,这方面的指标有:每1万居民的医护人员数,包括专科医生、全科医生、牙医、护士、药剂师、按摩师、助产士的数量;每1万名20岁以下儿童的教育设施,如儿童之家(maisons d'enfants),青年公寓(foyers de l'enfance)①的数量,障残儿童机构的数量等。

对某些疾病的监测指标,如儿童罹患艾滋病的数量,儿童肥胖的比例,哮喘病的比例,视力问题等。据1999～2000年法国教育部对学龄前儿童进行的健康检查,在30 000名学生抽样中,14%的6岁儿童超重,其中包括4%和10%中度肥胖儿、超重儿。大城市的儿童比那些生活在农村地区超重比例更高。6%的儿童(其中12%的男孩)或多或少受到哮喘的影响。13%的学龄前儿童存在视力异常,包括远视、近视、斜视、散光等,12%的儿童佩戴眼镜。②

儿童死亡的主要原因,包括交通事故、先天畸形、产围期感染、癌症、心血管疾病、循环系统疾病、传染病和寄生虫病等。例如根据2006年的统计,在法国本土(即不包括海外省和海外领地),24岁以下死亡的人数为7 711人,其中1岁以下的2 847人,1～4岁的605人,5～14岁的771人,15～24岁的3 488人。③

2. 上海儿童健康指标

上海市人民政府分别在1992年和2001年颁布了《九十年代上海儿童优生、保护、发展规划》和《上海儿童发展"十五"计划与到2015年规划思路》,文件从上

---

①　两者均为儿童社会福利机构,为那些生于不健全家庭(父母生活有问题,可能是暴力、无家可归、单亲家庭、非法移民等)的儿童提供一个较为完善的成长环境。

②　Gérard Badeyan, Nathalie Guignon, "La santé des enfants de 6 ans à travers les bilans de santé scolaire", Etudes et Résultats, N° 155 janvier 2002.

③　http://www.insee.fr/fr/themes/tableau.asp?ref_id=natccj06206

海儿童实际发展的需要出发,对上海儿童发展提出了"以满足儿童发展需要为本,以推进与上海国际经济中心城市发展战略相一致的儿童事业发展"的总目标。2006 年,上海市妇女儿童工作委员会制定了《上海儿童发展"十一五"规划》,提出了"到 2010 年使上海儿童发展水平接近或达到世界发达国家和地区儿童发展平均水平"的总目标。

"十一五"规划纲要关于儿童健康领域的目标指标主要包括四方面:① 全面提高出生人口素质,包含的指标有:出生预期寿命、婴儿死亡率、5 岁以下儿童死亡率、孕产妇死亡率、新生儿死亡率;② 进一步健全妇幼保健服务和网络监测,保证妇幼卫生经费的投入逐年增加,包括新生儿苯丙酮尿症筛查率、新生儿甲状腺功能低下筛查率、新生儿听力障碍筛查率等 9 项指标;③ 加强儿童心理健康的监测与辅导,主要指标为开设区(县)儿童保健机构儿童心理咨询门诊;④ 全面提高儿童健康水平,促进社会各方和儿童对健康知识的了解与应用,其支持性指标主要包括:小学生肥胖检出率、中学生肥胖检出率、15 岁儿童牙周健康人数百分比等 11 项(见表 6)。

表 6　上海市儿童健康指标体系

主　要　目　标			
A. 全面提高出生人口素质	B. 进一步健全妇幼保健服务和网络监测,保证妇幼卫生经费的投入逐年增加	C. 加强儿童心理健康的监测与辅导	D. 全面提高儿童健康水平,促进社会各方和儿童对健康知识的了解与应用
1. 出生预期寿命 2. 婴儿死亡率(户籍人口) 3. 5 岁以下儿童死亡率(户籍人口) 4. 孕产妇死亡率(户籍人口) 5. 新生儿死亡率	1. 新生儿苯丙酮尿症筛查率 2. 新生儿甲状腺功能低下筛查率 3. 新生儿听力障碍筛查率 4. 计划免疫全程接种率 5. 4 个月内婴儿母乳喂养率 6. 0～6 岁儿童保健管理率 7. 孕产妇系统管理率 8. 孕产妇保健覆盖率(常住人口) 9. 妇幼卫生经费	1. 开设区(县)儿童保健机构儿童心理咨询门诊	1. 小学生肥胖检出率 2. 中学生肥胖检出率 3. 15 岁儿童牙周健康人数百分比 4. 3～17 岁儿童龋齿充填构成比 5. 中学生视力不良新发病率 6. 学校配备专业营养师 7. 中小学生每天不少于一小时体育锻炼时间 8. 12 岁儿童人均龋齿数 9. 15 岁儿童牙龈炎发生率 10. 体锻达标率 11. 肥胖率

通过比较,可以发现上海和巴黎儿童健康指标具有共性的方面有:出生预期寿命、婴儿和儿童死亡率、肥胖率、龋齿数、视力不良率等。巴黎的指标还涉及流产、障残儿童、医疗机构、儿童死亡原因,而上海则侧重于妇幼保健服务和网络监测、儿童心理、体育锻炼等指标。这反映了两个城市在儿童教育和发展中各自的特点,例如儿童的体育锻炼时间不足是上海儿童成长中的突出问题,但是巴黎儿童却不存在这方面的困扰。

(二)关于儿童家庭与学校教育的指标

1. 巴黎儿童教育指标

儿童的身心成长与其家庭密不可分,儿童家庭指标是一个重要的内容。法国是一个非婚生儿童比例相当高的国家。以 2008 年为例,巴黎市出生的婴儿数为30 623人,其中非婚生婴儿占 42.7%,而整个法国的比例是 52.6%。[1] 与此相关的指标是单亲家庭的比重、单亲父亲或者单亲母亲的比重等。

表 7　法国家庭子女数量(子女年龄以不满 25 岁为准)

家庭子女数	1999 年(%)	2006 年(%)
无子女	45.3	47.3
1 个孩子	22.9	22.5
2 个孩子	20.6	20.3
3 个孩子	8.1	7.4
4 个孩子及以上	3.1	2.5
家庭总数(千)	16 514	17 315

数据来源:国家经济研究与统计署(INSEE)。

低龄幼儿的入学率:据欧盟委员会统计办公室 2008 年 12 月的统计数字,目前欧洲大约有 1/4 的 3 岁前幼儿被送入集体托儿所或其家庭所在街区的临时托儿所,这种托幼方式在丹麦最为普遍(73%),在荷兰大约为 45%,在法国为 41%,而在捷克和波兰这个数字仅为 2%。在巴黎,这一数字仅为 5.8%,3 岁前幼儿主要由家人(主要是母亲)照看,还有的孩子由国家认证的"母亲助理"或家

---

① 法国国家经济研究与统计署网站:http://www. statistiques-locales. insee. fr

庭雇佣的育婴保姆照看。

巴黎市在校学生的情况(2008 年数据)：小学和幼儿园数量：771 所,其中 326 所幼儿园,445 所小学。学生数量：172 199 人,其中 67 321 名在幼儿园, 103 734 名小学生,1 144 名特殊学校学生。外语教学情况：在一年级有 7 种外语进行教学：英语、德语、西班牙语、意大利语、葡萄牙语、阿拉伯语和中文,这充分反映了巴黎是一个文化国际化、多元化的都市。

中学数量：356 所,其中 134 所初级中学,177 所高级中学,35 所职业中学, 10 所特殊中学。中学生数量：158 383 人,其中 82 613 名高中生,62 885 名初中生,11 778 名职业中学学生;1 721 名特殊学校学生。外语教学情况：有 20 种语言作为外语学习,96%的学生选择欧洲国家语言,10%的学生选择东方语言, 18%的学生选择其他语言(一名学生可能同时学习多门外语)。

学生的具体情况和相应的社会资源数据,包括每千人中的学生数量;学生数量占人口总数的比例;私立学校学生数;公立学校学生数;女生数量;中小学校数量;中小学职工数;公立学校教职工数量;每 1 千名居民配备的教职工数量;每 1 千名 3~19 岁儿童配备的教职工数量;每 1 万名居民拥有的教育设施：幼儿园数量、小学数量、初中数量、高中数量、职业中学数量等。[①]

师生比(pupil-teacher ratio)能够反映儿童学校教育的资源配置和教育质量。2007~2010 年,法国小学的师生比都是 19。[②]

法国是世界上最早成立师范学校的国家,自 19 世纪以来,法国的师资培养一直维持较高的水平。1989 年 7 月,法国通过"乔斯藩法案",法国教育部决定建立"教师培训大学学院"(Institut Universitaire de Formation des Matres, 简称 IUFM)。法国全国被划分为 31 个学区(Académie),每个学区内设一所"教师培训大学学院",成为培养各类教师的基地。只有取得大学学士学位的毕业生才能进入"教师培训大学学院",经过两年的培训、实习、考核之后,获得教师资格,并成为国家公务员。2005 年 4 月 23 日,法国又通过"未来学校指导及计划法",对 IUFM 的性质作出了调整。原本受国家教育部直接领导的公立行政性机构 IUFM,在此之后被纳入高校,成为大学的一部分。这意味着法

---

① 法国国家经济研究与统计署网站：http://www. statistiques-locales. insee. fr.
② 世界银行网站：http://data. worldbank. org/indicator/SE. PRM. ENRL. TC. ZS.

国中小学教师师资的全面"硕士化"。① 在此背景下,巴黎不强调中小学教师学历结构指标,但是巴黎比较重视特殊儿童教育指标,体现了教育公平和教育平等的理念。

　　法国比较重视特殊儿童即身心有缺陷儿童的教育问题,并作出了许多贡献。法国神父莱佩1770年在巴黎建立了世界上第一所聋童学校,并创造了聋哑手势教学法。1784年法国人阿于伊在巴黎建立了盲童学校,1786年出版了《盲童教学经验》。该校毕业生布拉伊在母校任教期间创造了现在世界盲人使用的由6个凸点组成的盲文。法国精神病医生塞甘是智力落后儿童教育学的奠基者之一,于1839年在巴黎建立了智力落后学校,1846年出版了《智力异常儿童的教育、卫生和道德治疗》一书。残疾儿童教育机构的数量是儿童教育指标中的一个重要组成部分。

表8　残疾儿童教育机构数量(个)

机 构 类 型		巴黎大区	巴 黎	法 国
医疗教育机构	机构数量	169	21	1 147
	床位数量	9 164	769	67 760
多重残疾青少年机构	机构数量	25	6	181
	床位数量	821	150	4 914
残疾儿童治疗教育研究所	机构数量	22	2	339
	床位数量	1 072	38	14 598
智力受损儿童机构	机构数量	22	2	123
	床位数量	1 440	190	7 304
感觉受损儿童机构	机构数量	22	8	112
	床位数量	1 450	652	7 921
特殊教育和家庭护理	机构数量	163	23	1 323
	床位数量	6 268	832	33 119

2008年1月1日数据来源:法国社会与卫生事务局(DRASS)。

---

① 唐晓菁:《法国师资培育制度改革简析》,《全球教育展望》2011年第3期。

2. 上海儿童教育指标

上海有关儿童教育的指标主要包括三方面：① 实现优质均衡的义务教育，进一步推进学期教育和高中教育的发展，提高教育的质量和效益，共包含有：学前教育入园率、3～5 岁儿童入园（所）率、九年义务教育普及率、义务教育年限等 21 项指标；② 提高家庭教育质量和管理水平，主要包括：0～18 岁儿童家长接受家庭指导率一项指标；③ 保障处境不利儿童享有公平的教育权。

在儿童教育方面，上海儿童发展"十一五"规划提出的支持性指标是：① 3～6 岁儿童入园（所）率保持在 98％以上，九年义务教育普及率保持在 99％以上。② 进一步普及高中阶段教育（各类教育），使高中阶段教育普及率保持在 98％以上。③ 优化师资队伍结构，要求高中专任教师本科及以上学历达到 98％以上；初中、小学和幼儿教师学历分别达到本科 85％、大专 85％和大专 85％；适当提高小学男教师的比例。④ 科学指导家庭教育，0～18 岁未成年人家长接受家庭教育指导率达到 90％以上。

通过巴黎与上海的比较可以发现，上海比较注重各年龄段儿童的入学率、义务教育的普及率、中小学教师的学历结构等方面的工作，提出了比较详尽的支持性指标，反映了政府在儿童教育中的主导性作用。

（三）关于儿童发展的社会环境指标

1. 巴黎儿童社会环境指标

巴黎的体育设施数量达到 380 个，其中包括 139 个综合体育馆和体育中心，37 个运动场和 37 个游泳池，46 个网球中心，12 个滑轮公园。

文化设施包括：374 个电影院，134 座博物馆，143 个剧院，242 处名胜古迹（市政厅、教堂、雕像、喷泉、国家建筑等），55 座图书馆。[①]

社会福利支出中用于家庭与儿童的比例（2007 年巴黎比例是 27.3％）；残疾儿童医疗设施数量等。

法国学者的调查还显示，从 1991 年到 2001 年的 10 年间，生活在社会福利机构中的儿童数量不断减少，而成年人则有增加的趋势。

---

① 巴黎政府网：http://www.paris.fr/portail/accueil/Portal.lut?page_id=1

表9 巴黎市残疾儿童的医疗设施(床位)数量(个)

	2001 年	2002 年	2003 年	2004 年	2005 年	2006 年	2007 年
智力障碍	628	728	567	567	632	373	689
多重残疾	77	195	115	122	69	69	150
身体残疾	156	156	122	122	91	292	38
心理疾病	210	210	235	235	220	235	176
感官障碍	776	863	750	776	760	795	665

数据来源：法国社会与卫生事务局(DRASS)

表10 残疾人福利机构接待人数(生活1周以上)①(人)

	1991 年	1995 年	2001 年
成年残疾人	53 400	69 600	80 900
每千人比例	1.7	2.2	2.4
未成年残疾人(20 岁以下)	51 950	47 400	40 950
每千人比例	3.2	3.0	2.6

2. 上海儿童社会环境指标

上海将"进一步优化儿童成长环境,积极营造安全文明的社会氛围"作为儿童发展的基本工作,主要目标包括：① 提高公众对儿童安全的认识,培养儿童自我保护意识,创设安全的儿童生活环境。② 满足儿童文化需求,学校、家庭、社会共同创造良好的文化环境。③ 完善儿童福利与公益事业,整合社会资源帮助处境不利儿童,努力实现全体儿童的共同发展。

上海儿童发展"十一五"规划提出的支持性指标：① 儿童食品、用品和玩具质量抽查不合格的本市企业整改复查合格率为100％,大型游乐设施定检率为100％。② 保障儿童交通安全,学校、儿童活动场所等进出口处交通标识设置率为100％。③ 将5岁以下儿童意外死亡率控制在1‰以内。④ 社区儿童活动场所或儿童图书室的配备率达到80％以上。⑤ 向儿童免费开放部分科普、文化、

---

① Nathalie Dutheil, Nicole Roth, "En dix ans, moins d'enfants handicaps mais davantage d'adultes parmi les résidants en établissements", portrait social,2005/2006.

体育等活动场所,儿童凭相关证件可在指定场所享受优惠票价。⑥ 每年出品不少于 1 部儿童故事片和 2 部儿童电视剧。⑦ 关注处境不利儿童,鼓励开发和利用社会资源,不断增加孤残儿童家庭寄养人数和配套康复设施数量。

(四)儿童权益保护指标

1. 巴黎儿童权益保护指标

儿童是国家和社会的未来,同时又是易受侵害的弱势群体。儿童因身心尚未成熟,在其出生以前和以后均需要特殊的保护和照料。为此,法国设立了维护儿童权益的专门机构——儿童卫士(Défenseur des enfants),这是一个旨在保护、促进法律和国际条约规定的儿童基本权利的机构,由法国议会于 2000 年 3 月 6 日投票表决后批准建立。儿童卫士的任务包括:受理并处理儿童的申诉;对涉及儿童权益的法律提出修改建议;促进儿童权利的保护。①

相关的指标包括:① 青少年违法犯罪指标:根据法国司法部的统计,2008 年,法国约有 125.4 万人因违法犯罪受到处罚,青少年违法犯罪占其中的 17%,约 21.8 万人,其中 16.1 万人被检察官立案起诉,近 5.7 万人因情节轻微没有被起诉;② 针对家庭与儿童的犯罪指标;③ 儿童保护机构的数量;④ 贫困儿童指标等。一项调查显示,单亲家庭的贫困率要高于双亲家庭,②具体可见表 11。

表 11 法国家庭贫困率

贫困率(%)	巴 黎	巴黎大区	外 省	法国本土
所有家庭	12.7	10.6	13.4	12.9
双亲家庭	11.7	9.5	11.3	11.0
2 个孩子以下	8.6	6.3	7.9	7.6
3 个孩子以上	19.5	17.0	19.5	19.1
单亲家庭	15.6	14.9	23.0	21.2
2 个孩子以下	12.7	11.9	19.8	18.1

---

① http://www.defenseurdesenfants.fr

② http://www.insee.fr/fr/themes/document.asp?reg_id=20&ref_id=13175&page=alapage/alap299/alap299_tab.htm

贫困率(%)	巴　黎	巴黎大区	外　省	法国本土
3个孩子以上	28.0	24.1	34.1	31.8
年收入(欧元)				
单亲家庭	15 659	14 496	I2 699	13 052
双亲家庭	22 174	18 904	15 648	16 085

数据来源：Insee-DGI，地方收入统计 2004

外国人和移民后代的权益保护。法国是一个开放性国家，外来移民较多，根据 2006 年的统计，生活在法国的外国人有 3 648 000 人，其中出生在法国的外国人有 558 000 人；外来移民 5 156 000 人。[①] 为移民和外国人后代提供必要的学习和社会保障条件是保护青少年权益的一项重要工作。

2. 上海儿童权益保护指标

上海儿童权益保护的指标主要包括三个方面：① 发挥儿童的主体作用，保障儿童参与权，培养儿童的公民意识，包括的内容是：儿童每天享有自主支配闲暇时间；② 进一步推动未成年人司法制度建设，加强未成年人的司法保护，预防和减少未成年人犯罪，主要指标有：未成年人犯罪率、儿童法律援助处理率；③ 整合社会力量严厉打击针对儿童的各种犯罪，完善保护儿童权益的相关的法规、政策体系，包括出生人口性别比(户籍人口)、严格控制非医学需要利用技术手段为孕妇做胎儿性别鉴定等 5 项指标。

通过这方面的指标对比可以看到，加强政府在儿童权利保护中的责任是一个国际趋势和公认的准则。早在 1979 年的联合国"国际儿童年"就提出了这一思想。儿童作为一个特殊的社会群体有特殊的需要。儿童没有政治投票的权利，没有能力选择合适的政党、候选人来管理儿童事务；儿童缺乏影响公众意见和大众舆论的途径；清楚地规定儿童权利的立法同样欠缺；儿童受到侵害时缺乏直接的救济手段。总之，儿童是一个"易受侵害的群体"(Vulnerable Group)，需要政府加大儿童保护的财政投入，通过专门的法律措施来保护和促进其权益。巴黎和上海都注重发挥政府在保障儿童权益中的作用，强调控制儿童犯罪率、打

---

① 　Insee，Recensement de la population，Nationalités — Immigration，Version du 29 juillet 2009.

击针对儿童的犯罪、对儿童提供特殊的司法保护等。

不过在保护儿童权益方面上海和巴黎也有着较大的经济社会文化差异。巴黎外来移民比率高,单亲家庭比率高,所以比较注重这方面的指标;上海注意控制出生人口性别比、严格控制非医学需要利用技术手段为孕妇做胎儿性别鉴定的背后则是重男轻女传统文化的影响。

三、巴黎儿童发展指标对上海的启示

(一) 共性

通过两个城市儿童发展指标体系的初步比较,我们可以发现有以下共同之处:第一,都能够根据自身的经济、社会、文化和家庭的具体特点设定相应的指标,如上海提出了出生人口性别比(户籍人口),严格控制非医学需要利用技术手段为孕妇做胎儿性别鉴定的指标,在现行户籍制度下提出的扩大公办学校接受进城务工人员子女就读的比重的指标等体现了中国的国情。而巴黎对非婚生儿童的统计则具有法国特色。

第二,两者都从儿童健康、儿童教育、社会环境、权益维护等几个大的方面设定指标体系,从而比较全面地反映儿童发展的各个方面。

第三,两者在许多具体指标的设定上具有契合点,如儿童健康领域的出生预期寿命、婴儿死亡率、5 岁以下儿童死亡率、新生儿死亡率等指标;儿童教育领域的学校数量、学校的在校学生人数、师生比等指标;社会环境领域的文化设施数量指标;权益保护领域的青少年犯罪率等。

(二) 巴黎儿童发展指标的特点

当然,我们在分析比较两个事物时,指出其"异中之同"固然重要,更重要的是发现"同中之异",并且探究其背后的原因。对比上海与巴黎儿童发展的指标,存在着不少区别和差异。我们可以看到,巴黎儿童发展指标体系具有以下几个特点:

其一,指标设立具有较强的针对性,例如根据法国非婚生子女比例较高的特点,对单亲家庭的情况进行统计分析;针对巴黎国际化程度高的特点,对学校外语教学情况的统计等。

其二,比较重视弱势儿童、少数儿童的权益保护,例如对残疾儿童的一系列指标的设定。比较重视对家庭指标的调查与统计,对家庭情况的把握和考察更为深入全面。

其三,通过连续多年的调查和统计,对某些指标进行追踪,从而反映儿童情况的变化与发展趋势,为政策的制定和调整提供依据。

其四,巴黎不仅设立正面指标,同时也注重负面指标,如儿童艾滋病患者指标,儿童自杀率指标,儿童受犯罪侵犯数量的统计等。

其五,巴黎儿童发展指标的来源具有多元性,出自不同的部门,包括一些研究机构、非政府组织。这一方面使得其观测的角度具有全面性、客观性和多维性,另一方面也导致了指标体系缺乏系统性。

(三)上海儿童发展指标的特点

首先,上海的儿童发展指标具有系统性和完整性,因为它是由政府部门在统筹兼顾、综合考虑的基础上统一发布的。上海市人民政府、妇女儿童工作委员会等制定了关于儿童发展的中长期规划,例如"十一五"规划纲要主要从四个大方面即儿童健康、儿童教育、儿童权益维护、儿童环境保护等方面提出相应的指标任务。而巴黎的指标体系则稍显零散无序,某些指标还存在重叠冲突,这与其在儿童事务管理方面的"政出多门"有一定的关联。

其次,一个鲜明的差异是,指标的功能定位不同。上海的儿童发展指标带有明确的计划性,在一定的时间阶段内达到一定的目标,带有明显的政府意图,以指标的设定和实现来达到完成相应工作任务的目的。巴黎的指标更多的是反映和体现儿童发展的客观情况,以此作为政府决策的依据。此外,还具有一定的研究功能,例如,一项调查揭示儿童肥胖的比例与其居住的城市大小存在关联,大城市的儿童平均体重要高于小城市和农村地区。[①]

再次,指标设定侧重点有所差异,巴黎比较重视家庭情况指标、弱势儿童指标、学前儿童教育指标等,反映了其对儿童教育的不同理解。

最后,巴黎对一些负面指标采取了比较客观的立场,而上海则有意无意地回

---

① Gérard Badeyan, Nathalie Guignon, "La santé des enfants de 6 ans à travers les bilans de santé scolaire", Etudes et Résultats, N° 155 janvier 2002.

避了这些指标,反映了背后不同的文化背景和理念。

　　总之,通过以上的梳理和比较,今后上海在进一步修订和完善儿童发展指标工作中,无论是在具体指标的选取、指标功能的定位,还是政府立场的选择等方面,无疑可以获得一些有益的借鉴和启示。

第三章

上海、纽约儿童发展
指标比较研究

　　纽约市(New York City,NYC)是美国最大的城市,隶属纽约州(New York State,NYS)。土地面积785.6平方公里,人口至2011年约为8 244 910人[①],人口密度约为10 495人/平方公里。纽约市儿童发展评估框架遵循纽约州儿童发展指标体系(the Kids' Well-being Indicators Clearinghouse,简称KWIC)[②],该体系由"儿童和家庭委员会"(Council on Children and Families)及12个成员单位[③]于2003年共同确立,是一套用于监测评估儿童的健康、教育、福利等发展状况的工具;同时,它也提供了一条跨部门合作的整合途径,使服务于儿童和家庭的不同组织机构可以相互合作,共同促进儿童及家庭的发展。上海与纽约在发展中有着相似的特点:人口密度大、经济发展迅速、对外的开放性高、文化多元化,因此有着现实的可比基础。本文希望通过两个城市间的比较,能够在看到上海儿童发展指标方面已取得的成绩的同时,亦看到与发达城市间的差距;能够从与纽约不同的指标中,发现可补充或借鉴的儿童发展指标,做好新一轮的儿童规

---

　　① 参见"美国统计局"(U. S. Census Bureau)网"人口测查"(Population Estimates,http://www.census. gov/popest/data)。
　　② 参见"纽约州儿童发展指标"网(http://www.nyskwic.org/)。
　　③ 12个成员单位:酗酒与物质滥用服务办公室、老龄办公室、儿童和家庭服务办公室、刑事司法司、州教育部、健康部、劳工部、心理健康办公室、精神迟滞发育和发展性能力丧失办公室、缓刑和司法矫正部、残联、暂时性残疾援助办公室。

划与儿童发展工作。

一、纽约儿童发展指标的构成

纽约儿童发展指标(KWIC)的评估范围涉及经济安全、身心健康、教育、公民的权利与义务、家庭和社区等6个主要生活领域,每一个生活领域都设定了一系列目标和对未来的客观而有代表性的期望,以及一套反映儿童及其家庭状况的指标(见表1、附表1)。

1. 经济安全(Economic Security)

该领域的主要目标有二:

(1) 保障家庭有充足的经济资源以满足儿童和青少年的基本发展需要

——家庭有充足的经济资源提供儿童的衣、食、住、行以及其他必需品

——失去父母的儿童和青少年可以得到充分的财政援助

(2) 帮助青少年最终实现经济独立

——帮助青少年学习技巧、态度与技能,以便进入大学、工厂或参与其他有意义的活动

——为有工作能力的青年人提供就业机会

——为青少年提供暑期打工的机会

监测指标主要有5项:

生活在贫困线以下(Living Below Poverty)的儿童和青少年

领取食物券(Food Stamps)的儿童和青少年

领取公共援助金(Public Assistance)的儿童和青少年

领取生活补助金(Supplemental Security Income)的儿童和青少年

享受公立学校免费/优惠午餐(Free or Reduced-price School Lunch)的儿童

2. 身心健康(Physical and Emotional Health)

该领域的主要目标,即"保障儿童和青少年最大可能地实现身心健康",包括:

——出生健康

——免受可预防性疾病的侵害

——可以吃到富含营养的食物

——身体健康

——心理(情绪)健康

——免受风险行为(如吸烟、酗酒、物质滥用、不安全性行为等)的损害

——可以得到及时、充分的预防性和优先的健康照料

——最大可能地提升有特殊健康照料需要的儿童的生活质量

——为患有心理疾病、发育性残疾或物质滥用等问题的儿童和青少年提供及时充分的服务

监测指标主要有 13 项：

少女妊娠(怀孕和生育)

产前照料

哮喘

自我伤害

意外伤害

婴儿死亡率

血铅筛查

铅中毒

出生低体重

早产

性传播疾病

儿童和青少年死亡率

交通意外

3. 教育(Education)

该领域的主要目标，即"培养儿童日后成为有贡献的社会成员，在社区中良好地生活、学习和工作"，包括：

——儿童可以入学就读

——帮助学生达到或超越学业考核标准，并习得终身学习和自我提升的知识与技能

——学校环境安全充实、充满支持、远离毒品

——学生可以在校就读至成功毕业

监测指标有 8 项：

公立学校年度辍学率

英语不熟练的学生

公立高中的大学录取率

公立高中的毕业率

公立学校学生的英语语言艺术成绩

公立学校学生的社会学习成绩

公立学校学生的科学成绩

公立学校学生的数学成绩

4. 公民的权利与义务(Citizenship)

该领域的主要目标,即"发展儿童和青少年的公民素质,包括：遵纪守法,成为利于家庭、学校和社区的良好公民",包括：

——为其行为负责

——具备伦理行为和市民价值

——理解并尊重他人

——参与家庭和社区活动

——积极的同伴互动

——建设性地支配闲暇时间

——不过早成为父母

——克制暴力和其他违法行为

监测指标主要有 3 项：

青少年被捕(财产犯罪、暴力犯罪、毒品犯罪、醉驾)

受攻击致伤住院

法庭受理的青少年犯罪案件(调解结案、判决、重罪案件①)

---

① 重罪：(1) 13、14、15 岁青少年实施了以下任何一种行为：一级谋杀、二级谋杀、绑架、纵火、一级袭击、一级杀人、一级强奸、一级性行为犯罪、一级性虐待；(2) 13、14、15 岁青少年实施了以下任何一种行为：一级或二级谋杀未遂、一级绑架未遂；(3) 13、14、15 岁青少年实施了以下任何一种行为：一级入室行窃、二级入室行窃的步骤 1、二级抢劫的步骤 2、三级非法持枪犯罪的步骤 4(持手枪在校园中)、二级非法持枪(在校园携带机关枪或手枪)；(4) 14 或 15 岁青少年如果之前(不论何时)有过二级袭击、二级抢劫或以上(1)、(2)重罪中的任何犯罪记录的,又实施了以下任何一种行为：二级袭击、二级抢劫；(5) 7～16 岁青少年如果曾经有过 2 次轻罪以上犯罪记录的,又实施了以上任何一种重罪行为的。

5. 家庭(Family)

该领域的主要目标,即"给儿童一个安全、稳定的家庭养育环境",包括:

——父母或照料人可以给儿童提供稳定的家庭关系

——父母或照料人有充分照料儿童的技能

——父母或照料人有文化

——父母或照料人积极参与儿童的学习

——父母或照料人可以得到养育子女的支持与服务

——父母或照料人不对儿童实施身体或情绪虐待(emotional abuse)

——父母或照料人可以保护儿童远离酒精或其他物质滥用

监测指标主要有2项:

家庭寄养

儿童虐待

6. 社区(Community)

该领域的主要目标有二:

(1) 为儿童和青少年积极营造健康、安全和丰富的社区生活环境

——社区有经济保障

——免于各种污染(如空气、水的质量达到健康标准)

——周边无违法犯罪发生

——适当的居住条件

——便利的交通设施

(2) 社区应积极为儿童、青少年和家庭提供机会,以便满足他们在生理、社会、道德和情绪等各方面的成长需求

——提供多种正式或非正式的服务(如儿童照料、父母培训、休闲娱乐、青少年服务、图书馆、博物馆、公园等)

——社区中的成年人起到良好的榜样示范作用,和青少年之间有积极的互动

——为青少年提供社区服务和实践技能的机会

监测指标主要有2项:

枪械犯罪率(枪械犯罪、财产犯罪、暴力犯罪)

常住居民失业率

表1　纽约儿童发展指标体系(KWIC)

A. 经济安全	B. 身心健康	C. 教育(公立学校)	D. 公民权利与义务	E. 家庭	F. 社区
生活在贫困线以下的儿童和青少年　领取食物券的儿童和青少年　领取公共援助金的儿童和青少年　领取生活补助金的儿童和青少年　享受公立学校免费/优惠午餐)的儿童和青少年	少女妊娠　产前照料　哮喘　自我伤害　意外伤害　婴儿死亡率　血铅筛查　铅中毒　出生低体重　早产　性传播疾病　儿童和青少年死亡率　交通意外	年度辍学率　英语不熟练的学生(公立、非公立)　大学录取率　高中毕业率　学生的英语语言艺术成绩　学生的社会学习成绩　学生的科学成绩　学生的数学成绩	青少年被捕(财产或暴力犯罪、毒品犯罪、醉驾)　受攻击致伤住院　法庭受理的青少年犯罪案件(调解结案、判决、重罪案件)	家庭寄养　儿童虐待	枪械犯罪率　常住居民失业率

注：具体指标的定义参见附表1。

二、纽约与上海儿童发展指标的比较

儿童发展指标,是各个国家或地区根据自身发展水平制定的评估与监测儿童发展的具体操作框架,它包含了本国或本地区在一定时期内需要解决的根本性儿童发展问题,是各个相关职能部门协同合作的总体目标,也是国家或地区之间儿童发展水平比较的基础。但由于社会发展状况、文化背景等不同,必然会在"儿童发展"的内涵与外延上有所差异,所侧重的儿童发展问题也各有不同。因此,就纽约与上海的儿童发展指标比较而言,仅看两个方面:其一,可比性指标的数据比较,即两个城市在名称、操作性定义、计算方法等方面基本一致的指标之间的数据比较,用以分析两个城市某些方面的儿童发展水平;其二,指标体系的结构比较,即对两个城市的指标体系做结构上的比较,诸如:评估领域、内容构成、覆盖人群等,用以分析指标体系的差异性。

（一）可比性指标的数据比较

纽约与上海①的儿童发展指标体系比较看，可比性指标主要有婴儿死亡率、新生儿死亡率、1～4岁儿童死亡率②、出生低体重儿比例等4项指标。

1. 婴儿死亡率

上海与纽约的婴儿死亡率总体趋势一致，随着时间推移而逐渐降低；且近10年来，上海的婴儿死亡率持续低于纽约。不过，纽约的相对稳定，自1999年至2007年，变化幅度不大，累积降幅为0.7‰；而上海的婴儿死亡率（户籍人口）相对下降明显，自1999年的5.53‰降至2007年的3.00‰，累积降幅达2.53‰（见图1）。

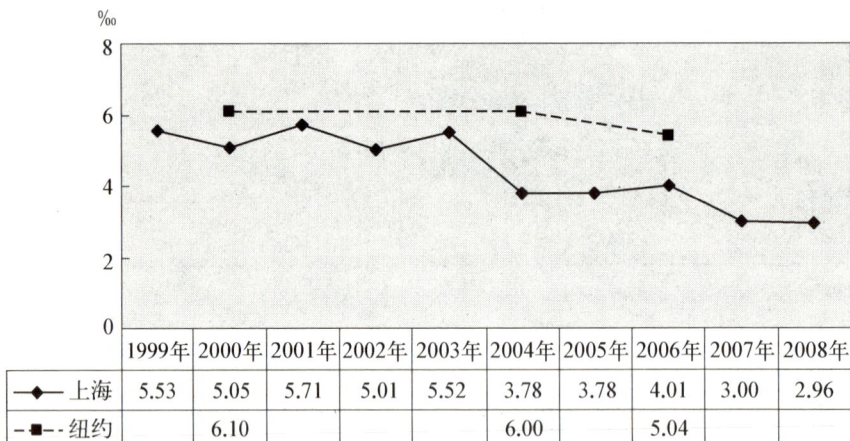

‰	1999年	2000年	2001年	2002年	2003年	2004年	2005年	2006年	2007年	2008年
◆ 上海	5.53	5.05	5.71	5.01	5.52	3.78	3.78	4.01	3.00	2.96
■ 纽约		6.10				6.00		5.04		

图1　上海与纽约的婴儿死亡率比较（‰）

注：纽约的婴儿死亡率采用3年平均值，即1999～2001年平均为6.1‰、2003～2005年平均为6.00‰、2005～2007年平均为5.40‰。

2. 新生儿死亡率

上海与纽约的新生儿死亡率总体趋势一致，随着时间的推移而逐渐降低；且近10年来，上海的新生儿死亡率持续低于纽约。同样，类似于婴儿死亡率比较，纽约的新生儿死亡率相对稳定，自1999年至2007年，累积降幅仅为0.6‰；而

---

① 上海儿童发展指标体系采用《上海市儿童发展"十一五"规划》中的各项指标。

② 纽约采用"1～4岁儿童死亡率"，且以3年平均值计算；上海采用"5岁以下儿童死亡率"，即0～4岁儿童死亡率，包含了婴儿死亡率，故在比较时，用"5岁以下儿童死亡率"与"婴儿死亡率"的差值换算出"1～4岁儿童死亡率"。

上海的新生儿死亡率(户籍人口)相对下降明显,自 1999 年的 3.54‰降至 2007 年的 1.88‰,累积降幅达 1.66‰(见图 2)。

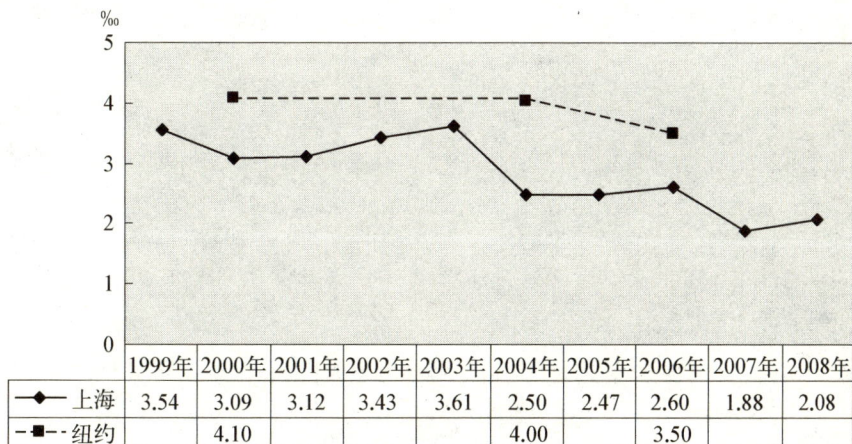

	1999年	2000年	2001年	2002年	2003年	2004年	2005年	2006年	2007年	2008年
上海	3.54	3.09	3.12	3.43	3.61	2.50	2.47	2.60	1.88	2.08
纽约		4.10				4.00		3.50		

图 2　上海与纽约的新生儿死亡率比较(‰)

注:纽约的新生儿死亡率采用 3 年平均值,即 1999~2001 年平均为 4.1‰、2003~2005 年平均为 4.0‰、2005~2007 年平均为 3.5‰。

3. 1~4 岁儿童死亡率

上海与纽约的 1~4 岁儿童死亡率总体趋势一致,随时间推移呈下降趋势;且近 10 年来,上海的这一指标情况持续优于纽约。类似于婴儿死亡率比较,纽约的相对稳定,自 1998 年至 2007 年,累积降幅仅为 0.76‰;而上海的 1~4 岁儿童死亡率(户籍人口)相对下降明显,自 2000 年的 1.89‰降至 2007 年的 1.02‰,累积降幅达 0.87‰(见图 3)。

4. 出生低体重儿比例

近 10 年来,上海与纽约的出生低体重儿比例变化不大;但上海的这一指标情况显然持续优于纽约,基本低于纽约 5.2 个百分点(见图 4)。

(二)指标体系比较

尽管从评估框架上,纽约的 KWIC 与上海儿童发展指标体系存在较大差异,前者主要从儿童的"生活领域"出发,将评估范围分为"经济安全"、"身心健康"、"教育"、"公民的权利与义务"、"家庭"和"社区"等 6 个方面;而后者则主要

‰

	2000年	2001年	2002年	2003年	2004年	2005年	2006年	2007年	2008年
—◆— 上海	1.89	2.19	1.20	1.50	1.69	0.80	0.89	1.02	0.78
--■-- 纽约	2.84				1.99		2.08		

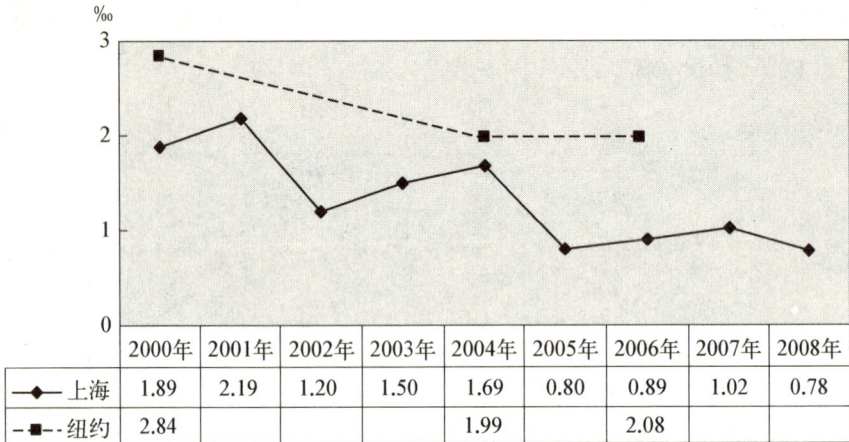

图3　上海与纽约的1~4岁儿童死亡率比较(‰)

注：纽约的1~4岁儿童死亡率采用3年平均值，即1998~2000年平均为2.84‰、
2003~2005年平均为1.99‰、2005~2007年平均为2.08‰。

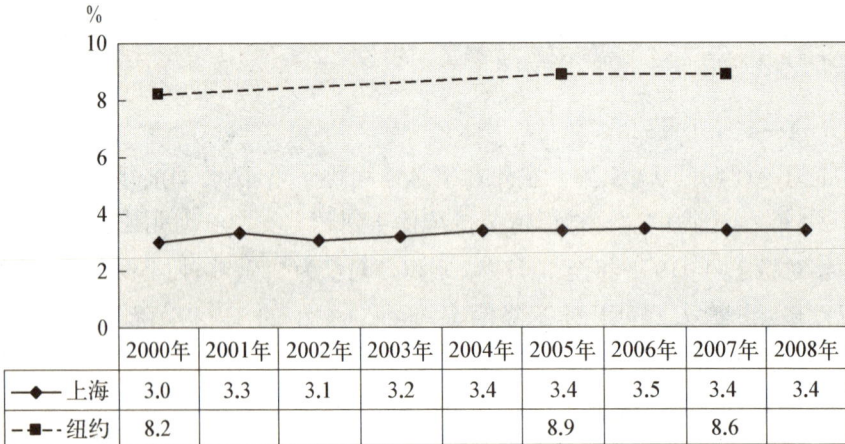

%

	2000年	2001年	2002年	2003年	2004年	2005年	2006年	2007年	2008年
—◆— 上海	3.0	3.3	3.1	3.2	3.4	3.4	3.5	3.4	3.4
--■-- 纽约	8.2					8.9		8.6	

图4　上海与纽约的出生低体重儿比较(%)

依据《儿童权利公约》(CRC)中的生存权、发展权、受保护权与参与权等儿童基本
权利,将评估领域分为"健康"、"教育"(发展)、"法律保护"和"社会环境"等4个
方面。但从具体的内容看,两者的领域之间相似性很高,具有体系上的可比性。
首先,"健康"和"教育"是两者共同评估的领域;其次,KWIC中的"公民的权利与
义务"与上海的"法律保护"相近;最后,KWIC中的"经济安全"、"家庭"和"社区"

可以看作是儿童发展的"大环境",因此也可与上海的"社会环境"做一比较。

1. 指标的内容侧重点不同

就每个评估领域而言,指标基本上指向两大类:其一,儿童指标(或者称为"主体性指标"),即直接反映儿童主体状况的指标;其二,资源或服务性指标(或者称为"客体性指标"),即反映保障儿童某一领域发展的资源或服务,如保健服务、教育资源等。就两个城市的比较而言,纽约的 KWIC,更倾向于"儿童指标";而上海的指标体系则相对更多倾向于"资源或服务指标",以"健康"、"教育"、"环境"等三个领域最为突出(见表2、图5)。

表2　上海①与纽约的儿童发展指标体系之领域比较

		上　海		纽　约	
		具 体 指 标	指标数量(条)	具 体 指 标	指标数量(条)
A. 健康	1. 出生安全	孕产妇死亡率(户籍人口)	1	低体重出生儿(少女产妇;所有产妇) 早产(少女产妇;所有产妇)	2
	2. 生长情况(含疾病)	4(6)个月以内母乳喂养率 小学生肥胖检出率 中学生肥胖检出率 15岁儿童牙周健康人数百分比 儿童龋齿充填构成比 中小学生视力不良新发病率 中小学生每天不少于一小时体育锻炼时间	7	哮喘(0~4岁;5~14岁) 意外伤害(住院;死亡) 铅中毒 血铅筛查 交通意外(住院;死亡)	5
	3. 死亡率	婴儿死亡率(户籍人口) 5岁以下儿童死亡率(户籍人口)	2	婴儿死亡(婴儿死亡率;新生儿死亡率;新生儿产后死亡率) 儿童和青少年死亡率(1~4岁;5~9岁;10~14岁;15~19岁)	2
	4. 心理健康	—	0	自我伤害(住院;死亡)	1

① 以《上海儿童发展"十一五"规划》中的主要指标分析。

续　表

		上　海		纽　约	
		具　体　指　标	指标数量（条）	具　体　指　标	指标数量（条）
A.健康	5. 生殖健康	—	0	少女妊娠(怀孕；生育) 性传播疾病(衣原体；早期梅毒；淋病)	2
	6. 保健服务	新生儿苯丙酮尿症筛查率 新生儿甲状腺功能低下筛查率 新生儿听力障碍筛查率 计划免疫全程接种率 0～6岁儿童保健管理率 学校配备专业营养师 孕产妇系统管理率 孕产妇保健覆盖率(常住人口) 妇幼卫生经费	9	产前照料(护理)(孕早期；孕后期)	1
B.教育	1. 普及率	3～5岁儿童入园(所)率 九年义务教育普及率	2	年度辍学率	1
	2. 学业水平	高中阶段教育入学率	1	英语不熟练比例 大学录取率 高中毕业率 英语语言艺术成绩(3～8年级) 社会学习成绩(5年级；8年级) 科学成绩(4年级；8年级) 数学成绩(3～8年级)	7
	3. 师资	高中专任教师本科及以上学历比重 初中专任教师本科及以上学历比重 小学专任教师大专及以上学历比重 幼儿园专任教师大专及以上学历比重 小学男教师比例	5	—	0

		上　海		纽　约	
		具 体 指 标	指标数量（条）	具 体 指 标	指标数量（条）
B.教育	4. 特殊教育资源	建设5～6所特殊教育示范学校 扩大公办学校接受进城务工人员子女就读的比重 0～18岁儿童家长接受家庭教育指导率	3	—	0
C.法律保护		儿童每天享有自主支配闲暇时间 未成年人犯罪率 儿童法律援助处理率 出生人口性别比	4	青少年被捕（财产；暴力；醉驾；毒品） 受攻击致伤住院 法庭受理的青少年犯罪案件（不同司法阶段）	3
D.环境	家庭	孤残儿童家庭寄养人数	1	贫困线以下的儿童人口 家庭寄养（不同阶段） 儿童虐待	3
	社区	社区儿童活动场所或儿童图书馆的配备率	1	犯罪率（枪械；财产；暴力） 常住居民失业率	2
	社会	对儿童食品、用品和玩具质量抽查不合格的本市企业整改复查合格率 大型游乐设施定检率 学校、儿童活动场所进出口处交通标识设置率 5岁以下儿童意外死亡率（户籍人口） 学校、儿童活动场所装修应达到绿色环保标准 儿童专用药品数量 儿童故事片 儿童电视剧 残疾儿童配套康复设施数	9	领取食品券的儿童数量和百分比 领取公共援助金的儿童数量和百分比 领取生活补助金的儿童数量和百分比 享受公立学校免费或优惠午餐的儿童数量和百分比	4

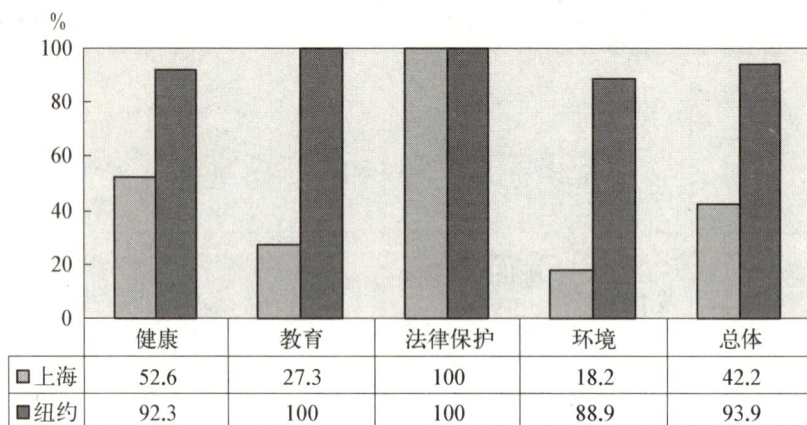

	健康	教育	法律保护	环境	总体
上海	52.6	27.3	100	18.2	42.2
纽约	92.3	100	100	88.9	93.9

图5 上海与纽约儿童指标体系的"儿童指标"分布(%)

首先,从"健康"领域看,纽约的13项指标中,12项(约占92.3%)均属于"儿童指标",分别覆盖出生安全、生长情况、死亡率、心理健康、生殖健康等方面;仅1项为"保健服务"。而上海的19项"健康"指标中,属于"保健服务"的有9项(占47.4%),近一半。

其次,从"教育"领域看,纽约的8项指标均属于"儿童指标",而且7项直接反映儿童的"学业水平";而上海的11项指标中,8项(约占72.7%)属于"资源或服务性指标",仅3项属于"儿童指标",其中只有"高中阶段教育入学率"这1项反映学生的"学业水平"。

最后,从"环境"领域看,纽约的9项指标中8项(约占88.9%)属于"儿童指标",直接反映出儿童在家庭、社区的生存状况以及所能获得的社会支持;仅"常住居民失业率"这1项属于"客体性指标";而上海的11项指标中,仅"孤残儿童家庭寄养人数"和"5岁以下儿童意外死亡率(户籍人口)"等2项为"儿童指标",其他9项(占81.8%)均为"客体性指标",主要监测儿童生活的社区或社会环境。

另外,"法律保护"领域,纽约和上海的指标侧重点相同,均属于"儿童指标",直接反映了儿童的权利与义务。

总体而言,纽约的KWIC包含了33项指标,其中31项(占93.9%)属于"儿童指标";而上海的45项主要指标中,仅19项(占42.2%)为"儿童指标",前者"儿童指标"的比例显然高于后者。这表明,纽约的KWIC更强调指标对儿童发展水平的直接反映;而上海更集中在促进儿童发展的资源建设和服务完善上。

2. 指标的儿童覆盖面不同

分别以纽约 KWIC 中的 31 项"儿童指标"和上海的 19 项"儿童指标"分析所覆盖的儿童年龄段,结果发现:纽约的 KWIC,随儿童年龄增长,其涉及的评估指标条目增加,0~6 岁、7~14 岁、15 岁及以上分别有 15 项、22 项、26 项;而上海的指标体系相反,随着儿童年龄的增长,涉及的指标依次减少,对应的三个年龄段依次为 15 项、10 项、5 项(见表 3、图 6)。

表 3　上海与纽约的儿童发展指标体系之儿童覆盖面比较　　（单位：项）

		0~6 岁	7~14 岁	15 岁及以上
健　康	上　海	12	7	3
	纽　约	7	6	7
教　育	上　海	1	2	1
	纽　约	1	6	8
法律保护	上　海	1	1	1
	纽　约	0	2	3
环　境	上　海	1	0	0
	纽　约	7	8	8
合　计	上　海	15	10	5
	纽　约	15	22	26

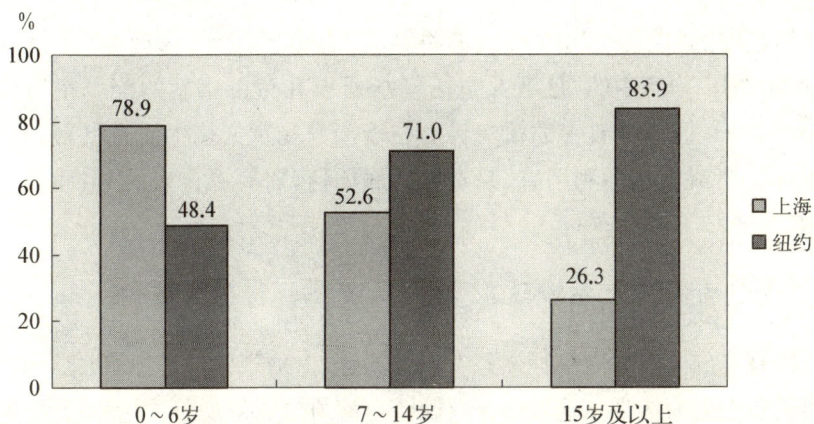

图 6　上海与纽约儿童指标体系的年龄段覆盖比较(％)

注：由于存在一项指标覆盖多个年龄段问题，所以指标人群分布的百分数之和大于 100％。

3. 相同指标的定义与计算不同

相对而言,纽约的指标定义操作性更强,而且更为精细。比如,"婴儿死亡率",纽约分别以婴儿死亡率、新生儿死亡率、新生儿产后死亡率等 3 项来反映;同样,"儿童死亡率"也分了 1～4 岁、5～9 岁、10～14 岁和 15～19 岁等 4 个年龄组来统计。

三、纽约儿童发展指标体系对上海的启示

综上所述,上海与纽约的儿童发展指标体系在侧重点、人群覆盖面、操作性定义及其计算等方面均存在差异,这与二者所处的社会经济状况、文化背景等有关。但鉴于上海正值"十二五"规划的制定,建议可以一定程度借鉴 KWIC,以进一步完善本地的儿童发展指标体系。

(一)适当增加"主体性"指标,提升指标的实效性

主体性指标,即"儿童指标",相对"客体性"指标而言,更能直接反映儿童的发展状况。前面已经看到,上海的"主体性"指标不足一半,尤其是在"教育"与"环境"领域显著不足。事实上,保健服务、教育资源以及环境创设的最终目的都是为了促进儿童发展;同时,也只有"儿童发展"才是检验这些外在"客体性"指标效用的最有力标准。因此,建议在未来的上海儿童发展指标体系中,借鉴 KWIC 适当增加"主体性"指标,或者将某些"客体性"指标修改为"主体性"指标。比如,"十一五"中的"社区儿童活动场所或儿童图书室的配备率"这一环境指标已达标,但环境改善的根本目的在于提升儿童文化生活质量,而儿童对这些社区场所或设施的利用率、满意度到底如何,需要更直接的"主体性"指标来反映。

(二)适当补充大年龄段儿童指标,提高指标的发展性

上海现有的儿童发展指标体系发展性不够,个别指标过于"低幼化",较难覆盖儿童的整个生命周期。这一方面反映了上海所处的发展阶段,保障儿童的"生命安全"依然是首要任务;另一方面,也反映出上海儿童发展指标研究尚缺乏与大年龄段儿童相匹配的指标,比如"健康"领域,基本停留在"生物学"层面,还难

以将"生物—心理—社会"的大健康理念操作化,在"心理健康"与"生殖健康"等方面的研究缓慢,使大年龄段儿童的指标难以落实。因此,未来应加大相关方面的研究与投入,尽快补充6岁以上儿童的发展性指标。

(三)完善指标的操作性,丰富指标体系的数据信息

上海现有的儿童健康指标体系,在分类统计上与纽约相比还有进一步调整、细化的空间,比如在"儿童死亡率"方面,上海通常只有"婴儿死亡率"和"5岁以下儿童死亡率",而纽约则细致得多,设有0～19岁青少年意外伤害死亡的人数和比例(3年平均)等指标;其次,上海的某些指标存在定义与计算方法上的缺陷,比如"孕产妇系统管理率"和"孕产妇保健覆盖率";最后,上海还存在一些定义模糊,效力不强的指标,如"0～18岁儿童家长接受家庭教育指导率"。这些问题都亟待借鉴纽约的KWIC及其他一些国家或地区的指标体系予以完善。

附表1 纽约儿童发展指标体系(KWIC)

领 域	主 要 指 标	操 作 性 定 义	适用人群
A. 经济安全	1. 贫困线以下的儿童人口	生活在贫困线以下的儿童数量和百分比	0～17岁
	2. 食物券	领取食物券的儿童数量和百分比	0～17岁
	3. 公共援助金	领取公共援助金的儿童数量和百分比	0～17岁
	4. 生活补助金	领取生活补助金的儿童数量和百分比	0～19岁
	5. 公立学校免费/优惠午餐	享受公立学校免费或优惠午餐的儿童数量和百分比	幼儿园～6年级
B. 身心健康	1. 少女妊娠	(1)每千名少女中怀孕的人数和比例 (2)每千名少女中生育的人数和比例	10～14岁;15～17岁;15～19岁
	2. 产前照料(护理)	(1)在孕早期享受过产前护理的孕妇人数和百分比 (2)在孕后期享受过产前护理的孕妇人数和百分比	10～19岁;所有孕妇
	3. 哮喘	每万名儿童中因哮喘住院的人数和比例	0～4岁;5～14岁

领　域	主要指标	操作性定义	适用人群
B.身心 健康 （续）	4.自我伤害	（1）每10万名青少年自伤性住院的人数和比例（3年平均） （2）每10万名青少年自伤性死亡的人数和百分比（3年平均）	10～14岁； 15～19岁
	5.意外伤害	（1）每10万名儿童和青少年因意外伤害住院的人数和比例 （2）每10万名儿童和青少年因意外伤害死亡的人数和比例	0～19岁
	6.婴儿死亡	每千名1岁前婴儿的死亡人数和比例（3年平均）（婴儿死亡率、新生儿死亡率、新生儿产后死亡率）	1岁前；出生28天内（新生儿）；出生28天以上至1岁
	7.铅中毒	血铅筛查发现铅中毒的儿童数量和百分比	0～6岁
	8.血铅筛查	血铅筛查的儿童数量和百分比	0～2岁
	9.低体重出生儿	体重低于2 500克的出生儿数量和百分比（各年龄段母亲生育；10～19岁少女生育）	出生儿
	10.早产	孕期少于37周的出生儿数量和百分比（各年龄段母亲生育；10～19岁少女生育）	出生儿
	11.性传播疾病	（1）每10万名青少年衣原体感染的临床报告数和比例（少男；少女） （2）每10万名青少年感染早期梅毒的临床报告数和比例 （3）每10万名青少年感染淋病的临床报告数和比例	15～19岁
	12.儿童和青少年死亡率	每10万名1～19岁儿童青少年的死亡人数和比例（3年平均）	1～4岁；5～9岁；10～14岁；15～19岁

领 域	主 要 指 标	操 作 性 定 义	适用人群
B. 身心健康（续）	13. 交通意外	每10万名青少年因交通事故住院或死亡的人数和比例（住院；死亡）	15～24 岁
C. 教育(公立学校)	1. 年度辍学率	公立学校学生的年度辍学率	9～12 年级
	2. 英语不熟练比例	英语不熟练的学生比例（公立；非公立）	幼儿园～12 年级
	3. 大学录取率	公立高中毕业生的大学录取率	高中
	4. 高中毕业率	公立高中的毕业生比例	高中
	5. 英语语言艺术成绩	公立学校学生的英语语言艺术成绩达到 3 分或以上的人数和百分比	3～8 年级（各年级分别统计）
	6. 社会学习成绩	公立学校学生的社会学习成绩达到 3 分或以上的人数和百分比	5 年级；8 年级
	7. 科学成绩	公立学校学生的科学成绩达到 3 分或以上的人数和百分比	4 年级；8 年级
	8. 数学成绩	公立学校学生的数学成绩达到 3 分或以上的人数和百分比	3～8 年级（各年级分别统计）
D. 公民的权利与义务	1. 青少年被捕	（1）每万青少年中因财产犯罪被捕的人数和比例 （2）每万青少年中因暴力犯罪被捕的人数和比例 （3）每万青少年中因醉驾被捕的人数和比例 （4）每万青少年中因吸毒、持毒或贩卖毒品被捕的人数和比例	16～21 岁
	2. 受攻击致伤住院	每10万青少年中因受攻击住院的人数和比例	10～19 岁

领　域	主要指标	操　作　性　定　义	适用人群
D. 公民的权利与义务（续）	3. 法庭受理的青少年犯罪案件	（1）法庭受理的青少年案件数量和比例(1/1 000) （2）青少年犯罪案件通过调解（无需家庭法院的介入）结案的数量及其占相应受理案件的比例 （3）青少年犯罪案件经调解无效进入诉讼程序的案件数量及其占相应受理案件的比例 （4）青少年犯罪案件直接进入诉讼程序的案件①数量及其占相应受理案件的比例 （5）青少年犯重罪的案件数量及其占受理案件的比例	10～15 岁
E. 家庭	1. 家庭寄养	（1）每千名儿童中需要寄养的人数和比例 （2）设定为收养目标的寄养儿童数量和百分比 （3）核准可被收养的寄养儿童数量和百分比 （4）法定可接受收养申请的"失管"儿童或青少年数量和百分比 （5）已安置到收养家庭的寄养儿童数量和百分比 （6）寄养解除（撤销）的儿童数量及其在寄养儿童中的比例 （7）放弃或终止（解除或撤销）父母权利的审判数量及其在同年所有终止父母权利判决中的比例	0～17 岁； 0～21 岁
	2. 儿童虐待	每千名儿童中的受虐待报告比例	0～17 岁
F. 社区	1. 犯罪率	（1）每万人口中的枪械犯罪率 （2）每万人口中的财产犯罪率 （3）每万人口中的暴力犯罪率	7 岁及以上
	2. 常住居民失业率	16 岁及以上劳动力人口的失业比例	16 岁及以上

---

① 这样的案件一般指没有启动调解程序或不具备调解资格的案件。

附表2　上海儿童发展"十一五"规划主要指标

领　域	主　要　指　标	适　用　人　群
A. 健康	1. 婴儿死亡率(户籍人口)	1 岁前
	2. 5 岁以下儿童死亡率(户籍人口)	0～4 岁
	3. 孕产妇死亡率(户籍人口)	孕产妇
	4. 新生儿苯丙酮尿症筛查率	新生儿
	5. 新生儿甲状腺功能低下筛查率	新生儿
	6. 新生儿听力障碍筛查率	新生儿
	7. 计划免疫全程接种率	1 岁内
	8. 4(6) 个月以内母乳喂养率	4 个月;6 个月
	9. 0～6 岁儿童保健管理率	0～6 岁
	10. 孕产妇系统管理率	孕产妇
	11. 孕产妇保健覆盖率(常住人口)	孕产妇
	12. 妇幼卫生经费	—
	13. 小学生肥胖检出率	小学生(6～11 岁)
	14. 中学生肥胖检出率	中学生(12～18 岁)
	15. 15 岁儿童牙周健康人数百分比	15 岁
	16. 儿童龋齿充填构成比	3～17 岁
	17. 中小学生视力不良新发病率	小学生;初中生;高中生
	18. 学校配备专业营养师	—
	19. 中小学生每天不少于一小时体育锻炼时间	小学生;初中生;高中生
B. 教育	1. 3～5 岁儿童入园(所)率	3～5 岁
	2. 九年义务教育普及率	6～14 岁
	3. 高中阶段教育入学率	15～17 岁
	4. 高中专任教师本科及以上学历比重	高中教师
	5. 初中专任教师本科及以上学历比重	初中教师
	6. 小学专任教师大专及以上学历比重	小学教师

领　域	主　要　指　标	适　用　人　群
B. 教育(续)	7. 幼儿园专任教师大专及以上学历比重	幼儿园教师
	8. 小学男教师比例	小学男教师
	9. 建设 5～6 所特殊教育示范学校	—
	10. 扩大公办学校接受进城务工人员子女就读的比重	6～14 岁进城务工人员子女
	11. 0～18 岁儿童家长接受家庭教育指导率	0～18 岁儿童家长
C. 法律保护	1. 儿童每天享有自主支配闲暇时间	儿童
	2. 未成年人犯罪率	14～17 岁
	3. 儿童法律援助处理率	儿童
	4. 出生人口性别比	出生人口
D. 社会环境	1. 对儿童食品、用品和玩具质量抽查不合格的本市企业整改复查合格率	儿童
	2. 大型游乐设施定检率	儿童
	3. 学校、儿童活动场所进出口处交通标识设置率	儿童
	4. 5 岁以下儿童意外死亡率(户籍人口)	5 岁以下
	5. 学校、儿童活动场所装修应达到绿色环保标准	儿童
	6. 儿童专用药品数量	儿童
	7. 社区儿童活动场所或儿童图书馆的配备率	儿童
	8. 儿童故事片	儿童
	9. 儿童电视剧	儿童
	10. 孤残儿童家庭寄养人数	孤残儿童
	11. 残疾儿童配套康复设施数	残疾儿童

第四章

上海、东京儿童发展
指标比较研究

　　儿童的生存和发展状况关系着一个国家的未来,重视儿童的全面发展是一个国家或地区经济发展与社会进步的重要体现。儿童发展指标体系是一个国家或地区制定的监测与评估儿童发展的具体操作框架,体现着一个国家或地区在一定时期内儿童发展需要优先达到的目标以及需要优先保障的儿童权利。儿童发展指标既体现了不同国家或地区的儿童发展理念,又体现着不同国家或地区实际的社会经济发展水平。

　　上海作为中国的国际化大都市,在许多方面的发展水平都处于全国领先地位,东京是日本最大的都市,也是国际上非常著名的大都市,它和上海在人口密度、经济发展速度、开放性、文化多元化等多方面的相似性为彼此间的比较提供了现实的基础。

　　本研究通过对上海与东京的儿童发展指标体系的比较,从健康领域、教育领域、福利领域、环境领域和法律保护领域五个方面,寻找上海在儿童发展方面存在的优势与不足,为上海未来的儿童发展事业提供借鉴与参考,从而有效促进上海儿童的整体发展与成长。

一、儿童健康指标体系比较

1. 东京儿童健康指标体系

东京在儿童健康方面有着比较完善的指标体系。东京市政府经常开展儿童健康方面的调查,2008 年,东京市政府开展的"儿童·学生的体力测试调查"[①]就是一个比较全面的调查,它调查了东京都内包括小学、中学、高等学校在内的共 125 所学校的 6～17 岁儿童,总计51 630人,调查的项目主要有体格和体力·运动能力两个大项,具体包括身高、体重、坐高、握力、引体向上、长坐体前屈等十余项内容。此外,为了明确儿童的体力·运动能力表现出下降趋势的原因,还调查了儿童的生活习惯,分别是:是否参加体育部等、早餐的摄取情况、1 天的睡眠时间、运动等进行的频率、1 天的运动时间和 1 天的电视收看时间等。

纵观东京的各项儿童健康指标,主要可以分为四个方面:① 人口素质,包括如出生预期寿命、新生儿死亡率、婴儿死亡率、5 岁以下儿童死亡率等指标;② 身体健康,包括如体格(身高、体重、坐高)、12 岁儿童人均龋齿数等指标;③ 运动能力,包括如儿童的体力、儿童的运动能力、儿童的体锻达标率等指标;④ 生活习惯,包括如是否参加体育部等、早餐的摄取情况、1 天的睡眠时间、1 天的运动时间等指标(见表 1)。

由表 1 可知,东京在儿童健康方面,既注重最基本的人口素质,如各年龄段儿童的死亡率,这是儿童健康的根本;也注重身体健康,如儿童的体格健康、牙齿健康等,这是儿童健康的基础,同时也关注到运动能力及生活习惯。健康的体魄要求儿童有较强的运动能力,面对当前青少年体力下降的趋势,对运动能力的关注就具有很强的现实性。同时,身心的健康也需要良好的生活习惯来保障,因此对生活习惯的关注体现了东京儿童健康指标向纵深方向的发展,以良好的生活习惯来保障儿童的健康,才是解决问题的根本。

---

① http://www.kyoiku.metro.tokyo.jp/press/pr090305s.htm

表 1　东京儿童健康指标体系

人口素质	身体健康	运动能力	生活习惯
1. 新生儿死亡率 2. 婴儿死亡率 3. 5 岁以下儿童死亡率 4. 婴幼儿的死亡人数和死亡原因 5. 0～14 岁儿童死亡人数和死亡原因	1. 儿童的体格（身高、体重、坐高） 2. 维持正常体重的儿童比例 3. "瘦身"儿童比例 4. 12 岁儿童人均龋齿数 5. 15 岁儿童牙龈炎发生率 6. 儿童自己每月至少做 1 次牙齿或牙龈的观察	1. 儿童的体力 2. 儿童的体锻达标率 3. 儿童的运动能力（握力、体前屈、引体向上的能力等） 4. 几乎每天做运动的儿童比例 5. 乐于参加体育运动的儿童比例	1. 是否参加体育部等 2. 早餐的摄取情况 3. 1 天的睡眠时间 4. 1 天的运动时间 5. 1 天的电视收看时间 6. 认为饮酒不利于健康的儿童比例 7. 认为吸烟不利于健康的儿童比例 8. 经常吸烟的儿童比例 9. 晚上 10 点以前睡觉的小学生比例 10. 晚上 11 点以前睡觉的初中生比例 11. 晚上 12 点以前睡觉的高中生比例 12. 总是感到"想睡觉"或者困乏的儿童比例

2. 上海儿童健康指标体系

上海儿童健康指标体系包括五个方面：① 人口素质，包括如婴儿死亡率、5 岁以下儿童死亡率等指标；② 身体健康，包括视力、牙齿、体重等方面的指标；③ 运动能力，包括中小学生体质健康标准合格率等指标；④ 心理健康，包括每个区（县）建立儿童心理健康辅导中心（站）等指标；⑤ 保健管理，包括如 0～6 岁儿童保健管理率、义务教育阶段儿童保健管理率等指标。

由表 2 可见，上海儿童健康指标体系也比较全面，涉及面较广，既包括最基本的人口素质，如各阶段儿童的死亡率，也包括儿童的身体健康、运动能力和心理健康，同时还明确了政府的责任，如对 0～6 岁和义务教育阶段儿童提供健康体检服务，通过体检来保障儿童的身体健康等。

表2　上海儿童健康指标体系

人 口 素 质	身 体 健 康	运 动 能 力	心 理 健 康	保 健 管 理
1. 婴儿死亡率 2. 5 岁以下儿童死亡率 3. 新生儿疾病筛查率 4. 出生缺陷发生率 5. 儿童免疫规划全程接种率 6. 6 个月以内婴儿母乳喂养率	1. 义务教育阶段儿童单纯性肥胖发生率 2. 儿童视力不良新发病率 3. 儿童龋齿充填构成比	1. 中小学生体质健康标准合格率 2. 儿童每天在校体育锻炼时间	1. 每个区(县)建立儿童心理健康辅导中心(站) 2. 每所中小学配备有资质的专兼职心理健康教师	1. 0～6 岁儿童保健管理率 2. 0～6 岁儿童定期免费健康体检 3. 义务教育阶段儿童保健管理率 4. 义务教育阶段每年一次常规健康体检

3. 上海与东京健康领域可比性指标的数据比较

（1）人口素质指标

通过表3中上海与东京在婴儿死亡率、5 岁以下儿童死亡率和新生儿死亡率的数据比较可见,东京的指标值均优于上海。

表3　上海与东京人口素质指标值比较

	上　海	东　京
婴儿死亡率(‰)	3.78(2005 年)	2.9(2002 年)
5 岁以下儿童死亡率(‰)	4.58(2005 年)	4.0(2000 年)
新生儿死亡率(‰)	3.6(2003 年)	1.7(2000 年)

（2）12 岁儿童人均龋齿数

由表4可知,上海 12 岁儿童人均龋齿数要大大低于东京,说明在该指标上,上海优于东京,但是东京在该指标上做了分性别统计,这是值得上海借鉴的。

表4　上海与东京的 12 岁儿童人均龋齿数比较(只)

上　海	东　京
0.48(2005 年)	男:1.86(2003 年) 女:2.24(2003 年) 人均:2.05(2003 年)

（3）15 岁儿童牙龈炎发生率

由表 5 可知,上海的 15 岁儿童牙龈炎发生率要高于东京高中一年级学生的数据。值得上海借鉴的是,东京在该指标上做了分性别统计,统计数据显示,男生牙龈炎的发生率明显高于女生,从而提高了防治工作的针对性、有效性。

表 5　上海与东京的儿童牙龈炎发生率比较(%)

上海(15 岁儿童)	东京(高中一年级学生)
28. 23(2005 年)	男:26. 40(2003 年) 女:19. 20(2003 年) 人均:22. 80(2003 年)

4. 上海与东京儿童健康指标体系的比较

通过对上海与东京儿童健康指标体系的比较,可以看出,两个都市的儿童健康指标体系的涉及面都比较广,包括健康的方方面面,而不仅仅局限于某一方面,体现了大健康的概念。当然,其中既有相同点也有不同点。这说明,在健康方面,两个都市既有需要共同关注的内容,同时依据自身的社会经济发展水平的不同,其侧重点又有所不同。

（1）人口素质和身体健康是基础

在上海和东京的儿童健康指标体系中,都包括人口素质和身体健康,其具体指标也颇为类似,如各年龄段儿童的死亡率、体格的发育状况、牙齿的健康状况等,这说明人口素质和身体健康是儿童健康指标体系的基础,受到两大都市的高度关注。

（2）运动能力是关键

面对当前青少年体力下降的现实状况,两大都市都很关注儿童的运动能力,上海提出体质健康标准合格率、体育锻炼时间的指标,东京提出体锻达标率、运动能力等指标。但是,上海的指标比较笼统,而东京的指标比较细化,分为握力、体前屈、引体向上的运动能力,同时,东京还关注到儿童的主观感受,如乐于参加体育运动的儿童比例等。这既说明运动能力是关键,得到两大都市的共同关注,同时东京的具体指标设置值得上海借鉴。

（3）东京更关注生活习惯,上海更关注心理健康

通过比较可见,东京单列了生活习惯这一方面,说明东京对儿童的生活习惯

非常重视,如早餐的摄取情况、1天的睡眠情况、1天的运动情况、1天的电视收看情况等。好的生活习惯是身体健康的保障,是切切实实影响到人一生健康发展的基础,而在这一方面,上海的指标体系中尚未涉及,值得借鉴。

相比之下,上海更关注心理健康,明确提出要在每个区(县)建立儿童心理健康辅导中心(站)和要在每所中小学配备有资质的专兼职心理健康教师,这两个指标都是对政府相关职能部门提出的要求,是保护儿童心理健康的机构保障。当然,要实现儿童的心理健康,还需要有体现儿童心理健康的具体指标,由于难以监测和评估,目前尚在探索之中。

二、儿童教育指标体系比较

1. 东京儿童教育指标体系

东京对2008至2009年东京市的学校进行了基本情况的调查[①],调查项目包括:幼儿园、中小学校、特别支援学校、专修学校等的数量、年级数量、在校学生人数及男女比例、教职员人数及男女比例、毕业生人数以及就职和升学的情况、适龄儿童未就学者人数、长期缺席者人数和学校规模等内容。

东京市也对2008年儿童·学生的问题行为状况进行了调查[②],分为东京都内公立学校和东京都内私立学校两类。其中公立学校以东京都的公立小学、中学、高等学校、特别支援学校(盲人·聋哑·残疾人学校)作为调查对象,私立学校以东京都的私立小学、中学、高等学校(全日制·非全日制)、特别支援学校作为调查对象。主要针对暴力行为、欺负现象、逃学、高等学校的长期缺席者、高等学校的中途退学者等展开调查。

关于东京的教育指标,主要可以分为三大类:① 学校基本情况,包括学校数量、学校在校学生人数等指标;② 教育基本情况,包括义务教育年限、小学和初中的入学率、学前教育入园率等指标;③ 儿童·学生的问题行为,包括暴力行为、欺负现象、逃学等指标(见表6)。

---

① http://www.toukei.metro.tokyo.jp/gakkou/gk-index.htm
② http://www.kyoiku.metro.tokyo.jp/press/pr090806s.htm
　http://www.kyoiku.metro.tokyo.jp/press/pr090806s/siryo_all.pdf

表 6　东京儿童教育指标体系

学校基本情况	教育基本情况	问 题 行 为
1. 学校数量 2. 学校在校学生人数 3. 长期缺席者人数 4. 中学毕业生的升学(就业)情况 5. 高等学校(全日制课程·非全日制课程)毕业生的升学·就业情况	1. 义务教育年限 2. 小学和初中的入学率 3. 学前教育入园率 4. 初中毕业生升学率 5. 高中毕业生升学率 6. 生均教育经费 7. 生均教育经费指数 8. 平均班额 9. 生师比 10. 教师学历 11. 免费教育年限 12. 残疾儿童升学率 13. 室内运动场设置率 14. 游泳池设置率 15. 儿童在学校就餐状况(餐费、食堂设施、食品营养搭配等) 16. 青少年学校性教育、健康教育、环境教育、信息获取能力教育、国际理解能力教育开展状况①	1. 暴力行为 2. 欺负现象 3. 逃学 4. 高等学校的长期缺席者 5. 高等学校的中途退学者 6. 高等学校(全日制)的原级留置者人数

由表6可见,东京的儿童教育指标体系涉及面广,内容细化。不仅包括学校的基本情况、教育的基本情况,还包括儿童的问题行为。统计上也区分了公立和私立学校。不仅关注一些基础性指标,如学校数量、在校学生人数、教育各阶段的入学率和升学率,同时也关注到发展性指标,如青少年的信息获取能力教育、国际理解能力教育的开展状况等。同时,还关注到儿童的问题行为,如暴力、欺负、逃学、长期缺席、中途退学等。

2. 上海儿童教育指标体系

上海儿童教育指标体系主要包括四个方面。由表7可见,上海儿童的教育指标体系涉及面也比较广,不仅关注学校内部的情况,如不同年龄阶段儿童入学方面的基础性指标和对教师学历的要求,同时也关注到校外教育的重要性,目前设置了儿童参与社会公益活动的比例这一指标,这对于打破

① http://www.seisyounen-chian.metro.tokyo.jp/seisyounen/01_shisaku_2_2_1.html#sec2-2

学校教育的疆界,为学校教育与社区教育的有机结合做了很好的探索。此外,还关注到家庭教育,明确了政府在其中需要承担的责任,并以指标考核的方式固定下来。事实上,建立家庭、学校、社会三位一体的教育体制一直是上海教育努力的方向,因此,在制定教育指标时,也有意识地纳入了这三方面的指标。

表7　上海儿童教育指标体系

教育基本情况	家 庭 教 育	校外教育	教师队伍建设
1. 3～6周岁儿童毛入园率 2. 义务教育阶段普及率 3. 高中阶段入学率 4. 制定并严格实施在校儿童营养午餐标准	1. 新婚夫妇、孕妇、0～18岁儿童家长接受家庭教育指导率 2. 0～3岁科学育儿指导率 3. 社区建立儿童家庭教育指导机构的比例	1. 儿童参与社会公益活动的比例	1. 义务教育专任教师中本科及以上学历人员比例 2. 小学男教师比例

3. 上海与东京教育领域可比性指标的数据比较

(1) 义务教育年限和免费教育年限

由表8可知,上海和东京在义务教育年限和免费教育年限上是相同的。

表8　上海与东京义务教育年限和免费教育年限比较

	上　海	东　京
义务教育年限(年)	9	9
实施义务教育的年龄(岁)	6～14	6～14
免费教育年限(年)	9	9
实施免费教育的年龄(岁)	6～14	6～14

(2) 学前教育入园率

由表9可知,上海学前教育入园率高于东京。

表9 上海与东京3~5岁儿童入园率比较(%)

	上 海	东 京①
2005 年	99.9	65.2
2004 年	99.9	65.4
2003 年	99.9	65.6
2002 年	99.9	65.2
2001 年	99.5	66.3

(3) 初中毕业生升学率

由表10可知,上海的初中毕业生升学率和东京的差不多,略微高一点。

表10 上海与东京初中毕业生升学率比较(%)

	上 海	东 京
2005 年	99.7	97.5
2004 年	99.7	97.3
2003 年	99.8	97.4
2002 年	99.3	97.0
2001 年	98.0	97.2
2000 年	97.0	97.3

(4) 高中毕业生升学率

由表11可知,上海的普通高校录取率高于东京的高中毕业生升学率,但是两个指标的内涵不完全相同,只可作为参考。

(5) 生均教育经费

由表12可知,依据汇率换算后,上海各教育阶段学生的生均教育经费仅相当于东京的1/10左右。

---

① 东京都统计幼儿入园率的口径是小学一年级新生中完成幼儿园教育的人数比例。

表 11　上海与东京高中毕业生升学率和高校录取率(%)

	上海①普通高校录取率	东京②高中毕业生升学率
2004 年	84.6	53.5
2003 年	81.5	52.5
2002 年	81.2	52.4
2001 年	75.9	52.6
2000 年	67.4	51.7

表 12　上海与东京生均教育经费比较

	上海(元)(2004 年)	东京(美元③)(2004 年)④
幼儿园	7 672.82	11 214
小　学	7 426.24	13 931
初　中	8 285.57	17 555
高　中	12 025.40	19 821

(6) 生均教育经费指数

由表 13 可知,上海的生均教育经费占人均 GDP 的比例远远低于东京,说明上海在生均教育的投入上还是偏低的。

表 13　上海与东京生均教育经费占人均 GDP 的比例比较(%)

	上海(2004 年)	东京⑤(2002 年)
幼儿园	13.9	24.7
小　学	13.4	27.3
初　中	15.0	33.0
高　中	21.7	39.7

---

① 上海统计的是普通高校录取率,指参加高校招生考试的学生中进入高校的比例。但并不是全部高中阶段教育的毕业生都参加高校招生考试。
② 东京统计的高中毕业生升学率指的是进入大学(包括函授部)、短期大学(包括函授部)、开放大学、高等专门学校和盲聋哑养护学校专攻科的学生比例,不包括进入专修学校的学生。
③ 根据 2012 年 7 月 26 日的汇率,100 日元=1.28 美元
④ 仅包括公立学校。
⑤ 仅包括公立学校。

（7）平均班额

由表14可知,上海的平均班额高于东京。

表14　上海与东京平均班额比较(人)

	上海(2004 年)	东京(2005 年)
幼儿园	31.3	26.1
小　学	36.0	30.4
初　中	40.8	36.4

（8）生师比

由表15可知,上海和东京的生师比是比较接近的。

表15　上海与东京生师比比较(％)

	上海(2004 年)	东京(2005 年)
幼儿园	17.2	16.9
小　学	14.3	19.4
初　中	15.4	16.3
高　中	17.6	16.6

4. 上海与东京儿童教育指标体系的比较

通过对上海与东京儿童教育指标体系的比较,可以看出,两个都市的教育指标都涉及不同的方面,其中既存在相同点,也存在不同点。

（1）教育各阶段的入学率是教育发展的基础,受到两大都市的共同关注

在上海和东京的儿童教育指标体系中,都包括教育的基本情况,其具体指标也颇为相似,如3～6周岁儿童毛入园率,义务教育阶段普及率等,东京的具体指标虽然有差异,但基本内涵一致,这说明,教育各阶段的入学率、普及率、升学率等是教育发展的基础,受到两大都市的关注。

（2）东京的教育指标涉及范围更广,内容更深

但是,相比之下,东京的教育指标涉及的范围更广,不仅包括义务教育年限、免费教育年限、各阶段的入学率、升学率等,还包括游泳池设置率、室内运动场设置率等。上海学校的硬件配置就全国来说是处于领先地位,但是要做到每个学

校配备游泳池,在现阶段还有困难。而且东京的教育指标还包括性教育、健康教育、环境教育、信息获取能力教育、国际理解能力教育等。上海的教育也关注到性教育、信息素养教育、国际理解教育等,并且已经做了许多有效的探索,但是以指标的形式固定下来,并进行监测和评估,尚有一定困难。

（3）东京更关注儿童的问题行为

东京能够正视和重视教育中存在的负面现象和负面问题,如学校欺负、学校暴力、逃学、辍学等问题,并以指标的形式进行监测,通过对负面问题的关注和追踪,了解教育体制中存在的不合理情况,并以此来完善教育体制,提高教育质量,促进人的发展。而在上海的教育指标体系中,缺乏对儿童问题行为的关注,但这并不代表上海的教育现状中不存在逃学、校园欺负、校园暴力、辍学等现象。这固然与这些指标难以量化计算有关,但更多地体现出教育理念的差异,上海教育系统尚未关注这些问题,并对相关信息进行统计和发布。

三、儿童福利指标体系比较

1. 东京儿童福利指标体系

东京在儿童福利工作方面一直在做有效的探索和推进工作。2005 年 4 月,东京修订了对儿童福利法的实施[①],明确了区市町村将包含儿童虐待在内的儿童咨询作为第一要义性的窗口和都道府县加强专业性的对策和后方支援。

为了能够迅速和及时地应对儿童虐待问题,东京从 2002 年开始实施儿童咨询处的改革,增加儿童福利院的工作人员,并引入队伍体制,2003 年在各儿童咨询处设置虐待对策班、家庭复归支援人员,为了应对紧急案件还在儿童咨询处设置了 365 天无间断的咨询窗口。2004～2006 年,除了儿童福利院继续增员之外,还导入了合作医师制度,强化了医学的应对力度。2007 年,继续进行儿童福利院的增员和实现咨询处内的充实强化。同时,在临时保护所方面,2008 年除了通过新规章设置等确保了 168 名固定人员之外,还通过心理专业人员等对临时保护儿童的个别疗法或者集体疗法,行动观察来强化心理关怀和对人关系的改善等措施。另外,为了强化在附近的区市町村的虐待应对能力,2009 年东京

---

① http://www.seisyounen-chian.metro.tokyo.jp/seisyounen/01_shisaku_2_1_2.html

设置了儿童家庭支援中心,用于防止儿童虐待的发生。

东京的儿童福利和社会保障指标体系是比较完整和细致的,主要可分为四个方面:① 儿童家庭支援[①],包括贫困儿童率、儿童寄养率以及关于母子医疗费的补助和关于母子的保健等方面的指标;② 儿童虐待及防止对策[②],包括儿童虐待案件数、儿童被害及被虐待数量、儿童咨询处的体制整备、为了家庭再统一的援助事业等指标;③ 儿童的咨询·支援体制[③],包括综合性的咨询机关、行政机关以外的咨询体制、地方的支援和保育所的情况;④ 儿童安全对策,包括儿童安全支援者活动的推进、儿童上学路上安全对策推进等。

东京的儿童福利指标体系比较成熟和完善,涉及儿童福利的方方面面,既包括对家庭的支援,如对母子医疗费的补助和对母子的保健,也包括虐待及防止对策,其中既涉及被虐待儿童的数量和案件的数量,也包括政府提供的援助服务。同时,明确了政府各职能部门(如教育厅、福利保健局)和各类社会机构(如医院、保育所)对儿童提供的各种帮助和支持。

2. 上海儿童福利指标体系

上海的儿童福利指标体系主要涉及家庭支援方面,如儿童医疗保险参保率、贫困家庭儿童文化消费补助、残疾儿童康复服务补贴实现全覆盖等指标。

表 16　上海儿童福利指标体系

家 庭 支 援
1. 儿童医疗保险参保率 2. 贫困家庭儿童文化消费补助 3. 残疾儿童康复服务补贴实现全覆盖 4. 孤残儿童家庭寄养人数

由表 16 可见,上海在儿童福利方面的指标还比较少,有的指标为十二五规划所增加,如儿童医疗保险参保率、贫困家庭儿童文化消费补助等,涉及的范围也非常有限,这说明上海目前对儿童福利的保障力度相对较弱,有待进一步加强。

---

① http://www.fukushihoken.metro.tokyo.jp/joho/soshiki/syoushi/kodomokatei/index.html
② http://www.seisyounen-chian.metro.tokyo.jp/seisyounen/01_shisaku_2_1_2.html
③ http://www.seisyounen-chian.metro.tokyo.jp/seisyounen/01_shisaku_2_1_1.html#sec3－1

3. 上海与东京儿童福利指标体系的比较

通过对上海与东京儿童福利指标体系的比较,可以看出,东京的儿童福利对象覆盖面较全,既包括普通儿童,也包括处境不利儿童,如贫困儿童、受虐儿童等,范围比较广泛,既包括母婴健康、也包括儿童的心理健康等。相比之下,上海的儿童福利事业尚有较大的拓展空间。

(1) 弱势儿童是上海和东京的儿童福利政策共同关注的重点

上海和东京的儿童福利指标体系都非常注重保护弱势儿童的权利,因为这些儿童或者存在生理上的缺陷,或者家庭贫困,或者父母缺失,这就使他们的成长面临更大的困境,需要国家和政府承担更大的责任。如上海有贫困家庭儿童文化消费补助、残疾儿童康复服务补贴、孤残儿童家庭寄养人数等指标。但是相比之下,东京在保护弱势儿童方面的指标要全面和完整得多,如对身体障碍儿童的医疗救助、对患有各类疾病如慢性病、结核病,甚至早产儿的医疗补助,甚至对不孕妇女、患有妊娠高血压的孕妇都提供有额外的医疗补助,这将大大减轻家庭的负担,而在上海,如果儿童或者妇女遇到类似的情况,基本都由家庭自行承担。

(2) 上海需加强普惠型儿童福利政策的建设力度

除了对弱势儿童的福利政策外,东京还有多项针对普通儿童的福利政策,根据不同年龄段儿童或儿童家庭可能遇到的问题,提供全面的服务,如放学后儿童计划、儿童馆、青春期的精神保健咨询等。相比之下,上海仅有儿童医疗保险参保率一项,其保障力度还非常有限。可见,在普惠性成为儿童福利政策的发展趋势之下,上海的儿童福利政策还远远不能满足普通儿童的需求,需要加大建设力度。

(3) 东京高度重视儿童被虐待现象,上海的重视程度不够

针对儿童被虐待现象,东京出台了一系列的政策,如加强对儿童虐待案件数和儿童被害及被虐数量的统计,配套建设相应的体制机制,实施对儿童咨询处的改革,加强工作人员队伍建设,导入合作医师制度,加强心理专业人员的治疗等,还设立了儿童家庭支援中心,防止发生虐待儿童。相比之下,上海的儿童福利指标体系中并没有涉及保护受虐儿童的政策。事实上,上海的儿童受虐现象已经引起了学术界的关注,上海政府职能部门在实际工作中也接触到类似现象。可见,在保护受虐儿童方面,上海还需多加努力。

四、儿童环境指标体系比较

1. 东京儿童环境指标体系

在儿童环境方面,东京没有专门的儿童指标体系,但从教育部、福祉部和安全部等机构可以看到一些与儿童有关的措施和计划。总体来看,东京的儿童环境指标体系可以分为三大类:① 儿童的家庭环境,主要有儿童青少年所在的家庭类型及儿童父母的就业状况①;儿童青少年亲子关系(与父母关系、假期的过法、生活习惯、兴趣、价值观等)②;② 儿童的文化环境与社会参与,包括儿童文化产品的评比、儿童图书系统如儿童图书馆(室)、学校图书馆设置率等指标;③ 儿童的安全环境,包括食品安全不合格率、交通安全设施定检、儿童上学路上的交通安全状况和儿童使用手机的状况等指标③。

表 17　东京儿童环境指标体系

家 庭 环 境	文 化 环 境	安 全 环 境
1. 儿童青少年所在的家庭类型及儿童父母的就业状况 2. 儿童青少年亲子关系(与父母关系、假期的过法、生活习惯、兴趣、价值观等)	1. 儿童文化产品的评比 2. 儿童图书系统,如儿童图书馆(室) 3. 学校图书馆设置率 4. 指定儿童不能阅读的不健康书籍 5. 中学生到企业、商店等进行职场体验时间④	1. 食品安全不合格率 2. 交通安全设施定检 3. 儿童上学路上的交通安全状况 4. 儿童使用手机的状况,适合儿童青少年使用的安全手机品牌推荐制度的设立 5. 地方安全地图制作推进事业(2005 年开始) 6. 儿童安全支援者活动的推进(2005 年开始) 7. 对"防盗眼"(车辆标签)的企业申请协作(2006 年开始) 8. 上学路上等安全对策推进补助事业(2007 年开始) 9. 采用了 ICT 的儿童保护系统的构筑和运用(2009 年度)

① 参照东京次世代育成支援东京都行动计划。
② http://www. seisyounenchian. metro. tokyo. jp/seisyounen/pdf/11 _ chousa/oyakokankeicyousagaiyouhp. pdf
③ http://www. seisyounen-chian. metro. tokyo. jp/seisyounen/pdf/11_chousa/filtering2009. pdf
④ http://www. seisyounen-chian. metro. tokyo. jp/seisyounen/01_shisaku_1_2_4. html#sec2

由表 17 可见,东京在儿童环境方面的指标是比较全面的,既包括家庭与社会环境,其中不仅涉及家庭类型,还涉及亲子关系,又包括文化环境和儿童参与,还包括了安全环境,这些指标的设立构筑起了儿童生活的小环境和大环境,硬环境和软环境,共同为促进儿童的身体和心理的健康发展提供保障。

2. 上海儿童环境指标体系

上海儿童环境指标体系主要包括三方面的内容:① 生态环境,如水环境、大气环境、声环境、绿化环境和无烟环境;② 文化环境,如儿童电影、儿童剧、儿童阅读环境、户外活动环境以及自由支配的闲暇时间;③ 安全环境,如治安环境、网吧环境、食品安全环境、安全培训等。

表 18　上海儿童环境指标体系

生 态 环 境	文 化 环 境	安 全 环 境
1. 改善水环境、大气环境、声环境 2. 扩大人均公共绿地面积和绿化覆盖率 3. 创设无烟环境	1. 儿童电影 2. 儿童剧 3. 儿童阅读量 4. 儿童每天阅读时间 5. 各类爱国主义教育基地和公益性文化设施向儿童免费开放 6. 儿童自主支配闲暇时间	1. 儿童受暴力犯罪侵害总数 2. 5 岁以下儿童意外死亡率 3. 网吧接纳未成年人违规查处率 4. 儿童食品安全抽检合格率 5. 每学期开展针对火灾、地震等自然灾害以及公共突发事件的紧急疏散演练 6. 对高中生和教育工作者进行急救技能培训

由表 18 可见,上海儿童环境指标体系也是比较全面的,既涉及生态环境,也涉及人文和安全环境,良好的生态环境可以为上海儿童的成长提供好的环境基础,丰富健康的文化环境可以充实儿童的心灵,陶冶儿童的情操,形成完善的人格。而安全环境则是一切环境的基础,没有安全也就无所谓发展。

3. 上海与东京儿童环境指标体系的比较

通过对上海与东京儿童环境指标体系的比较,可以看出,两个都市的儿童环境指标涉及面都比较广,涵盖了安全、文化等各个方面,两大都市都在积极为儿童的发展创设良好的环境。

(1)上海和东京都高度重视安全环境

上海和东京都很重视儿童安全环境的建设,如对食品安全的重视,东京有食品安全不合格率的指标,上海有儿童食品安全抽检合格率的指标。而且,2012

年 6 月 23 日,国务院还印发了《国务院关于加强食品安全工作的决定》(国发〔2012〕20 号),首次明确将食品安全纳入地方政府年度绩效考核内容。因此,从 2012 年开始,上海市政府将把食品安全纳入年度绩效考核之中,加大对食品安全的保障力度。但是我们也要看到,东京在儿童交通安全方面的政策措施要比上海完善得多,东京出台了多项保障儿童交通安全的政策,如交通安全设施定检、地方安全地图制作推进事业、上学路上等安全对策推进补助事业等。但在上海,面对交通事故频发,儿童的生命安全和身体健康受到交通安全威胁,而人们对交通规则的遵守程度远远低于东京的情况下,上海儿童面临的交通安全威胁程度比东京更高,但上海的应对措施与政策却相对欠缺。

(2)上海和东京都积极营造健康向上的文化环境

在文化环境方面,上海和东京既有相同点,又各有侧重。上海和东京都关注儿童文化产品的创作、儿童的阅读情况,不同的是,上海的指标是儿童电影和儿童剧的创作数量,东京是儿童文化产品的评比,上海是儿童阅读量和儿童每天阅读时间,东京是儿童图书系统、学校图书馆设置率以及制定儿童不能阅读的不健康的书籍。此外,东京还注重儿童的职场体验,设置了中学生到企业、商店等进行职场体验时间的指标,这有利于对儿童进行职业教育和指导。上海在这方面则比较欠缺,只有儿童自主支配闲暇时间的指标。

(3)家庭软环境建设值得上海关注

虽然上海在福利指标中也关注到家庭支援,但主要是针对弱势儿童的补助,却没有关注到家庭软环境的建设,东京则关注到家庭环境作为儿童成长的最亲密的环境的重要性,设置了家庭类型和亲子关系等指标。亲密和健康的亲子关系对儿童的健康成长具有非常重要的意义,因此对家庭软环境的建设值得上海关注。

五、儿童权益保护指标体系比较

1. 东京儿童法律保护体系

关于东京的儿童法律保护体系,可以从三个方面来分析:① 儿童法律保护指标,包括青少年犯罪率等指标;② 儿童保护专门的法律法规和条例,从基本的《少年法》、《儿童福利法》,到涉及某一方面的《儿童津贴法》、《学校伙食法》等;

③ 儿童保护组织机构,包括各级各类少年司法和矫正机构以及儿童福利机构。

表 19　东京儿童法律保护指标体系

法律保护指标	专门的法律法规和条例	儿童保护组织机构
1. 青少年犯罪率 2. 少年犯的矫正与支援机构开设状况 3. 重新步入社会后的就学、就业、福利状况	1. 《少年法》、《儿童福利法》 2. 《少年审判规则》、《少年院处遇规则》、《少年警察活动规则》、《有关少年保护案件的补偿的法律》、《有关儿童买春、色情行为等的处罚及儿童的保护等的法律》、《对利用网络异性介绍业务诱引儿童的行为等进行规制的法律》 3. 《未成年人饮酒禁止法》、《未成年人吸烟禁止法》 4. 《义务教育费国库负担法》和《偏僻地区教育振兴法》、《义务教育各类学校教科用图书的免费措施法》、《学校伙食法》、《学校营养午餐法》、《有关推进儿童读书活动的法律》 5. 《儿童津贴法》、《儿童抚养津贴法》、《少年指导委员规则》、《有关特殊儿童抚养津贴的支付等的法律》、《勤劳青少年福利法》、《母子及寡妇福利法》 6. 《儿童虐待的防止等的法律》 7. 《东京都青少年保护育成条例》	1. 少年司法和矫正机构:家庭裁判所(裁判机构)、少年鉴别所(矫治机构)、少年院(矫治机构)、少年刑务所(日本的少年监狱)、地方更生保护委员会(矫治辅助机构)、保护观察所(矫治辅助机构) 2. 儿童福利机构:儿童福利审议会、儿童福利司(根据法律规定必须设置)、儿童商谈所(根据法律规定必须设置)、福利事务所(非专门儿童福利机构)、保健所(非专门儿童福利机构)

由表 19 可见,东京儿童法律保护体系比较全面和完善,不仅设置了相关的指标,而且其法律法规涉及的范围也很广泛,并且一直在根据新的情况进行修订和完善,以更好地在法律上对儿童的权益进行保障。东京设有专门的儿童保护组织机构,从福利机构,到裁判机构、矫治机构等,不仅给普通儿童提供保护,对罪错儿童也提供保护,以保障其通过矫治之后能够顺利重新步入社会,过上健康的生活。

2. 上海儿童法律保护体系

上海的儿童法律保护体系,也可以从以下三方面加以分析:① 儿童法律保护指标,包括青少年犯罪率、儿童法律援助处理率等指标;② 儿童保护专门的法律法规和条例,主要有《未成年人保护法》、《预防未成年人犯罪法》和《上海市未成年人保护条例》;③ 儿童保护组织机构,包括政府、司法、半官方性质的保护组织、儿童福利机构和社会组织。

表20 上海儿童法律保护指标体系

法律保护指标	专门的法律法规和条例	儿童保护组织机构
1. 未成年人犯罪率 2. 儿童法律援助处理率 3. 涉罪未成年人的非羁押率 4. 涉罪未成年人的非监禁率	1.《未成年人保护法》、《预防未成年人犯罪法》、《母婴保健法》 2.《上海市未成年人保护条例》、《上海市中小学校学生伤害事故处理条例》	1. 政府机构：青少年保护委员会和社会治安综合治理办公室 2. 司法机构：公安局、检察院、指定管辖的少年法庭及工读学校、少管所等儿童矫治机构 3. 半官方性质的青少年保护组织：阳光社区青少年事务办公室 4. 儿童福利机构：由政府兴办的儿童福利院 5. 社会组织：共青团和社区组织

由表20可见，上海的儿童法律保护体系虽然也涵盖到三个方面，但是与东京的儿童法律保护体系比较起来，显得有些薄弱，特别是在专门的儿童法律法规和条例上，主要有基本法，缺乏对儿童发展的具体方面的法律规定。

3. 上海与东京儿童法律保护体系的比较

通过对上海与东京儿童法律保护指标体系的比较，可以看出，虽然上海和东京都涉及法律保护指标、专门的法律法规和条例以及儿童保护组织机构，但是相比之下，东京的儿童保护法律体系更完善、更专业。

（1）上海和东京的法律保护指标都关注未成年人的犯罪问题

在上海和东京的儿童法律保护指标中，都有犯罪率的指标，东京是青少年犯罪率，上海是未成年人犯罪率。但是除此之外，东京还设有少年犯的矫正与支援机构开设状况和重新步入社会后的就学、就业、福利状况，说明东京不仅关注青少年犯罪本身，还关注到对青少年罪犯的矫治和支援工作，以及青少年罪犯重新走上社会后的适应情况及权利保护，而这才是司法惩罚的根本所在。上海在十二五规划中增加了涉罪未成年人的非羁押率和非监禁率的指标，这已经是司法制度的一大进步，是本着对青少年作为未成年人的特殊年龄阶段的考虑，未成年人的犯罪行为往往带有冲动性和非计划性，本着教育与感化的目的，以更柔性的方式对青少年罪犯进行矫治，以帮助他们今后更好地融入社会，重新开始生活。但是，上海还缺乏对重新步入社会后的犯罪青少年的就学、就业状况的关注。

（2）东京的儿童保护法律体系更完善

东京的儿童保护法律体系是非常完善的，涉及儿童成长的方方面面，不仅有基本法的保障，更有各种具体法律和条例的保障，既有对基本权利的保障，如儿童享受政府津贴的权利、受教育权、享受营养午餐的权利，也有对不良行为的禁止，如饮酒禁止、吸烟禁止、色情行为处罚等。相比之下，上海的儿童保护法律法规和条例就显得很单薄了，就全国法而言主要有《未成年人保护法》、《预防未成年人犯罪法》、《母婴保健法》，就上海市的法律条例而言，有《上海市未成年人保护条例》和《上海市中小学校学生伤害事故处理条例》，涉及的范围和保障的儿童权益有限得多，这就会导致在发生有关儿童权益的问题时，无法可依，无法可循，使得儿童的权益无法得到法律的有力保护。

（3）上海和东京的儿童权益保护组织机构都涉及政府和社会机构

上海和东京的儿童权益保护组织机构都涉及政府以及社会组织和机构。东京既有少年司法和矫正机构，又有儿童福利机构。上海则有政府机构、司法机构、半官方的组织，又有社会组织等。相比之下，东京的组织机构的体系更完善，职能分工更明确、责任更清晰，更专业，如司法和矫治机构区分了裁判机构、矫治机构、少年监狱、矫治辅助机构等。上海的儿童权益保护组织机构中社会组织的参与比较多，专业性不强。而且东京建立了独立的少年司法制度，对此，上海尚处于探索之中。

六、启示与借鉴

综合以上的比较和分析，我们可以看到上海与东京在儿童发展指标体系的各个方面，既有其相同点，也有其不同点，这既与两个都市的相似性有关，又与两个都市所具有的不同的经济发展状况、文化传统、社会心理和人文理念有关，由此导致这两大都市在儿童指标上的侧重点有所不同。比较研究的目的是为了更好地发展，通过比较，我们可以更清楚地了解到上海的儿童发展所处的阶段，已经取得的成绩，以及需要进一步拓展的空间，从而找到未来发展的目标和方向。

（一）儿童健康领域

上海与东京在儿童健康指标体系上既有相同点又有不同点。相同点在于，上海与东京都很注重人口素质和身体健康,因此在指标体系中都涉及各年龄段儿童的死亡率、体格和牙齿等的发育状况。同时,两大都市都很关注儿童的运动能力,都关注如体锻达标率等指标。不同点在于,东京对儿童运动能力的关注度要高于上海,因此,其指标设置要细致很多,如关注儿童身体各部分的运动能力、关注几乎每天做运动的儿童比例、关注乐于参加体育运动的儿童比例等。同时,东京还特别关注儿童的生活习惯,设置了多项关于儿童生活习惯的指标,如早餐的摄取情况、1天的睡眠时间、1天的运动时间等,这些都是密切关系到儿童健康成长的生活习惯,也是目前困扰上海儿童和有儿童的家庭的重要问题,如儿童不吃早餐、睡眠时间不足、运动量不够等。因此,东京在儿童运动能力和儿童生活习惯上的指标设置,值得上海借鉴。

(二)儿童教育领域

上海与东京在儿童教育指标体系上既有相同点又有不同点。相同点在于,上海与东京都很注重对教育基本情况的统计,因此在指标体系中都涉及教育不同阶段的入学率、普及率等。不同点在于,东京的教育指标涉及的范围更广、内容更深,如指标中还包括游泳池设置率、室内运动场设置率等,同时还包括性教育、信息获取能力教育和国际理解能力教育等。这些对现阶段的上海而言,虽然也有所关注,但是要以指标的形式设置并监测评估尚有一定困难。而且,东京还关注到儿童的问题行为,如学校欺负、学校暴力、逃学、辍学等问题,在上海,这些问题虽然也引起了学术界的关注,但是尚未引起政府职能部门的重视,而只有对这些负面问题的重视、了解和深入研究,才能发现问题的根本,才能更有效地推动教育改革,促进儿童发展。

(三)儿童福利领域

与健康和教育领域不同的是,上海的儿童福利指标体系与东京的比较起来,尚存在很大的差距。虽然上海和东京都关注弱势儿童的福利,但是东京关注的范围要广,力度要大。此外,针对普通儿童,东京根据不同年龄段儿童和儿童家庭的需要,设立了比较全面的福利政策,从婴儿的出生,到儿童上学及放学后的问题,直到青春期儿童的心理问题等,相比之下,上海在普惠性儿童福利政策方面还处于刚刚起步的阶段。此外,东京还特别关注儿童虐待问题,配套设置了多

项指标和专门的机构,这些问题上海都未予以足够的重视,更没有配套的政策进行保障。当然,在十二五规划中,儿童福利被作为一个单独的领域提出,本身就体现了上海对儿童福利的重视,标志着上海推进相关福利政策的决心。因此,在未来,需要根据上海儿童发展的实际需要,参考如东京等国际大都市的儿童发展指标,制定出更加详细、为上海儿童和家庭所迫切需要的,更能推进上海儿童发展的福利政策。

(四)儿童环境领域

上海和东京都很注重对儿童友好型环境的建设,因此环境指标的涉及面都比较广,比较全面。如上海和东京都高度重视安全环境,都积极营造健康向上的文化环境。不同之处在于,东京在儿童交通安全方面的政策措施要比上海完善得多、东京注重社会实践,因此设立了儿童职场体验方面的指标,有利于儿童从小关注职业选择问题,有助于成年后对职业的理性选择,同时,东京还注重家庭软环境的建设,这些都值得上海借鉴。

(五)儿童法律保护领域

上海和东京在儿童法律保护体系上,都包括法律保护指标、专门的法律法规条例和儿童保护组织机构三个方面,其中既有相同点又有不同点。上海和东京的法律保护指标都关注未成年人的犯罪问题,但是东京还关注到对青少年罪犯的矫治和支援工作以及少年犯重新走上社会后的社会适应和就学、就业状况。与上海相比,东京的儿童保护法律体系更完善,涉及儿童成长的方方面面,从而为儿童的健康成长提供了细致的法律保障。东京还建立了独立的少年司法制度,上海虽在这方面做了一些探索工作,如少年法庭的建立,推动公检司法未成年人专办机制联动建设,司法系统还在探索建立专门的少年法院等,但一切都还处于过程之中。因此,东京的许多有益的做法,可以为上海提供参考和借鉴。

总而言之,在儿童发展指标上,上海和东京都形成了自己比较完善的指标体系,都是在实践中逐步形成并发展起来,都有各自的特点,体现着自身的社会经济发展状况和文化特点。通过与东京这一国际大都市的比较,我们可以看到上海的儿童发展事业继续努力的方向和空间。但是,上海在借鉴东京的指标时也应考虑到上海自身的情况，不能照抄照搬，只有与自身的发展状况，与自身的实践相结合的指标，才是有生命力的指标，才能够更好地为上海儿童的全面发展提供助力和保障。

主要参考资料

1. 上海儿童发展"十二五"规划。

2. 《国际大都市儿童发展指标比较研究》(第一期成果)。

3. http：//www. toukei. metro. tokyo. jp/gakkou/gk-index. htm

4. http：//www. kyoiku. metro. tokyo. jp/press/pr090305s. htm

5. http：//www. kyoiku. metro. tokyo. jp/press/pr090305s/houkokusyo. pdf

6. http：//www. kyoiku. metro. tokyo. jp/press/pr090806s. htm

7. http：//www. kyoiku. metro. tokyo. jp/press/pr090806s/siryo_all. pdf

8. http：//www. metro. tokyo. jp/INET/CHOUSA/2009/08/60j86201. htm

9. http：//www. seikatubunka. metro. tokyo. jp/shigaku/press/pdf/2009/090806. pdf

10. http：//www. seisyounen-chian. metro. tokyo. jp/seisyounen/01_shisaku_2_1_2. html

11. http：//www. seisyounen-chian. metro. tokyo. jp/seisyounen/01_shisaku_1_2_5. html ♯head

12. http：//www. fukushihoken. metro. tokyo. jp/joho/soshiki/syoushi/kodomokatei/index. html

13. http：//www. Seisyounen-chian. metro. tokyo. jp/seisyounen/01_shisaku_2_1_1. html ♯sec3－1

14. http：//www. fukushihoken. metro. tokyo. jp/kodomo/shisetsu/jidouyuuen/index. html

15. http：//www. fukushihoken. metro. tokyo. jp/kodomo/hoiku/gakudou _ jidoukan/kodomo_plan/index. html

16. http：//www. metro. tokyo. jp/INET/CHOUSA/2008/07/60i7m300. htm

17. http：//www. metro. tokyo. jp/INET/CHOUSA/2008/07/DATA/60i7m300. pdf

18. http：//www. toukei. metro. tokyo. jp/ssihyou/ss-tosi. htm

19. http：//www. seikatubunka. metro. tokyo. jp/

第五章

上海、新加坡儿童发展
指标比较研究

　　新加坡共和国(The Republic of Singapore)是位于马来西亚半岛南端的一个城市型岛国。1965年独立后,新加坡立足本国实际,因地制宜,实行对外开放政策,经济迅速发展,成为亚洲四小龙之一。2008年,新加坡人均国民收入已达34 760美元。在1970～1990年间,新加坡人均GDP年增长率为5.6%;在1990～2008年间,该数据也达到了3.7%。

　　新加坡的发展成就不仅体现在经济领域,在社会领域亦是如此。其中,在儿童发展领域,根据联合国儿基会(UNICEF)等国际组织的统计结果,新加坡多项儿童发展指标位居全球前列。在联合国儿基会"2009年世界各国儿童发展报告"(The State of the World's Children,2009)中,新加坡与安道尔、冰岛、列支敦士登、卢森堡、瑞士在"新生儿死亡率"和"5岁以下儿童死亡率"等指标上均为全球最低国家,并列全球第一。

　　在儿童发展的统计监测方面,新加坡卫生部、教育部、社区发展、青年与体育部等政府部门和相关组织分别从儿童健康、儿童教育、儿童保护和儿童发展环境等领域建立了分类统计。其中,有不少指标与上海相同或者相似,但也有不少统计指标为上海所缺少并具有借鉴意义。本研究将从上述四个维度对新加坡和上海两地进行对比研究。

一、儿童健康指标比较

在新加坡，儿童健康事务主要由卫生部及其直属的健康促进局和卫生科学局组成。卫生部负责对医疗机构实行注册和认证等；卫生科学局主要任务是明智地管理医疗保健，为司法提供服务，保障国家血液供应及保障儿童健康；保健促进局主要任务是帮助儿童关注生理和心理健康，通过开展疾病预防和健康教育工作，提高身体素质，减低患病风险。新加坡实行双轨的医疗保健服务体系，即政府提供非营利性医疗保健服务体系，私人医生提供营利性医疗保健服务。完备的医疗保健体系为新加坡儿童的身心健康提供了坚实的保障。

1. 新加坡儿童健康的统计指标

新加坡政府高度重视儿童的身心健康。根据联合国儿童基金会、新加坡卫生部等政府部门和社会组织对儿童发展的监测统计，新加坡对儿童健康领域的统计指标主要包括如下几类：① 出生率、死亡率：出生率、新生儿死亡率、1 岁以下婴儿死亡率、5 岁以下儿童死亡率、5 岁以下生长迟缓儿童比例、5 岁以下器官萎缩儿童比例，孕产妇死亡率等。② 营养与健康：体重过轻儿童比例、体重严重过轻儿童比例、肥胖率、近视率、HIV/AIDS 感染率、使用洁净水的比例（城市）、使用改良卫生设施的人口比例（城市）。③ 疾病预防：1 岁以下儿童 BCG 疫苗（预防结核性疾病）种植率、DPT1$^\beta$ 和 DPT3$^\beta$ 疫苗种植率（预防百白破疾病）、Polio3 疫苗（预防小儿麻痹症）种植率、Measles 疫苗（预防麻疹）接种率、HepB3 疫苗（预防乙肝）接种率等（联合国儿基会），新生儿 G6PD 缺乏症的发生率等。④ 情绪情感：自述幸福感和生活满意度、寻求精神科辅导的儿童比例、压力或不幸福感的原因[①]。

2. 新加坡、上海儿童健康指标比较

在健康领域，两地的相同指标包括：婴儿死亡率、5 岁以下儿童死亡率、孕产妇死亡率、6 个月以内婴儿母乳喂养率、新生儿甲状腺功能低下筛查率、新生儿

[①] 新加坡政府网："Wellbeing of Children"，http://fcd. ecitizen. gov. sg/NR/rdonlyres/3CBA6CC2 - 6A28 - 4E41 - 8B4A - B42945AC07EF/0/Chpt4. pdf。

G6PD 缺乏症的发生率、计划免疫全程接种率、综合避孕率、孕产妇保健覆盖率、妇幼卫生经费、肥胖率、近视率等。

（1）出生预期寿命

出生预期寿命是衡量人们生命质量的重要标准。就个体而言，由于体质、遗传因素、生活条件等个人差异，会使每个人的寿命长短相差悬殊。但是，更显著的差异体现在社会层面，其影响因素包括：自然条件、社会经济条件、卫生医疗水平等。在这一统计数据上，新加坡的出生预期寿命很高，并呈逐年上升之势。2009 年，新加坡的出生预期寿命为 81.89 岁，名列全球第 4 位。2005～2009 年之间，新加坡的出生预期寿命上升了 0.36 岁，并始终稳居世界前五位。就上海而言，在 2005 年时，与新加坡的差距较大（将近 1.5 岁）。但是，上海的出生预期寿命近年来进步快速，与新加坡的差距逐渐缩小：2005 年两地差值仍为 1.49岁。2009 年时，上海的出生预期寿命达到 81.73 岁，同期与新加坡的差距缩小为 0.25 岁。这充分体现了近年来上海相关工作的成绩。

表 1　新加坡、上海出生预期寿命（岁）

	2005 年	2006 年	2007 年	2008 年	2009 年
新加坡	81.62	81.71	81.8	81.89	81.89
上　海	80.13	80.97	81.08	81.28	81.73
两地差值	1.49	0.74	0.72	0.61	0.25

来源：CIA World Factbook①，上海市卫生局。

（2）婴儿死亡率

婴儿死亡率反映了新生婴儿的存活几率，是儿童健康的基础指标。统计数据显示，2005～2009 年来，新加坡的婴儿死亡率在 2.29‰～2.31‰ 之间波动，变化幅度不大，但是该指标在全球排名靠后，位居 224～219 位。说明新加坡在保障新生儿婴儿健康方面成效显著。与新加坡相比，上海在这方面的差距正在逐渐缩小，进步明显。2006 年，上海的婴儿死亡率为 4.01‰，比新加坡高出 1.72个千分点。但是，到了 2009 年，上海的这一数据已经降至 2.96‰，仅比新加坡高 0.65 个千分点。

---

① http://www.indexmundi.com/singapore/life_expectancy_at_birth.html

表2 新加坡、上海婴儿死亡率(‰)

	2005 年	2006 年	2007 年	2008 年	2009 年
新加坡	2.29	2.29	2.3	2.3	2.31
上 海	3.78	4.01	3	2.96	2.96
两地差值	−1.49	−1.72	−0.7	−0.66	−0.65

来源：CIA World Factbook①，上海市卫生局。

（3）5 岁以下儿童死亡率

在联合国儿基会统计中，新加坡是"5 岁以下儿童死亡率"最低的国家之一，仅为 2.8‰(2008 年)，纵向对比较之 1990 年的 6‰有较大程度的降低。2005 年时，上海 5 岁以下儿童死亡率为 4.58‰，与新加坡相差 1.58‰。在经历了 2006年的小幅反弹之后，上海的 5 岁以下儿童死亡率呈逐年下降之势，在 2008 年将其与新加坡的差距缩小至 0.94‰。

表3 新加坡、上海 5 岁以下儿童死亡率(‰)

	2005 年	2006 年	2007 年	2008 年
新加坡	3	3	2.6	2.8
上 海	4.58	4.9	4.02	3.74
两地差值	−1.58	−1.9	−1.42	−0.94

来源：新加坡统计局，新加坡社区发展、青年与体育部；上海市卫生局。

（4）孕产妇死亡率

根据新加坡社区发展、青年与体育部的统计数据，新加坡 2007 年和 2008 年的孕产妇死亡率依次为 7.6‰和 7.5‰。2003～2008 年间，新加坡综合避孕率为 62%，孕妇生产保健率 100%，孕产妇死亡率为 6%。在 2008 年，女性的预期寿命为男性的 106%。而上海在孕产妇死亡率的控制方面更有成效。这个统计数据在 2006 年、2007 年和 2008 年依次为：8.31‰、6.68‰和 6.91‰。其中，2007 年与 2008 年上海的这一数据均低于新加坡。

---

① http://www.indexmundi.com/singapore/life_expectancy_at_birth.html

表4　新加坡、上海孕产妇死亡率(‰)

	2006 年	2007 年	2008 年
新加坡	—	7.6	7.5
上　海	8.31	6.68	6.91

来源：新加坡统计局，新加坡社区发展、青年与体育部；上海市卫生局。

（5）新生儿死亡率

新加坡在控制新生儿死亡率方面卓有成效。2005～2008 年间，新加坡成功地把新生儿死亡率控制在 1.5‰以下，而同期上海的数据则高出不少。以 2008 年为例，上海为 3.6‰，新加坡仅为 1.37‰，前者高出 2.2 个千分点。

表5　新加坡、上海新生儿死亡率(‰)

	2003 年	2005 年	2006 年	2007 年	2008 年
新加坡	—	1.45	—	1.27	1.37
上　海	3.61	—			3.6

来源：新加坡统计局，新加坡社区发展、青年与体育部；上海市卫生局。

（6）肥胖率

关于儿童肥胖率问题，新加坡统计指标的特征在于其分年龄（年级）以及分性别的细化统计，这为详细分析不同群体的肥胖率差异提供了基础。首先，从年龄（年级）来看，新加坡儿童肥胖率的总体趋势是随着年龄的增长，肥胖率呈上升趋势。这一点是男/女童之间共有的特征。其次，在 2004～2008 年间，对于任何学龄阶段的儿童而言，男童的肥胖率总是高于女童。而且，近年来这种差距有逐渐被拉大的趋势。就上海而言，只有按不同学龄阶段的统计，以2008 年为例，上海小学生的肥胖率为 14.7％，稍低于经折算后新加坡的数据（16.42％）。

（7）视力不良率

视力不良已成为全球各地面临的共同难题，新加坡和上海同样如此。就统计指标而言，新加坡提供了按照性别细分的统计口径。总体而言，在 2004～2008 年间，新加坡女童的视觉不良率始终高于男童。就上海数据而言，中学生的视觉不良率非常高，尤其是高中生达到了 85.1％，面临着严峻的现实。而从

2004～2008 年以来的纵向对比来看，新加坡儿童视力不良率呈总体下降之势（从 58.54% 降到 55.985%）。由此可见，新加坡在控制儿童视力不良率方面值得上海借鉴。

表6　新加坡、上海儿童肥胖率(%)

			2004 年	2005 年	2006 年	2007 年	2008 年
新加坡	男生	小一或相当年龄	11.71	12.31	13.10	12.82	12.83
		小五或相当年龄	—	—	—	—	18.33
		小六或相当年龄	15.87	16.58	18.33	18.28	17.72
	女生	小一或相当年龄	10.77	11.21	12.30	11.49	11.11
		小五或相当年龄	—	—	—	—	12.84
		小六或相当年龄	12.05	12.36	13.25	13.09	12.86
	平均值		12.6	13.115	14.245	13.92	16.42
上海	小学		—	—	—	—	14.7
	中学		—	—	—	—	12.1

来源：新加坡卫生部，Yearbook of Statistics Singapore，2009。

表7　新加坡、上海儿童视力不良率(%)

		2004 年	2005 年	2006 年	2007 年	2008 年
新加坡	中小学男生	55.90	55.62	53.88	53.63	53.80
	中小学女生	61.18	60.65	58.49	57.79	58.17
	平均值	58.54	58.135	56.185	55.71	55.985
上海	小学生	—	—	—	—	32.3
	初中生	—	—	—	—	67.2
	高中生	—	—	—	—	85.1
	平均值	—	—	—	—	61.53

来源：新加坡卫生部，*Yearbook of Statistics Singapore*，2009。

除了如上相同的统计指标之外，新加坡与上海在儿童健康统计指标的设置上还具有不少的区别，主要包括如下几方面：

（1）新生儿疾病筛检：上海设有新生儿苯丙酮尿症筛查率、新生儿甲状腺功能低下筛查率、新生儿听力障碍筛查率指标，而新加坡没有。据报道，上海的新生儿疾病筛查普及率可达 95％以上，基本覆盖所有新生儿[①]，主要的筛查项目包括新生儿遗传代谢性疾病，筛查项目为先天性甲状腺功能减低症、苯丙酮尿症、听力障碍、先天性肾上腺皮质增生症和葡萄糖-6-磷酸脱氢酶缺乏症等。不过，新加坡对幼儿的免疫接种率有详细的统计。据统计，2008 年，新加坡 1 岁以下儿童 BCG 疫苗（预防结核性疾病）种植率为 99％，$DPT1^{\beta}$ 和 $DPT3^{\beta}$ 疫苗种植率（预防百白破疾病）为 98％，polio3 疫苗（预防小儿麻痹症）种植率为 97％，measles 疫苗（预防麻疹）接种率为 95％，HepB3 疫苗（预防乙肝）接种率为 96％。

（2）儿童保健：上海设有 0～6 岁儿童保健管理率、计划免疫全程接种率、孕产妇系统管理率、孕产妇保健覆盖率，新加坡没有。其次，上海设有 15 岁儿童牙周健康人数百分比、中小学生龋齿充填构成比，新加坡亦暂未找到相关统计数据。再次，上海有学校配备专业营养师、中小学生每天不少于一小时体育锻炼时间指标。

（3）生长发育：新加坡设有 5 岁以下生长迟缓儿童比例、低出生体重儿童比例、5 岁以下体重过轻儿童（中重度）比例、5 岁以下中重度生长迟缓儿童比例、5 岁以下中重度器官萎缩儿童比例等指标，但上海没有。数据显示，在 2000～2007 年，新加坡 5 岁以下生长迟缓儿童比例为 2‰，低出生体重儿童比例为 8％，5 岁以下体重过轻儿童（中重度）比例 3％，5 岁以下中重度生长迟缓儿童比例为 4％，5 岁以下中重度器官萎缩儿童比例为 4％。

（4）健康环境：使用洁净水的比例（城市）、使用改良卫生设施的人口比例（城市）等指标，上海没有。据统计，2006 年新加坡使用洁净水的人口比例（城市）与使用改良卫生设施的人口比例（城市）均为 100％。

（5）心理健康的监测与辅导：上海的指标较粗，没有细化指标。而新加坡细分为自述幸福感和生活满意度、寻求精神科辅导的儿童比例、压力或不幸福感的原因等指标。

---

① 李祎：《上海新生儿疾病筛查率达 95％》《东方早报》，2009 年 12 月 3 日第 7 版。

二、儿童教育指标比较

新加坡政府多年来一直奉行"人才立国"战略，高度重视发展教育。为实现这一目标，新加坡政府每年都在教育经费方面大量投资。2005年新加坡教育财政投入为5.2亿新元，占到财政总投入的19.3%和GDP的3.1%。受益于此，新加坡具有良好的教育氛围，国民受教育程度较高。2008年，6～20岁入学率为96.6%，15岁以上人识字率为96.0%。

在新加坡的学前教育体系中，幼教机构主要有两种：一种是幼儿园，主要为3到6岁的幼儿开设，分成启蒙班（Nursery，3～4岁）、幼儿园一年级（K1，4～5岁）以及幼儿园二年级（K2，5～6岁）三个阶段；另一种是托儿所，分全日制和半日制，主要招收18个月或更小的幼儿，同时也招收3岁至6岁的幼儿。此后是小学阶段，小学教育是强制性的（大致对应儿童年龄为7～12岁），在修完4至5年的中学课程后，可选读理工学院（3～5年），或初院或高中（2～3年）。根据《2009年新加坡统计年鉴（教育部分）》，新加坡现有教育机构368个，其中小学174个，中学154个，综合学校（包括正规学校、第六类非正规学校以及合办学校）14个，初院14个。其中，学生总人数为704 117人，教师总人数是38 483人。

1. 新加坡儿童教育及其统计指标

《新加坡统计年鉴》、《新加坡教育统计年鉴》以及联合国儿童基金会对新加坡儿童教育方面的统计指标主要包括：① 教育经费：教育财政投入占财政总投入和GDP的比例。② 入学率：幼儿园入园率、中小学入学率、毛入学率、净入学率、平均入学年龄、重修率、辍学率等。③ 教育机构：各类学校数、在读学生数、在职教工人数、班级数及班级规模、中小学师生比、教师学历水平（《2009年新加坡教育统计文摘》）。④ 学生资质：识字率、小学毕业会考通过率等。

2. 新加坡、上海儿童教育指标比较

在教育领域，两地的相同指标包括：幼儿园入学率、中小学入学率、义务教育普及率、教师学历水平、中小学师生比、特殊群体的教育统计等指标。其不同点在于：① 教育经费：新加坡重视对教育经费的统计，设置了教育财政投入占财政总投入和 GDP 的比例等指标。② 义务教育：两地虽然都有类似于义务教育普及率的指标，但是其统计年限是不一样的。③ 入学率：除和上海相同的入学率指标外，新加坡还增设了重修率、辍学率。④ 教师性别：上海设有小学男教师比例，而新加坡暂无。⑤ 特殊群体的教育：上海设有扩大公办学校接受进城务工人员子女就读比重统计指标，新加坡无。在保障处境不利儿童享有公平的教育权方面，上海统计指标较粗，而新加坡设有较为细致的统计口径。⑥ 家庭教育：上海设有 0～18 岁儿童家长接受家庭教育指导率，新加坡暂无。⑦ 其他：新加坡设有识字率、毕业会考通过率等指标，上海暂无。

(1) 学前教育入园率、中小学入学率

新加坡没有义务教育这个概念，但是由于就读成本低，所以实质上是没有义务教育的义务教育。这里只能获得 2001～2005 年的部分数据。2001 年，新加坡幼儿园毛入园率为 50.5%，其中男童与女童之间存在较大差异，女童入园率明显低于男童。不过，这种性别差异在小学与中学阶段则不再存在，这两个阶段的毛入学率分别为 77.9% 和 63.2%。

表 8　新加坡儿童入园(所)/入学率(%)

		合　计	男　性	女　性
毛入园/学率	幼儿园毛入园率(2001 年)	50.5	66.4	33.5
	小学毛入学率(2005 年)	77.9	78.0	77.8
	中学毛入学率(2005 年)	63.2	62.4	64.0
净入学率	小学净入学率(2002 年)	76.9	76.8	77.0
	中学净入学率(2002 年)	64.4	63.7	65.1

来源：联合国儿基会，《教育统计：新加坡》①。

根据 2005～2008 年的统计数据，上海的儿童入园/入学率明显高于新加坡。在 3～5 岁儿童入园(所)率方面，上海的数据从 2006 年的 95.1% 上升到了 2008 年的 98%。在九年义务教育普及率方面，上海长期维持在 99.9%。而高中阶段教育入学率也一直保持在 97% 以上。

---

① http://www.childinfo.org/files/IND_Singapore.pdf

表 9　上海儿童入园(所)/入学率(%)

	2005 年	2006 年	2007 年	2008 年
3～5 岁儿童入园(所)率	—	95.1	96.7	98.0
九年义务教育普及率	99.9	99.9	99.9	99.9
高中阶段教育入学率	97.0	99.0	98.0	97.0

来源:《上海儿童发展"十一五"规划评估》。

（2）生均教育经费

生均教育经费是衡量某一国家或地区教育资源的重要指标。由表 10 可见，2008 年，新加坡政府对教育的经常性支出生均经费在小学、初中、初级学院或高级中学、工艺教育学院与理工学院各个阶段的数据分别为 5 306 美元、7 456 美元、12 066 美元、10 834 美元、13 260 美元。

表 10　新加坡政府对教育的经常性支出生均经费(2008 年,美元)

	小学	初中	初级学院或高级中学	工艺教育学院	理工学院
教育经费	5 306	7 456	12 066	10 834	13 260

来源:2009 年新加坡统计报告。

表 11 则显示，在小学和初中阶段，上海儿童的生均教育经费分别为 13 016.14 和 15 473.62 元。将其折算成美元可以发现，上海在这一指标上与新加坡存在较大差距。而且，这种差距在初中以后的教育阶段则被拉得更加悬殊。

表 11　上海儿童生均教育经费(元)

	上海（2007 年）	上海（2008 年）
小学	11 498.99	13 016.14
初中	13 122.69	15 473.62
高中	11 498.63	14 964.98
中职	8 887.02	10 078.47
高职	12 453.98	15 349.20

来源:教育部、国家统计局、财政部,《2008 年全国教育经费执行情况统计表》①。

---

①　http://gfb.sjtu.edu.cn/zcdx_read.jsp?id=45,2009 年 11 月 10 日。

（3）生均教育经费指数

新加坡政府承诺向所有新加坡人提供平等获得优质教育的机会。为实现这一目标，新加坡政府每年都在教育方面大量投资。如，2005年政府在教育方面的投入占国内生产总值的3.1%（即52亿美元）。从教育经费所占财政预算比例来看，新加坡2005年的数据是19.3%。

表12　新加坡教育经费占财政支出比例（美元）

2005 年		
总额	占财政预算比例	占 GDP 比重
52 亿	19.3%	3.1%

就上海而言，2008年的教育经费总额为358.86亿元，预算内教育经费占财政支出比例为13.83%，这一数据较之2007年有一定下降。总体而言，上海的生均教育经费指数与新加坡仍有一定差距。这在一定程度上也是制约上海儿童教育事业发展的瓶颈之一。

表13　上海教育经费占财政支出比例

预算内教育经费（亿元）			预算内教育经费占财政支出比例（%）		
2007 年	2008 年	增长比例（%）	2007 年	2008 年	增减比例
318.21	358.86	12.77	14.59	13.83	−0.76

来源：教育部、国家统计局、财政部，《2008年全国教育经费执行情况统计表》①。

（4）生师比

由表14可见，2008年，新加坡小学生师比为21.4%，中学生师比为17.9%。不过，在2004～2008年间，新加坡小学生师比下降了2.9个百分点，中学生师比也下降了1.1个百分点。

表14　新加坡中小学生师比（%）

	2004 年	2005 年	2006 年	2007 年	2008 年
小　学	24.3	23.5	22.6	22.1	21.4
中　学	19.0	18.5	18.4	18.3	17.9

来源：《新加坡教育统计摘要2009》。

---

① http://gfb.sjtu.edu.cn/zcdx_read.jsp?id=45，2009年11月10日。

在上海中小学生师比数据中,最高的阶段是普通中专,达到 24.88%;在小学、初中、高中三个阶段上,其生师比分别为 13.87%、12.80% 和 12.76%。这些数据均低于新加坡。

表 15　上海中小学生师比(%)

	小学	初中	普通高中	职业高中	普通中专
2007	13.87	12.80	12.76	18.63	24.88

来源:《中国教育年鉴 2008》,《中国教育年鉴 2007》。

(5)男教师比

男教师比是反映中小学校教师性别结构的重要指标。男性角色的影响对成长早期的儿童(尤其是小学生)有着至关重要的作用。统计显示,在小学阶段,新加坡男教师比一直维持在 17.0%～19.0% 之间,而上海则始终高于 21%。由此可见,至少在小学阶段,上海的男教师比例要高于新加坡。在中学阶段,新加坡的男教师比达到了 33.0%～34.9%,较之小学明显更高。但是,上海缺乏中学阶段的男教师比统计口径。

表 16　新加坡、上海中小学男教师比(%)

		2005 年	2006 年	2007 年	2008 年
新加坡	小　学	17.0	—	19.0	19.0
	中　学	34.9	—	34.0	33.0
上　海	小　学	22.0	21.7	21.2	21.2
	中　学	—			

来源：UNESCO Institute for Statistics, Data Centre[①];上海儿童"十一五"监测评估。

(6)受专业训练教师比例

受专业训练教师比例是衡量教师素质的重要指标。根据联合国儿基会和上海儿童"十一五"监测评估的数据可见,无论是在小学还是在中学,新加坡受专业训练的教师比例都要稍高于上海。

---

① http://stats.uis.unesco.org/unesco/ReportFolders/ReportFolders.aspx,2008 年 1 月。

表 17　新加坡、上海中小学受专业训练教师比例(%)

2007 年		2008 年	
新加坡	小　学	96	97
	中　学	94.7	97.3
上　海	小　学	89.9	91.5
	中　学	93	94.8

来源：UNESCO Institute for Statistics，Data Centre①；上海儿童"十一五"监测评估。

三、儿童保护指标比较

新加坡的儿童保护事业始于 1927 年的《儿童条例》(*Children's Ordinance*)，其目的在于保护儿童免受虐待。1946 年，新加坡社会福利署成立，开始着手制定关于儿童保护的各项社会政策。1949 年，《儿童和青少年条例》(*Children and Young Persons Ordinance*)颁布实施，从而形成了当前新加坡儿童保护的基本框架。时至今日，新加坡社区发展、青年与体育部(MCYS)成为保护 16 岁以下少儿免受虐待与疏忽等不当人身遭遇的责任部门，其主要的法律是《儿童与青少年条例》以及《儿童与青年法》(*Children and Young Persons Act*)。1996 年，新加坡政府设置"儿童虐待保护工作小组"(CAPT)，借此宣示跨领域、跨层级的儿童保护机制，从而吻合"儿童最佳利益"(the best interest of the child)的终极价值。

1. 新加坡儿童保护及其统计指标

当前，新加坡关于儿童保护的指标主要包括：出生人口性别比，儿童自杀率，15 岁至 19 岁少女的堕胎率，青少年违法犯罪率，无父母看管儿童数，儿童虐待案例分类统计(身体虐待、性侵犯、身体忽视和情绪暴力)，儿童虐待受害者信息统计(年龄、家庭背景、经济水平等)，儿童虐待报案率、儿童虐待报案方式统计，儿童虐待案件处理与安置信息统计。

① http://stats.uis.unesco.org/unesco/ReportFolders/ReportFolders.aspx，2008 年 1 月。

2. 新加坡、上海儿童保护指标比较

在儿童保护领域,两地的相同指标包括:出生人口性别比、未成年人犯罪率、儿童法律援助处理率等指标。但是,新加坡在此领域的统计指标做了更多细分,比如,在涉及儿童虐待的案件统计中,新加坡就设立了儿童虐待案例分类统计(身体虐待、性侵犯、身体忽视和情绪暴力),儿童虐待受害者信息统计(年龄、家庭背景、经济水平),儿童虐待报案率,儿童虐待案件处理与安置统计等多项指标。此外,青少年自杀率,15 岁至 19 岁少女的堕胎率以及儿童忽视统计等也是重要的指标。上海设有"儿童每天享有自主支配闲暇时间"指标,在确保儿童休闲活动时间上比较重视。此外,上海还很重视严格控制非医学需要利用技术手段为孕妇做胎儿性别鉴定。

(1) 未成年人犯罪率

未成年人犯罪率是衡量儿童发展的重要指标。新加坡的统计数据是以涉案人数为统计口径的。2008 年,7～15 少年犯(被逮捕)为 1 701 人,7～19 青少年犯罪(被逮捕)为 3 854 人,估计 15～19 岁年龄段的犯罪人数大约为 2 153 人。根据《2009 年新加坡统计年鉴》,2008 年新加坡 0～4 岁儿童 19.39 万人,5～9 岁儿童共 22.36 万人,10～14 岁儿童共 25.38 万人,15～19 岁青少年共 26.29 万人,故 19 岁以下儿童人数合计为 93.42 万人。折合 15～19 岁未成年人犯罪率约为 23/‰。

表 18 新加坡未成年犯罪统计数据

	人　　数
7～15 少年犯(被逮捕)	1 701(2008 年)
7～19 青少年犯罪(被逮捕)	3 854(2008 年)
新增缓刑处置青少年(7～15 岁)	346(2008 年)

来源:新加坡社区发展、青年和体育部:《Singapore Social Statistics In Brief 2009》。

上海对这一指标的定义是:指某地年内被区(县)法定罪判刑的、户籍地为本市(15～17 岁)未成年人罪犯占该地不满十八周岁未成年人口总数的比重。据此,上海 2005～2008 年的未成年人犯罪率依次为:9.6‰、10.8‰、12.1‰、10.2‰。考虑到计算的年龄群体不尽一致,故新加坡与上海在该指标上不具有完全的可比性。但总体而言,上海在降低未成年人犯罪率方面已见成效。

表 19 上海未成年人犯罪率(1/‰)

2005 年	2006 年	2007 年	2008 年
9.6	10.8	12.1	10.2

来源：上海儿童"十一五"监测评估。

（2）少女怀孕

少女怀孕是一个世界性的难题。据联合国 2001 年的报道，世界上每年有 1.32 亿婴儿出生，其中 1 400 万为少女母亲所生，约占 10.6%。而新加坡的这一数据为 3.5%。进一步分析显示，在所有结婚的女性中，20 岁以下的占了 5.1%。但是，这依然是一个足够引起充分重视的结果。

表 20 新加坡少女怀孕数据

20 岁及以下新娘比例	5.1%（2005 年）
少女怀孕占女性总数比例（10～19 岁）	3.5%（2005 年）

来源：新加坡社区发展、青年和体育部：*Progress of the malay community in Singapore, since 1980*

相比之下，上海目前暂无相关的权威数据。不过，根据 2004 年 1～6 月间在上海市国际和平妇幼保健院要求终止妊娠的少女（10～19 岁）的调查显示：这些少女妊娠女孩平均年龄为（17.57±1.21）岁，20.0% 来自中学，36.5% 来自中专和职校[①]。另外，上海"少女意外怀孕求助热线 65876866"在 2005～2009 4 年间共接到咨询电话 39 000 余通，救助少女已超过 2 600 人次。这说明，少女怀孕问题在上海也是不容忽视的社会问题之一。

（3）青少年吸毒率

2005 年，新加坡 15～29 岁青少年吸毒率达到 6.1/万人。从上海来看，2008 年，上海 32 934 名吸毒人员中，青少年成为主要受害人群，吸食新型毒品人群中 35 岁以下青少年占 75% 以上。此外，女性吸毒人员呈上升趋势；18 岁以下未成年吸毒人群中，女性的比例甚至超过男性。

表 21 新加坡青少年吸毒数据

15～29 岁青少年吸毒（2005 年）	6.1（每万人）

来源：新加坡社区发展、青年和体育部：*Progress of the malay community in Singapore, since 1980*。

---

① 许洁霜等：《上海市妊娠少女性与避孕知识及行为的调查》，《中国妇幼保健》2005 年第 10 期。

（4）儿童虐待及父母看护缺失人数

根据世界卫生组织的定义,儿童虐待是指对儿童有义务抚养、监管及有操作权的人做出的足以对儿童的健康、生存、生长发育及尊严造成实际的或潜在的伤害行为,包括各种形式的躯体和情感虐待、性虐待、忽视及对其进行经济性剥削。从统计数据看,2008年,新加坡受调查的儿童虐待案件数为176件,与1999年的190件和2003年的205件相比,都有明显下降。2008年,新加坡父母看护缺失的儿童数新增121人,这个数据比1999年(111人)稍高,但较之2003年的164人有明显下降。统计分析显示,13～14岁是儿童父母看护缺失的高发期[①]。

表22　新加坡儿童虐待数据　　　　　　　　　　　单位：人

儿童虐待案件数（受调查）	190（1999年）
	205（2003年）
	176（2008年）
父母看护缺失的儿童数（新增）	111（1999年）
	164（2003年）
	121（2008年）

来源：新加坡社区发展、青年和体育部：*Progress of the malay community in Singapore*, *since 1980*, *Singapore Social Statistics In Brief 2009*。

上海目前缺乏相关的统计口径。但是,相关研究表明,儿童虐待在上海是一个不容忽视的问题。这与中国特殊的家庭文化有关。比如,1998年时,在中韩两国4～6年级学生经历暴力的跨文化研究就显示,上海小学生在过去一年里被教师体罚的发生率为51.1%[②]。2005年至2008年,在上海市妇联系统信访接待中,家庭暴力投诉分别为2 848例、2 045例、1 501例和1 418例,其中儿童就是重要的受害者之一。

（5）儿童保护机构数

儿童保护机构及其容纳能力是衡量一个地区保护儿童实际能力的重要指标。2008年,新加坡儿童保护中心数共749个,可容纳人数63 852人,实际加入人数52 945人（加入率为83%）。上海从事儿童工作的政府部门和群团组织不

---

①　新加坡政府网："Wellbeing of Children", http://fcd. ecitizen. gov. sg/NR/rdonlyres/3CBA6CC2－6A28－4E41－8B4A－B42945AC07EF/0/Chpt4. pdf

②　玄吉龙等：《中韩儿童经历暴力发生的跨文化研究》,《中华实用中西医杂志》2004年第4期。

少,如各级妇儿工委、青保办、妇联、团委、少工委等,但仍缺乏受虐待和忽视儿童的收留保护机构,这需要在未来进一步努力。

表 23　新加坡儿童保护机构数据

儿童保护中心数	749(2008 年)
儿童保护中心可接纳人数	63 852(2008 年)
儿童保护中心加入人数	52 945(2008 年)
儿童保护中心加入率	83.0%(2008 年)

来源:新加坡社区发展、青年和体育部: *Progress of the malay community in Singapore, since 1980, Singapore Social Statistics In Brief 2009*。

四、儿童发展环境指标比较

新加坡是世界生活水平最高的城市之一,拥有现代化社会的一切生活便利,包括高品质的住房、现代化的娱乐设施、世界级的教育、保健和交通运输设施等,为儿童的健康全面成长提供了优质的环境。

1. 新加坡儿童发展环境及其统计指标

关于儿童发展环境的统计指标,新加坡主要包括如下几类:① 家庭环境:家庭结构分类,家庭幸福感评价、亲子关系亲密度评价,亲子沟通满意度评价以及 0～17 岁孤儿比例等一些具体指标。② 文化与娱乐环境:(收费)电视用户数,电影院数及其座位容量和上座率,广播电视周转播时间,图书馆会员数、藏书量及借阅量,报纸数,名胜古迹游客量,体育运动场所及其使用率,体育和文化艺术课程数,演艺团体和公司数量等。③ 社会福利组织:草根组织数量,志愿者和志愿者服务组织数量,儿童中心年度护理人次,公共援助服务人次,家庭服务中心数[①]。

2. 新加坡、上海儿童发展环境指标比较

在儿童发展环境领域,两地有一些相同或者类似的指标,比如电影院上座率、体育运动场所使用率、孤残儿童家庭寄养人数等。但是,两地同时也具有较大的不同:① 物理环境:上海设立儿童食品、用品和玩具质量抽查不合格的本

[①]　《2009 年新加坡统计年鉴·文化与娱乐部分》。

市企业整改复查合格率,大型游乐设施定检率,学校、儿童活动场所进出口处交通标识设置率,学校、儿童活动场所装修应达到绿色环保标准,强调社会环境中儿童食品、用品和游乐场所对儿童的安全性。② 家庭环境:新加坡重视家庭对儿童成长的环境影响力,设有家庭信息统计、家庭幸福感评价、亲子关系亲密度评价、亲子沟通满意度评价等指标。③ 社区服务:新加坡设有草根组织数量,志愿者和志愿者服务组织数量,儿童中心年度护理人次,公共援助服务人次,家庭服务中心数。④ 特殊儿童:上海设有孤残儿童家庭寄养人数、残疾儿童配套康复设施数等,并对 5 岁以下儿童意外死亡率(户籍人口)进行统计。此外,上海重视推动儿童专用药品的研发,并设立了相关统计指标。

(1) 影视

根据新加坡统计年鉴,2005～2008 年以来,新加坡的电视台、电影院及其座位数保持了基本稳定,广播个数、电视授权和付费电视用户数、电影观众数均有不同程度的上升。其中,电视授权个数在十年之间由 2 828 000 个增至 2 856 000 个,付费电视用户数由 144 000 个增至 583 000 个,而电影观众则从 16 397 000 个增长到 19 058 000 个。另据统计,2007 年,新加坡 15～24 岁男女青年识字率均为 100%,手机使用率为 134%,因特网使用率为 68%。

上海的相关统计口径要少很多,主要集中在关于儿童故事片和儿童电视剧的统计。其中,前者自 2005 年以来一直保持每年 1 部,后者从 2005 年的 2 部上升到 2008 年的 5 部。

表 24　新加坡影视服务信息

	1998 年	2003 年	2004 年	2005 年	2006 年	2007 年	2008 年
电视台(每周播报时间,小时)	483	1 015	1 020	888	888	886	885
广播(每周播报时间,小时)	2 828	2 576	2 576	2 744	2 744	2 744	2 856
电视授权(千)	704	855	876	890	888	934	965
付费电视用户(千)	144	380	412	448	487	531	583
电影院(个)	147	147	147	146	167	175	174
电影院座位(千)	46	38	38	36	38	40	37
电影观众(千)	16 397	14 644	15 877	15 084	15 588	17 956	19 058

来源:《2009 年新加坡统计年鉴(文化与娱乐)》。

（2）图书

据新加坡国立图书馆的统计数据显示，2008 年，图书馆藏书量为 823.2 万册，会员为 198.5 万，其中 13 岁以下读者 31.59 万，该群体的图书借阅量为 778.27 万人次。但是，值得注意的是，近年来，13 岁以下读者的借阅量明显下降。

在上海，中小学图书馆纸质图书总量达到 3 900 万册，校均 2 956 册，师生人均达到 31.8 册，电子读物等拥有量达到 78 万余件。图书馆师生纸质书刊阅览座位总数达到 13.9 万座，校均 97.4 座，百生拥有座位达 10.6 座①。2006～2008年，上海在"社区儿童活动场所或儿童图书室的配备率"连续三年达到了 80% 的目标值。因此，上海在满足儿童图书需求方面已取得较大成绩。

表 25　新加坡国立图书馆会员、借阅量信息（千）

	1998 年	2003 年	2004 年	2005 年	2006 年	2007 年	2008 年
会员数	1 559.8	2 192.6	1 813.8	1 924.0	1 909.5	1 948.8	1 985.0
≥13 岁会员人数	1 268.9	1 886.2	1 561.2	1 676.0	1 623.8	1 622.9	1 669.1
13 岁以下会员人数	290.9	306.4	252.5	248.0	285.7	325.9	315.9
藏书量	5 162.7	7 821.0	7 855.6	7 980.0	8 083.0	8 219.0	8 232.0
借阅量	23 323.1	34 889.9	26 371.6	27 743.1	28 563.5	28 768.7	27 816.0
≥13 岁读者的借阅量	11 852.8	23 594.3	18 132.4	19 004.0	19 845.9	20 295.1	20 033.3
13 岁以下读者的借阅量	11 470.3	11 295.6	8 239.2	8 739.1	8 717.6	8 473.5	7 782.7

来源：《2009 年新加坡统计年鉴（文化与娱乐）》。

（3）社会福利组织

社会组织对于确保儿童社会福利具有至关重要的作用。新加坡的社会福利组织有很多，主要针对的是各种社会弱势群体，如老人、失业人员、丧偶女性以及

---

① 吕星宇、占盛丽，《上海市中小学图书馆建设的问题与对策——兼论国外中小学图书馆的建设经验》，《上海教育科研》2010 年第 1 期。

儿童。2008 年,新加坡针对离异女性和孤儿的社会福利组织为 20 个,针对丧偶女性和 12 岁以下儿童的组织为 3 个,这两个数据与 1998 年相比均有明显下降。

上海也有"各级儿童福利机构基本情况"统计,具体项目包括:地区、儿童福利机构数、儿童福利机构床位数、被社会福利机构收养的儿童人数(女童)、孤残儿童家庭寄养人数(女童)等。

表 26　新加坡社会福利组织信息(按服务对象)　　　　(单位:个)

	1998 年	2003 年	2004 年	2005 年	2006 年	2007 年	2008 年
合计	2 070	2 551	2 714	2 772	2 772	2 754	2 714
离异女性/孤儿	63	31	35	33	25	23	20
丧偶女性/12 岁以下儿童	23	8	10	7	7	7	3

来源:《2009 年新加坡统计年鉴(文化与娱乐)》。

五、新加坡儿童发展指标及其对上海的启示

其一,对儿童健康指标的启示

在心理健康领域,上海只提出"加强儿童心理健康的监测与辅导"的目标,交由教委评估,并没有具体细化的测评指标。这需要上海在日后进一步加以细化。新加坡采用的指标包括自述幸福感和生活满意度、寻求精神科辅导的儿童比例、压力或不幸福感的原因等。这些指标对上海具有一定启发性。其二,上海可增设儿童使用改良饮用水的比例、使用改良卫生设施的人口比例等指标,这对促进儿童健康成长有着重要的意义。其三,需要进一步加强对生长发育不利儿童的细化统计指标,与流行病学统计结合起来。目前上海相关的统计指标限于新生儿甲状腺功能低下筛查率、新生儿 G6PD 缺乏症等的发生率,可参照国际通行的医疗检测技术,对半乳糖血症、枫糖尿症、高胱胺酸尿症、先天性肾上腺增生症等疾病的患情进行细化的统计。其四,建议增加分性别和年龄(年级)的健康统计指标。比如新加坡关于儿童肥胖率的性别统计指标,就显示出了不同性别、不同年龄(年级)儿童的差异。在视力不良率的统计指标方面也是如此。

其二,对儿童教育指标的启示

在教育领域,对于幼儿园、中小学而言,不仅要统计其入学(园)率,还建议像新加坡一样统计其重修率、辍学率以及识字率、毕业会考通过率等指标,以更加细化地考察教育质量。在处境不利儿童享受公平、高质教育资源方面,上海目前只统计了进城务工人员子女,对于其他弱势群体也需要加以关注,比如对盲、聋儿童初中毕业、高中毕业升学率的统计。又如,上海可统计贫困学生比例,建立低保家庭子女的数据统计信息,为政府资助提供参考依据,加强学校教育的公平性。此外,要引进学生对学校教育的评价指标,切实从受众角度全面、客观地评价上海教育质量,并推动其不断提高。最后,很关键的一点是增加儿童教育的分性别统计指标,可以深入考察性别平等进展。对男教师比的统计指标,也应该像新加坡一样将其延伸到中学阶段,而不仅仅是小学阶段。

其三,对儿童保护指标的启示

在儿童保护方面,上海可根据儿童保护的实际情况,制定内容细致、针对性强的法律法规,同时要加强对法律法规的修订,即增加与儿童相关的法律修改、制定内容的指标,切实做好对一般儿童福利的保护。此外,还要加快制度创新,在惩治教育违法犯罪少年和其他不良少年的同时,做到其合法权益不受侵害。在统计指标方面,上海可借鉴新加坡对儿童虐待案件进行细分统计,可包括其类型、受害者信息统计、报案率、处理与安置等指标。这种统计还应该进一步延伸至其他方面,比如针对儿童的性侵犯、身体忽视乃至情绪暴力,从而确保儿童不仅在身体、同时也在心理和情绪等方面得到全面有效的保护。最后,对于儿童自身造成的"伤害",也需要多加关注,比如自杀、少女堕胎等,需要增设相应的统计指标。

其四,对儿童发展环境指标的启示

在儿童发展环境指标方面,上海尤其需要重视家庭环境以及社区和自愿者服务对儿童发展的重要性,并增设相应指标。上海可借鉴新加坡经验,通过设置儿童的家庭幸福感评价、亲子关系亲密度评价、亲子沟通满意度评价等指标来考察家庭因素的影响力,通过增加志愿者服务信息、社区服务信息、公共援助信息来将社区和自愿者服务的影响纳入统计指标。此外,上海可进一步丰富本土的发展指标,如增设儿童交通安全指标,加强儿童文化建设指标的操作性、增设儿童公共福利方面的指标。

第六章

上海、香港儿童发展
指标比较研究

上海和香港有许多共同的社会经济文化背景。香港儿童发展指标建设的经验，对于上海儿童发展事业具有重要参考价值。本文的目的是希望通过对沪港两地儿童发展指标与发展水平的比较，明确上海儿童发展指标与儿童事业发展的现状，并进一步探讨建构更加适当的儿童发展指标推动上海儿童事业发展。

2010 年，香港现有人口 706.78 万。其中，14 岁以下儿童占总人口 12.1%，少年儿童抚养比率（15 岁以下人口数目相对每千名 15～64 岁人口的比率）162‰（香港政府统计处，2011）。为了促进儿童发展，特区政府虽有多个部门从事与儿童相关的工作，但却没有一个专门的部门专责处理儿童事务，甚至也没有如上海市妇女儿童工作委员会这样一个关于儿童发展的常设议事协调机构。在各部门各负其责的工作进程中，人们很难有效监测到儿童的生存权、发展权、受保护权等各项权利实现的整体状况及其全面发展的状况。从我们掌握的资料看，香港政府尚无一套关于儿童发展的指标体系去全面监测儿童的发展状况。本研究涉及的香港儿童发展指标及相关数据，来自于特区政府教育统筹局、卫生署、社会福利署、保安局等相关部门每年发布的关于儿童发展特定方向的统计结果，以及政府统计处提供的关于香港儿童人口的总体状况的报告。这些统计报告，最主要集中在儿童健康、儿童教育、儿童福利服务与儿童发展环境等方面。关于上海儿童发展的指标及相关数据，大多取自上海市妇女儿童工作委员会发布的"十一五"与"十二五"儿童发展指标体系及监测报告以及上海教育、卫生等政府职能部门发布的关于儿童发展的统计报告。

一、儿童健康指标比较

根据世界卫生组织的定义,健康至少包括生理健康与心理健康等方面。从香港特区政府公布的资料看,香港对儿童健康有详细的统计报告。在儿童生理健康方面,香港卫生署公布的统计数据详细而丰富。例如,卫生署不但公布了5岁以下儿童死亡率、儿童意外死亡率、新生儿死亡率等国际通用的基本指标,更报告了因疾病、意外、交通、自杀等原因而死亡儿童的详细数据,每年定期公开各年龄段死亡儿童的死因;在新生儿死亡率方面,卫生署也进一步细分了早期新生儿死亡率、晚期新生儿死亡率和新生儿后期死亡率(香港卫生署,2011)。这种"细分",也体现在香港有关部门定期公布的关于儿童身体健康的其他更微观的统计结果中。如新出生婴儿体重偏低与偏高比率、儿童超重超轻比率、学童牙科保健、脊椎健康、住院情况、患病情况、运动习惯、母乳喂哺婴儿比例等。这些指标对儿童的生理健康具有高度的敏感性与代表性,关于它们的统计监测有利于引导社会力量更好地关注儿童的健康。在儿童心理健康的监测方面,香港也已开始了实践。它们常用小学生怀疑自尊心偏低的比率、在医管局辖下医院(精神科)专科门诊的0~14岁到诊人数以及儿童自杀数等指标来监测。前者需要用量表测量,后两者则是客观统计的结果(香港小童群益会,2007)。

表1呈现了沪港两地用以统计监测儿童健康的主要指标。从中可见,第一,两地儿童健康发展的可比性指标较少,主要包括婴儿死亡率、5岁以下婴儿死亡率、新生儿死亡率、中小学生肥胖检出率、婴儿母乳喂养率等。第二,香港儿童健康指标较多地关注儿童的疾病与儿童发展问题。在表1展示的香港24个儿童健康指标中,属于问题性的负面指标达22个,占91.7%;而上海的18个指标中,反映儿童健康问题的指标只有8个,占44.4%。第三,和香港的指标比,上海儿童健康指标更多地关注过程与投入,而不是结果。上海的18个指标中有10个属于过程性指标,香港只有1个。第四,香港各界对儿童心理健康高度关注,已经在严密监控三个可测指标,但是,上海关于儿童心理健康的监测指标还没有建立起来。

表 1　沪港儿童发展指标比较

指标领域		具体监测指标	
		香　　港	上　　海
生理健康	婴儿死亡率	婴儿死亡率 5 岁以下儿童死亡率 新生儿死亡率 早期新生儿死亡率 晚期新生儿死亡率 新生儿后期死亡率	婴儿死亡率 5 岁以下儿童死亡率
	儿童生长与发育	新出生体重在 2.5 公斤以下的婴儿比例 新出生体重在 1.5 公斤以下的婴儿比例 新出生体重在 4.0 公斤以上的婴儿比例 达到良好牙齿健康状况的比例 小学生肥胖检出率 中学生肥胖检出率 儿童近视率 小学生身高体重比例过高和过低的比率 中学生身高体重比例过高和过低的比率 小学生脊柱弯侧的甄别率 中学生脊柱弯侧的甄别率 患有需长期复诊的疾病的 15 岁以下人士数目及比率 住院情况：15 岁以下人士于医管局辖下医院（住院服务）的出院人数 死亡情况：0～14 儿童因疾病而死亡的人数 4 个月内婴儿母乳喂养率	15 岁儿童牙周健康人数百分比 儿童龋齿充填构成比 小学生肥胖检出率 中学生肥胖检出率 中小学生视力不良新发病率 中小学生每天不少于一小时体育锻炼时间 计划免疫全程接种率 0～6 岁儿童保健管理率 学校配备专业营养师 孕产妇系统管理率 孕产妇保健覆盖率 妇幼卫生经费 4 个月内婴儿母乳喂养率
心理健康		小学生自尊心偏低的比例 在医管局辖下医院（精神科）专科门诊的 0～14 岁到诊人数 死于自杀的儿童人数	—

从两地共同可比的指标看，上海儿童的健康水平，特别是婴儿健康水平落后于香港。从表 2 可见，2008 年上海的婴儿死亡率为 2.96‰，但同比在香港只有 1.8‰；上海的 5 岁以下儿童死亡率为 3.74‰，香港同期同比只有 0.7‰；新生儿死亡率方面，上海的相对情况同样不容人乐观。不过，在一般盛行于发达国家和地区的儿童肥胖问题方面，上海的情况优于香港。2008 年，上海中、小学生肥胖检出率分别为 14.7％和 12.1％，但同比在香港则分别达到 21.3％和 17.0％。

从表2同样可见,4个月内婴儿母乳喂养率方面,上海的情况也显著好于香港。此外,两地不约而同地关注儿童的牙齿健康、近视等问题。不过,在这些方面,沪港两地所用的监测指标并不相同,不具有可比性。

表2　沪港儿童健康水平比较

	香港(2008年)	上海(2008年)
婴儿死亡率	1.8‰	2.96‰
5岁以下儿童死亡率	0.7‰	3.74‰
新生儿死亡率	1‰	3.6‰
小学生肥胖检出率	21.30%	14.70%
中学生肥胖检出率	17%	12.10%
4个月内婴儿母乳喂养率	30%(2006年)	85%

数据来源:《香港卫生署年报2009～2010》、《〈上海儿童发展"十一五"发展规划〉实施情况》

二、儿童教育指标比较

由于童年被广泛看作是用以接受教育进而完成社会化的阶段,儿童的教育状况是关于儿童发展状况的最重要主题。香港教育统筹局在每年的年报中都公布有大量的关于儿童教育的统计调查结果。它们的调查指标,不仅包括有关于教育投入的过程性指标(如生均教育经费、教育投入占GDP的比重、在各级各类学校学生数、教师的专业情况等),也有关于教育产出的结果性指标(中学会考成绩、儿童的阅读数学等各科的成绩等);不仅有正向指标,也有诸如辍学率(未完成中学三年级就辍学的学生人数占6～15岁儿童的百分比)这样的负性指标。

表3集中展现了沪港两地儿童教育的主要指标。从中可见,两地教育指标具有高度的相似性和可比性。两地对政府教育开支、教师资历、生师比、入学率、特殊教育等都表现出高度的关注,相关监测指标的统计口径也较相似。从表3我们也能清楚看到两地在儿童教育指标方面的细微差异:

首先,香港的指标不仅关注儿童受教育的机会(如入学率与升学率),也关注儿童受教育的结果。它对于儿童的数学与科学能力、阅读能力以及考试成绩予以高度关注。为了更好地监测儿童的数学与科学能力,香港教育部门定期监测小学四年级学生的数学运算能力、初中二年级学生的数学运算能力及小学四年级学生与初中二年级学生的科学能力。这种监测，为政府、社会与家长了解香港儿童的数学与科学能力提供了准确的动态统计数据。值得注意的是，这些数据报告的每一次发布，实际上也是政府动员社会各界积极关注儿童数学与科学能力的社会动员过程。类似地，特区政府对儿童的阅读能力也高度关注，它们每年定期公布小学四年级学生的阅读能力，并严密监测儿童每年从公共图书馆的借书量。在当下电子化阅读、电子化写作和生存的香港，这种对儿童阅读能力的关注，具有特别重要的意义，值得上海借鉴。

其次，除了关注正面的发展与投入外，香港也致力于监测儿童教育方面的负面指标。如香港教育统筹局每年定期发布会考成绩为 0 分学生的比例与中途离校的中学三年级或以下学生的人数。特区政府并不避讳对负面问题的曝光。在它看来，对有关学习不良学生的统计是教育发展的内在要求。儿童学校教育的成功进行，有赖于学生自己、学生所在家庭、学校、社会等多种因素的共同协作。但是在实际的运行过程中，由于这样那样的原因，这种协作总是有不顺利之处。因此，对儿童的学校教育也必然会存在这样那样的问题。正视这些问题，严密监测这些问题并向社会公布，有利于促进社会各界对问题学生的关注，也有利于促进教育界对学校教育存在的问题进行深切反思。和香港儿童教育指标对负面指标的重视相比，上海儿童教育指标体系对问题学生的关注还不够充分。

表 3　沪港儿童教育指标比较

	香　　港	上　　海
政 府 教 育 开支	政府每年在教育服务上的支出 政府教育开支相对公共开支的比例 政府教育开支相对本地生产总值的比例	预算内教育经费(亿元) 预算内教育经费占财政支出比例(%) 生均教育经费指数
教师资历	幼儿园教师拥有大学毕业学历的比例 小学教师拥有大学毕业学历的比例 中学教师拥有大学毕业学历的比例	幼儿园专任教师大专及以上学历比重 小学专任教师大专及以上学历比重 初中专任教师本科及以上学历比重;高中专任教师本科及以上学历比重

	香　　港	上　　海
教师性别比		小学男教师比例
生师比	幼稚园生师比 小学生师比 中学生师比	幼儿园生师比 小学生师比 初中、高中生师比
入学率	3～5 岁儿童的就学比例 完成中三学历人口比例 6～11 岁儿童的就学比率 12～16 岁儿童的就学比率 17～18 岁儿童的就学比率	3～5 岁儿童入园（所）率 九年义务教育普及率 高中阶段教育入学率
学生能力	数学及科学能力 阅读能力 会考合格率、获 6A 优秀成绩学生的比例、得 0 分学生的比例 1～19 岁儿童及青少年外借公共图书馆书籍的数量	
辍学率	中途离校的中三或以下学生人数	
特殊教育	每年新入读特殊学校的儿童数目	残疾儿童义务教育入学比例
家庭教育		0～18 岁儿童家长接受家庭教育指导率

　　再次，上海儿童教育指标体系特别关注了儿童家庭教育的状况，定期监测儿童家长接受家庭教育指导的比率。从理论与实务上看，将学校教育与家庭教育作为影响儿童发展的整体来观照有其充分的合理性。按照生态学的有关理论，对孩子的教育需要家庭、学校与社会三位一体合力完成。尽管香港社会在三位一体育人方面进行了许多有益的探索（程福财，2012），但是它还没有采用专门的指标来监测三位一体的运行。

　　从两地可比儿童教育指标看，香港和上海的发展各有优劣。例如，香港特区政府对教育的投入明显多于上海。在教育财政支出经费方面，2010 年香港就高达607.19 亿元，但同年上海只有 417.28 亿元，只占香港的 68.7%。考虑到上海儿童的总数量要远远多于香港，我们认为，两地预算内教育经费的差别已是十分悬殊。

特别地,上海教育经费总量的投入不足,并不只是财政总支出有限所致。这一点可以从两地教育财政支出占财政支出比例的比较中清楚看到。2010 年,香港教育财政支出占财政支出的比例为 20.1%,上海的这一比例还只有 12.6%。值得注意的是,尽管上海政府的教育开支不及香港,但是上海教师资历、生师比与入学率与香港的差别却不大。导致产生上述情况的原因,还需要我们进一步深入研究。

表4　沪港儿童教育水平比较

指　　　标		香港(2010 年)	上海(2010 年)
教育经费	教育财政支出(亿元)	607.19	417.28
	教育财政支出占财政支出比例(%)	20.1	12.6
教师资历	幼儿园专任教师大专及以上学历比重(%)	95.6	92.1(2008 年)
	小学专任教师大专及以上学历比重(%)	95.7	90.3(2008 年)
	中学专任教师本科及以上学历比重(%)	94.4	99.3(2008 年)
生师比	幼儿园	9.8	14.99
	小学	15.2	16.0
	中学	15.2	13.0
入学率	3~5 岁儿童入园(所)率(%)	89.1	98.0
	小学入学率(%)	100	99.9
	初中入学率(%)	99.0	99.9
	高中阶段教育入学率(%)	83.0	96.5
义务教育年限		11	9

资料来源:《上海统计年鉴 2011》《2008 年〈上海儿童发展"十一五"规划〉主要指标达标情况》《香港教育统筹局新闻及公开刊物》

三、儿童福利指标比较

对于儿童福利的定义,人们并没有形成统一的看法。依据联合国 1959 年公布的《儿童权利宣言》,凡促进儿童身心健全发展与正常生活为目的的各种努力、事业及制度等都可称为儿童福利。1960 年美国《社会工作年鉴》则将儿童福利定义为:"旨在谋求儿童愉快生活、健全发展,并有效发掘其潜能,它包括了对儿童提供直接福利服务,以及促进儿童健全发展有关的家庭和社区的福利服务。"(周震欧,2007)美国儿童福利联盟在 1990 年对儿童福利作了如下的定义:"儿童福利是提供儿童和青少年,尤其是其父母无法实践儿童养育之责,或其所住之处无法提供资源和保护措施给有需要之儿童及其家庭。"其实,所谓的儿童福利,大抵可以从广义与狭义两个角度去理解。广义的儿童福利是一种旨在协助家庭促进儿童发展的积极的普惠性福利,它以全体儿童为服务对象,其最主要范畴包括卫生保健、教育、司法保护与照顾福利措施等。狭义的儿童福利服务则是一种剩余性的救济性的福利服务,其对象是遭遇各种不幸的儿童及其家庭,如孤儿、流浪儿、残疾儿、受虐儿以及行为偏差儿童等,这些儿童通常不能从家庭中获得适当养育。狭义的儿童福利旨在为这些面临问题的儿童提供必要的救助、保护、矫正、安置与养护,是一种问题导向的福利,属于典型的残补型儿童福利。及时发现并帮助困境儿童,是现代国家的基本责任。这种狭义的儿童福利服务,得到香港特区政府的高度关注,也受到了上海政府更多的重视。

长期以来,香港政府致力于发展儿童社会福利,高度关注儿童社会化保护。例如,政府统计处在其统计年刊中特别列出了各类弱势儿童的统计报告。相关的统计指标包括虐待儿童数字(新登记儿童受虐待的个案数目)、贫穷儿童比例(0~14岁儿童生活于贫穷家庭的比例)、家庭暴力个案数目(家庭暴力案件数字)、0~19岁儿童因死亡外因导致的死亡人数等。显然,香港政府并不避讳对儿童问题、困境儿童生存状况的统计监测。

为了平等地给所有的儿童提供生存、发展与参与的机会,在政府与社会各界的共同努力下,香港发展了一系列的儿童服务。例如,为了促进3岁以下幼儿的体能、智能、语言、社交及情绪的发展,香港发展有幼儿中心服务;建立了服务6~24岁儿童及青少年的青少年服务中心和儿童及青年中心;发展了支持家庭照顾儿童的托管服务,帮助边缘青少年的外展社会工作服务、青少年深宵外展服务、小区支持服务计划及青年热线服务等,更为虐待儿童、虐待配偶及性暴力个案受害人提供专业支持。所有这些儿童服务的发展,被视为香港儿童福利事业发展的标志,受到市民的广泛关注。社会福利署每年会定期公布各项服务的人力、财力、物力等资源的投入状况,公布每年实际受益的儿童的数目。例如,在社会福利署的年报中,有关于各类儿童服务机构的数目、各机构获得政府资助的名额等详细而具体的数据报告。

表5详细罗列了沪港两地用来统计监测两地儿童福利服务发展的指标。从中可见,上海对儿童福利服务的统计报告与监测指标非常少,而香港社会福利署

则会在自己的年报中详细报告各项儿童福利服务的发展情况。例如,在儿童贫困方面,按照《上海市"十二五"儿童发展规划》,上海将会对上海贫困儿童的数量进行监测报告。而在此之前,相关部门尚未对贫困儿童这个群体进行系统的政策关注。在照顾服务机构方面,上海仅仅局限于面向孤儿的儿童福利院和面向流浪儿童的流浪儿童教育和保护中心,政府和社会尚未建立和发展面向其他暂时或长期得不到家庭照顾的儿童的照顾服务机构。从我们掌握的资料看,上海还远远没有开始系统关注各类无法从家庭获得充分照顾、身处困境的儿童。但是,在香港,相关部门的服务已经十分完善,对这些服务的监测也非常系统。此外,特区政府每年还公开儿童与青少年服务中心等儿童及服务机构数量的统计数据(香港社会福利署,2009)。在这方面,上海也有待进一步的努力。不过,在儿童福利指标方面,上海在残疾儿童服务和儿童司法保护服务方面做出了很大的努力,并定期公布残疾儿童总数、残疾儿童服务覆盖率、儿童司法援助率等统计数据。这在一定程度上反映了政府在这方面工作的自信。显然,上海儿童福利服务发展与福利指标建设相对滞后于香港。

表5　沪港儿童福利指标比较

指标领域	香港的具体指标	上海的具体指标
儿童贫困	收入低于平均综援金额的家庭中 0 至 5 岁及 6 至 14 岁儿童的数量 无业家庭中 0 至 5 岁及 6 至 14 岁儿童的数量 单亲及收入低于平均综援金额的家庭中 0 至 5 岁及 6 至 14 岁儿童数量 0 至 5 岁及 6 至 14 岁儿童的综援受助人数	领取低保家庭儿童的总数
住宿照顾服务	日间幼儿中心总数及其服务个案数 住宿幼儿中心总数及其服务个案数 已处理新领养申请个案数 寄养服务的名额数目与平均入住率 儿童院的名额数目与平均入住率 男、女童宿舍名额数目与平均入住率 儿童之家名额数目与平均入住率	逐步增加孤残儿童家庭寄养人数
幼儿中心服务	暂托幼儿服务名额数目与平均使用率 延长时间服务名额数目与平均使用率 互助幼儿中心名额数目与平均使用率	

指标领域	香港的具体指标	上海的具体指标
儿童与青少年服务机构	综合青少年服务中心数目 儿童及青年中心数目 地区青少年外展社会工作队数目	
儿童虐待	新登记儿童受虐待的个案数目 每十万名1～17岁人口的虐儿个案数目	
残疾儿童	0～17岁登记残障儿童数目	残疾儿童康复服务补贴覆盖率 残疾儿童总数
问题行为与司法保护	每10万名中10～15岁儿童的被捕人数 16岁以下被呈报滥用药物的人数 15～19岁人士吸烟比例 青少年怀孕数字 每十万名10～15岁儿童的被捕人数 男童院或宿舍总数及其服务个案数 女童院或宿舍总数及其服务个案数	儿童法律援助处理率 未成年人犯罪率
医疗保险	面向全体市民的医疗保险	儿童医疗保险参保率

　　从表5还可看到,香港儿童福利指标体系也充分关注了未能顺利完成社会化过程的儿童的行为问题。为了更好地监测儿童发展状况,香港政府对儿童负面行为问题予以持续的跟踪。相关的统计指标包括儿童犯罪被捕人数、滥用药物儿童人数、吸烟儿童比例、青少年怀孕数字等。尽管上海对于未成年人的越轨犯罪问题也有关注,但是,它没有积极关注监测其他问题儿童的问题行为。在这里,香港再次展示了他们对于负面指标的高度关注,展示了他们对问题的正视与积极应对。

四、儿童发展环境指标比较

　　儿童发展环境指标指的是对与儿童发展密切相关的家庭与社会文化环境监测的指标。考虑到家庭是儿童赖以生存与发展最重要的因素、对儿童家庭环境的监测成为儿童发展指标体系建构过程中的重要任务。随着香港社会福利体系的健全与完善,香港政府在保障儿童各项权利、促进儿童健康成长的过程中,对儿童的家庭状况进行了密切监测。例如,特区政府会定期发布居住于单亲家庭的儿童占儿童总人数的百分比、非婚生儿童的比率(由未婚妇女所生儿童的总数占全体儿童的比率)、家长工作时间过长的家庭数目(家长每周的工作时数最少60小时的家庭数目)、离婚数字(因离婚而成为单亲家庭的数字及比例)、新来港儿童人口数目(0~19岁从中国内地持单程通行证的新来港儿童数字)以及具有大学以上文化程度的儿童家长的人数(参见香港小童群益会,2007)。这些指标从家庭的经济状况、家庭关系、父母的监护能力等方面监测着儿童身处家庭的结构与功能,关于它们的统计结果,可以为儿童与家庭社会福利的发展提供必要的科学依据。相对地,上海目前还没有从促进儿童发展的角度定期监测儿童的家庭环境。因此,表6中属于上海家庭环境指标的地方只是空白。譬如,上海仍然没有系统地统计监测单亲家庭儿童、离婚家庭儿童、受暴力侵犯儿童的整体状况。这既是相关儿童工作滞后的结果,又会进一步制约相关工作的良好开展。

表6　儿童发展环境指标比较

指标领域	香　　港	上　　海
家庭环境	居于单亲家庭的18岁以下儿童人数;单亲家庭的数目 因离婚而成为单亲的数字及比例 由未婚妇女所生婴儿的总人数 家庭暴力案件数字;新登记配偶受虐待的个案数目 在香港登记结婚而新郎/新娘来自内地的人士数目 家长每周的工作时数最少60小时的家庭数目 拥有学士学位学历的与15岁以下子女同住的家长人数	—
社会环境	0至19岁儿童因死亡的外因导致死亡的人数 0至19岁儿童因交通事故导致死亡的人数 公共图书馆的儿童馆藏数量 儿童游乐场数目	5岁以下儿童意外死亡率 网吧接纳未成年人违规查处率 中小学生每天享有自主支配闲暇时间 儿童阅读率 儿童受暴力犯罪侵害总数

在社会文化环境方面,沪港两地都关注了儿童的意外死亡问题。不过,两地的统计口径并不相同,以致难以比较。香港特区政府统计的是 0～19 岁儿童因死亡的外因导致死亡的人数和 0～19 岁儿童因交通事故导致死亡的人数,上海统计监测的是 5 岁以下儿童意外死亡的比率。此外,两地对儿童的闲暇娱乐与课外阅读都不约而同给予了关注。香港统计监测了公共图书馆的儿童馆藏数量与儿童娱乐场的数目,上海监测的则是中小学生每天享有自主支配闲暇时间、儿童阅读率和网吧接纳未成年人违规的查处率。这种差异与两地儿童面临的社会现实的差异有关。例如,上海对中小学生每天享有自主支配闲暇时间的监测,是因为社会各界对儿童学业负担的高度关注。除此之外,《上海儿童发展"十二五"规划》还特别提出了要重点监测儿童受暴力犯罪侵害总数这个指标。这反映了政府不仅关注儿童的反社会行为,更关注社会治安对儿童人身安全的影响。

五、结论与讨论: 香港儿童发展指标对上海的启示

尽管沪港两地绝大部分儿童指标的统计口径不一致,我们仍然能从香港政府有关部门公布的有关儿童的统计数据中看出香港政府和社会对于儿童发展状况监测的不同于上海的特点。这些特点,值得我们在构建上海儿童指标体系和推动上海儿童事业发展的过程中予以积极借鉴。

强化对弱势儿童福利保障的监测,不避讳对负向指标的统计,是香港儿童发展监测过程的最重要特点。香港卫生署等部门定期公布儿童被虐待的数据、儿童自杀、儿童因交通事故死亡的数据、单亲家庭儿童、贫困家庭儿童、辍学率等一系列在我们看来高度敏感的数据,并没有在儿童工作的实践中造成严重的负面影响。如果说统计指标具有社会导向性的话,我们认为,这类负向指标的公布,可以引导公众更积极地关注我们的儿童问题,进而更好地照顾、保护儿童。和对弱势儿童、儿童问题的关注一脉相承,政府与社会特别关注儿童福利、儿童服务的发展。这方面统计数据的丰富,和大陆相关数据的欠缺形成了鲜明的对照。由此,我们建议包括上海在内的各级政府有关部门加强对"儿童问题"和"问题儿童"发展状况的监测,在儿童发展指标体系中纳入包括儿童自杀、儿童受虐等负面指标。

过程性指标与结果性指标的有机结合是香港儿童发展监测的另一个特点。在各个部门公布的统计数据中，既有关于投入的报告，也有关于产出的报告。教育统筹局公布的学生成绩的统计数据给我们留下深刻的印象。小童群益会对于阅读与数学能力的关注，更值得我们深思如何通过指标的设置来提升上海儿童的中文读写能力。实际上，在指标体系建设中如何平衡过程性指标与结果性指标的关系，一直是社会统计指标体系建设中面临的主要议题之一。根据香港的经验，处理这二者之间关系的准则就是要看它们是否有利于促进儿童的发展，是否有利于保障儿童的权益。因此，上海在健全儿童发展指标体系的过程中，要对每一领域中的过程性指标与结果性指标及其相互关系做更深入的思考，在每一个儿童发展领域中做好这两者的适度平衡。

在香港的儿童统计报告中，还可以清楚地看到统计数据的多元化态势。尽管大部分统计结果都是政府部门客观计算而成，但是，仍有部分的统计指标是依照儿童自身的主观评价（如自尊感的调查），或者是靠社会测量获得（如语文、数学能力）。这与大陆各级妇儿工委在儿童监测过程中单单强调政府统计数据的做法明显不同。然而，儿童工作若是要在《儿童权利公约》的框架下进行，儿童指标的发展就要特别注重来自于儿童自身的意见，主观性指标的引入势在必行。建议上海儿童工作部门在开展各项儿童工作的过程中按照儿童为本的原则，切实考虑儿童自己的感受、理解与选择，并将儿童自己对各项儿童工作与儿童发展状况的主观判断作为监测儿童发展的重要指标。

另一方面，我们可以清楚地看到，从儿童发展指标体系的建构而言，香港的发展并不比大陆先进多少。特区政府没有开展儿童发展指标体系建设，没有建立一个完整的儿童发展指标体系。这样的状况，一方面可能是因为香港缺乏一个专事儿童事务的部门，也可能是因为对儿童发展整体性评价的困难。儿童及儿童发展具有本质的复杂性，这种复杂性是操作化计量化的障碍。因此，包括上海市在内的大陆各级政府在建立健全儿童发展指标体系的过程中要有更大的信心，要根据儿童研究的科学结果循序渐进地推进儿童发展指标建设工作。

参考文献

程福财：《香港学校、家庭、社会三位一体育人的经验研究》，载杨雄主编：《教育合作论——学校、家庭、社会三位一体育人体系研究》，上海人民出版社 2012 年版。

上海市妇儿工委：《〈上海儿童发展"十一五"发展规划〉实施情况》，上海市妇儿工委2009年。

上海市妇儿工委：《2008年〈上海儿童发展"十一五"规划〉主要指标达标情况》，上海市妇儿工委2009年。

香港社会福利署：《社会福利署回顾2007～2008&2008～2009》，2009年。

香港卫生署：《香港卫生署年报2009～2010》，2011年。

香港小童群益会：《香港儿童发展指标2006》，2007年。

香港政府统计处：《香港统计年刊2011》，2011年。

周震欧主编，《儿童福利》，台北巨流图书2007年版。

附录一

上海儿童发展"十一五"规划

一、"十五"时期工作回顾

2001 年由市政府颁布的《上海儿童发展"十五"计划与到 2015 年规划思路》,以满足儿童发展需求为本,以推进上海儿童发展与经济社会同步发展为目标,提出了 21 世纪头五年儿童发展的目标任务和到 2015 年儿童发展的水平要达到世界发达国家平均水平的规划思路。五年来,上海各级妇女儿童工作委员会坚持"儿童优先"原则,采取切实措施有效改善了本市儿童优生、保护与发展的社会环境,进一步促进了儿童健康成长和全面发展,逐步缩小了与世界发达国家儿童发展平均水平的差距。具体表现在:

——儿童健康水平进一步提高。儿童卫生保健工作受到广泛重视,通过加强规范化管理,并提供系统保健和特色服务,使上海儿童保健事业始终走在全国前列。婴儿死亡率、5 岁以下儿童死亡率分别为 3.78‰、4.68‰,均低于世界发达国家平均水平。

——儿童教育事业进一步发展。教育资源结构和配置日趋合理,各年龄段入学率均达到 99％以上,早期教育得到重视,义务教育向优质、均衡的目标推进,家庭教育受到广泛关注,特殊教育的内涵更加丰富。

——儿童权益保护进一步加强。保护儿童的法制体系不断健全和完善,全社会儿童优先的意识、监护人的教育责任意识和儿童的自我保护意识不断增强。

——儿童成长环境进一步优化。不利于儿童生存、成长的各种社会环境得到有效改善，儿童产品的监管力度不断加大，安全性不断提高，儿童文化生活的可选择性日趋丰富。

"十五"期间，上海儿童发展总体态势良好，儿童整体素质得到不断提高，已初步取得了与经济社会同步发展的成效。面对"十一五"期间上海率先基本实现现代化的目标和建设和谐社会的重任，进一步提高上海儿童发展水平仍然面临诸多挑战：儿童心理健康服务与指导亟需加强；学校、社会和家庭教育的一体化进程有待加快；儿童的参与权需进一步得到尊重；儿童产品的安全监管力度需不断加大；儿童文化作品的创作、社区儿童活动场所的建设需进一步加强等。为了进一步明确上海儿童发展的新目标和新方向，按照"科学发展、儿童优先、与时俱进"的原则，在"十五"上海儿童发展良好的基础上，特编制本规划。

二、"十一五"发展思路和总体目标

在研制儿童发展目标时，力求既体现先进性、前瞻性和服务全国的特色，又体现上海率先基本实现现代化与建设和谐社会中儿童发展的本质特点与发展需求，力求通过规划实施进一步增强政府促进儿童发展的主体意识和责任意识，推动"儿童优先"原则成为各级政府及其职能部门的自觉行动，切实将规划实施纳入各级政府及其职能部门的行动议程和决策范畴。

发展思路：坚持以科学发展观统领儿童发展的全局，以满足儿童发展需求为本，以促进儿童全面健康成长为目的，切实贯彻"儿童优先"原则。继续保持儿童发展与经济社会发展同步，关注可持续发展中的儿童安全成长环境；继续尊重儿童的主体意识和参与权利，将全面提高儿童健康水平、受教育水平，保护儿童权益和优化儿童成长环境等方面作为"十一五"期间儿童优先发展的领域，进一步缩小上海儿童发展水平与国际大都市儿童发展水平的差距。

总体目标：以推进与上海国际大都市发展战略相一致的儿童发展为总目标，不断优化儿童优生、保护、发展和参与的社会环境，使儿童充分享有受法律保护的各项权利；不断满足上海儿童发展的需求，保证儿童得到文化教育、医疗保健、生活娱乐、权益保障等全方位的公共服务；不断提高儿童的综合素质，培养儿童的创新精神和实践能力，为社会的可持续发展造就有理想、有道德、有文化、有纪律的一代新人；到 2010 年，使上海儿童发展水平接近或达到世界发达国家和地区儿童发展的平均水平。

三、主要目标和策略措施

（一）进一步健全妇幼保健服务体系，全面提高儿童身心健康水平

主要目标：

——有效提高出生人口素质，将婴儿死亡率、五岁以下儿童死亡率、孕产妇死亡率分别控制在 7‰、9‰和 15/10 万以下。

——进一步健全妇幼保健服务和监测网络，保证妇幼卫生经费的投入逐年增加。

——加强儿童心理健康的监测与辅导。

——全面提高儿童健康水平，促进社会各方和儿童对健康知识的了解与应用。

支持性指标：

（1）加强出生缺陷监测，做好新生儿疾病的筛查工作，苯丙酮尿症、甲状腺功能低下、听力障碍筛查率达到 90％以上。

（2）保持 98％以上计划免疫全程接种率。

（3）将四个月以内婴儿母乳喂养率稳定在 80％以上。

（4）完善妇幼保健服务和监测网络，0～6 岁儿童保健管理率达到 95％以上，孕产妇保健管理率达到 90％以上。

（5）加强儿童营养监控，控制中小学生单纯性肥胖发生率的增长，中小学生每年进行一次体格检查。

（6）15 岁儿童牙周健康人数百分比达到 60％以上，小学生龋齿充填构成比达到 35％以上。

（7）加强儿童用眼卫生的宣传和指导，中小学生视力不良新发病率控制在 6.5％以内。

（8）保证中小学生每天不少于 1 小时在校体育锻炼。

策略措施：

1.1　贯彻实施《上海市母婴保健条例》、《上海市计划生育条例》、《上海市女

职工劳动保护办法》和《上海市市民体育健身条例》等相关法规。进一步完善保障儿童健康的配套政策和技术标准,加强监督执法力度。

1.2 推进提高出生人口素质工作。加强三级预防、出生缺陷监测和婚前、围产期保健;全面开展孕产妇营养指导;强化新生儿疾病筛查诸环节的质量控制,视情况逐步增加筛查的种类。

1.3 提高妇幼保健的服务和管理水平。全面改善各级妇幼保健机构的设施条件和服务效益;针对儿童保健的重点和难点指标开展合作攻关;进一步加强社区妇幼保健网络的作用。

1.4 加强儿童心理健康监测和辅导。研究建立上海儿童心理健康评价体系,定期测查,加强监控。完善教育机构心理辅导机制,对中小学生加强心理辅导和评估;开设各区(县)儿童保健机构儿童心理咨询门诊;辅导和咨询人员须持证上岗。

1.5 加强儿童营养卫生指导和体重管理。实施学生午餐质量监控计划,对生产机构资质和学校餐饮设施加强管理;学校要配备专业营养师,规范儿童膳食行为;进一步加强对0~6岁儿童的肥胖监测和干预,健全6岁以上儿童体重管理网络。

1.6 督促儿童养成良好的卫生习惯。学校要加强用眼卫生和口腔卫生的宣传和视力矫正与保健指导,要求家长配合学校养成儿童良好的生活习惯。社区要开展经常性的卫生知识宣传和教育。

1.7 充分发挥电视、广播、报刊、网络等大众媒体在倡导科学、文明、健康生活方式中的作用。开辟和健全多层次、多形式和全方位的健康教育网络与传播途径;在儿童中加强生命教育、心理健康教育、青春期教育、预防艾滋病教育和禁毒教育等。

1.8 重视残疾儿童监测和康复网络的建设。不断提高早发现、早诊断、早治疗、早康复的能力,完善残疾儿童报告制度;逐步建立和完善孤独症儿童的筛查、诊断和早期干预;努力为贫困家庭残疾儿童创造康复条件。

(二)进一步优化儿童教育发展条件,全面提高儿童受教育水平

主要目标:

——实现优质、均衡的义务教育,进一步推进学前教育和高中教育的发展,

提高教育的质量和效益。

——以社区为依托,加强家庭教育服务与指导,推进学校、家庭和社会教育的一体化,提高家庭教育质量和管理水平。

——保障处境不利儿童享有公平的受教育权。

支持性指标:

(1) 3～6岁儿童入园(所)率保持在98%以上,九年义务教育普及率保持在99%以上。

(2) 进一步普及高中阶段教育(各类教育),使高中阶段教育普及率保持在98%以上。

(3) 优化师资队伍结构,要求高中专任教师本科及以上学历达到98%以上;初中、小学和幼儿教师学历分别达到本科85%、大专85%和大专85%;适当提高小学男教师的比例。

(4) 科学指导家庭教育,0～18岁未成年人家长接受家庭教育指导率达到90%以上。

策略措施:

2.1 提高全社会的教育法制观念。全面贯彻《中共中央、国务院关于深化教育改革全面推进素质教育的决定》《中共中央、国务院关于进一步加强和改进未成年人思想道德建设的若干意见》和教育部制定的《面向21世纪教育振兴行动计划》,不断完善教育督导机制,大力推进依法治教。

2.2 倡导科学育儿理念。加强对0～3岁儿童发展规律的研究,构建0～3岁科学育儿的公共服务网络;大力发展学前教育,进一步提高幼教人员的专业素质和教养水平。

2.3 进一步推进学校标准化和信息化工程。调整学校布局,优化资源配置,注重校园生态环境建设;积极推进中小学教育信息网络建设,完善教育质量监控评价体系和机制。

2.4 加强教师队伍建设。更新教师的知识结构,提高教师的学历层次;加强师德和心理健康教育,不断提高教师实施素质教育的能力。

2.5 开展儿童教育的获益性研究。关注儿童在公民、诚信、合作、责任意识等方面和在文化、科学、艺术等领域的实质性发展,并进行科学的评估。

2.6 积极推进家庭教育立法工作。以社区和学校为载体,继续建立和完善家庭教育指导工作网络;发挥学校、家庭、社会各自的优势,办好各类家长学校。

2.7 完善特殊教育的支持与保障体系。建设5～6所特殊教育示范学校;规范随班就读工作的管理,不断提高残障儿童随班就读的质量;对不能上学的残疾儿童,要送教送训上门,并纳入学籍管理,为残障儿童提供优质的教育与服务。

2.8 采取多种形式保障受教育公平权。建立和完善相应的工作制度和保障机制,扩大公办学校接受进城务工人员子女就读的比例;确保处境不利儿童享有的受教育权利。

(三) 进一步依法落实儿童各项权益,尊重和维护儿童的主体意识

主要目标:

——发挥儿童的主体作用,保障儿童参与权,培育儿童的公民意识。

——进一步推动未成年人司法制度建设,加强未成年人的司法保护,预防和减少未成年人犯罪。

——整合社会力量,严厉打击针对儿童的各种犯罪,完善保护儿童权益相关的法律、法规体系。

支持性指标:

(1) 维护儿童参与家庭、学校、社区和文化生活的权益,保证儿童每天享有自主支配闲暇时间不低于1小时。

(2) 加强儿童法律教育和罪错矫治工作,未成年人犯罪率控制在万分之六以内。

(3) 市、区(县)各级法律援助机构优先提供儿童法律援助,处理率为100%。

(4) 将出生人口性别比保持在自然状态。

策略措施:

3.1 鼓励社会团体、民间机构积极组织儿童参加社会实践活动,帮助中小学生提高参与社会实践的能力。

3.2 尊重儿童及儿童组织的主体地位。支持市、区(县)红领巾理事会及学校大队委、学生会在学校、社会事务和管理中发挥参与作用,确保儿童对影响到其本人的各类事项自由发表意见的权利,加大少先队辅导员队伍专业化建设的力度。

3.3 尊重保障儿童的自主权和娱乐权。重视培养儿童的独立意识,减轻儿童的学习负担,保证儿童享有自主支配休闲时间的权利,定期对儿童各项权利维护状况进行监控和报告。

3.4　落实《中华人民共和国预防未成年人犯罪法》。加快预防未成年人违法犯罪工作格局的建设。依托基层法律服务工作者和人民调解员的作用,进一步完善及时受理和处理侵犯未成年人合法权益事件的工作机制;发挥社团组织的力量,加强对未成年人违法犯罪行为的早期预防和科学矫治;进一步完善中小学校法制辅导员制度,开设法律知识课程。

3.5　监督和保障《上海市未成年人保护条例》各项措施的落实。加强对公检法司机构人员儿童权益办案技能培训;对未成年人犯罪在侦查、起诉、审判各阶段,给予有别于成年人的保护;严厉打击各种以儿童为侵害对象的刑事犯罪,加强对虐待儿童和家庭暴力现象的遏制和社区干预;探索在少年法庭的基础上筹建少年法院。

3.6　加强儿童网络安全保护。制定相应规章制度,有效预防、控制儿童网络成瘾、网络不良信息毒害以及网络犯罪;建立网络内容审查制度,实施网络内容分级保护;规范网络接入商、网络内容供应商对未成年人网络权益保护的责任与义务。

3.7　发挥新闻媒体在儿童权益保护方面的作用。媒体要加大对儿童权益保护的宣传力度,帮助市民了解和利用法律资源保护儿童的权益;扩大舆论监督的影响力,引导全社会尊重和保护儿童。

3.8　保障男女儿童平等出生的机会。严格控制非医学需要利用技术手段为孕妇做胎儿性别鉴定;加强对技术鉴定人员的监管;在农村广泛开展关爱女童的宣传教育活动。

(四)进一步优化儿童成长环境,积极营造安全文明的社会氛围

主要目标:

——提高公众对儿童安全的认识,培养儿童自我保护意识,创设安全的儿童生活环境。

——满足儿童文化需求,学校、家庭、社会共同创造良好的文化环境。

——完善儿童福利与公益事业,整合社会资源帮助处境不利儿童,努力实现全体儿童的共同发展。

支持性指标：

（1）儿童食品、用品和玩具质量抽查不合格的本市企业整改复查合格率为100%，大型游乐设施定检率为100%。

（2）保障儿童交通安全，学校、儿童活动场所等进出口处交通标识设置率为100%。

（3）将5岁以下儿童意外死亡率控制在1‰以内。

（4）社区儿童活动场所或儿童图书室的配备率达到80%以上。

（5）向儿童免费开放部分科普、文化、体育等活动场所，儿童凭相关证件可在指定场所享受优惠票价。

（6）每年出品不少于1部儿童故事片和2部儿童电视剧。

（7）关注处境不利儿童，鼓励开发和利用社会资源，不断增加孤残儿童家庭寄养人数和配套康复设施数量。

策略措施：

4.1　全社会树立儿童安全意识。加强儿童产品（食品、用品、家具、家居装修和玩具等）的质量检测和监控；完善儿童产品与游乐设施等各项配套的特别保障制度；严格生产企业的资质审核；严禁不合格产品进入流通领域，对已进入流通领域的及时召回；定期检测与维护社区儿童游乐设施和健身器材；学校、儿童活动场所装修应达到绿色环保标准。

4.2　采取各种措施减少或避免意外伤害的发生。加强儿童意外伤害相关知识的宣传和普及教育；建立和健全校园及周边环境安全保卫的长效管理机制和应急反应系统；完善相关交通安全标识；加强对学生专线或校车的监督与管理。

4.3　针对儿童生理特点，开展适用于儿童的配方药物研究与应用，使儿童专业药品数量逐年提高。

4.4　扩大儿童活动场所利用率。尽快明确上海图书馆二期的选址，研究新建一所现代化上海少年儿童图书馆；提高各级少年宫和青少年活动中心的活动质量；加强社区儿童活动场所或儿童图书室的建设；开放学校活动资源，并利用校园网络为儿童提供相关科普、文体设施服务信息。

4.5　推动构建服务上海和全国的儿童文化产品的产业链。设立优秀儿童作品创作奖，鼓励原创；提高儿童戏剧、木偶剧、动漫、科教片、图书等文化产品的质量;发挥少儿频道在繁荣儿童文化产品中的主导作用;开展儿童文化产品需求特征研究;严厉查处和整治危害儿童成长的读物、音像和网络产品;推进儿童影视作品的分级管理。

4.6　为丰富儿童文化生活创设交流平台。继续办好一年一度的"校园文化节"、三年一度的"上海国际儿童文化艺术节"和两年一度的"为了孩子"国际论坛。

4.7　进一步发展儿童福利事业。重视对流浪儿童的救助;改善孤儿和弃婴的供养、教育和康复治疗;关注单亲家庭及家庭处境不利儿童的健康成长,增强其监护人的法律意识和责任意识;继续开展对处境不利儿童的社会救助。

四、组织实施和监测评估

（一）组织实施

（1）促进儿童发展是《上海市国民经济和社会发展第十一个五年规划纲要》和上海构建社会主义和谐社会总体规划的重要内容之一。实施儿童发展规划是各级政府的职责。市妇女儿童工作委员会各委员单位和各区（县）妇女儿童工作委员会应根据本规划的要求,结合规划分解的目标任务、本系统的职责和本地区的实际,制定具体的实施方案,纳入本系统、本地区的"十一五"总体规划、年度工作计划及考核目标;纳入市妇女儿童工作委员会委员单位和区（县）政府领导班子办公会议（常务会议）日程,并将本规划实施情况作为正职领导向人大述职、主管责任人政绩考核的内容。

（2）市妇女儿童工作委员会负责领导、协调、组织、监督本规划的实施。建立目标任务分解制、责任签约制、责任追究制、监测统计制和监测评估制,推动本规划的如期达标。

——加强工作队伍的建设:各区（县）妇女儿童工作委员会办公室应配备1名以上专职干部。加强对市妇女儿童工作委员会各委员单位联络员、监测统计人员、专家评估人员和维权人员的业务培训。

——落实专项工作经费,市妇女儿童工作委员会各委员单位和各区（县）妇女儿童工作委员会应增加规划实施工作的资金投入,各区（县）妇女儿童工作委员会应将实施本规划每年所需工作经费编制预算上报同级政府,实行专款专用。

——加强规划实施工作的规范管理,完善工作制度和监督机制。定期编发工作简报,及时反映规划实施动态。定期通过政府新闻发言人发布上海儿童发展状况。

(3)加大科研工作的力度,对儿童发展所面临的新情况、新问题开展调研活动,注重理论和对策研究,为规划的实施提供科学的决策依据。设立"儿童发展研究成果奖",每三年评选一次,奖励儿童发展理论研究和应用研究成果。同时,加强与国外的交流合作。

(4)建立激励机制。通过上海市"儿童工作白玉兰奖"的评选,每五年表彰奖励对本规划实施作出突出贡献的先进单位和个人,激励各级政府和社会各界为儿童发展办实事。

(5)发挥社会各界对市妇女儿童工作委员会委员单位、区(县)妇女儿童工作委员会实施本规划的评议监督作用,建立特邀监督员队伍,对各级妇女儿童工作委员会实施规划的状况进行实时监督。

(6)加大规划的宣传力度,发挥新闻媒体的宣传导向作用。各级宣传部门要将对本规划的宣传纳入年度计划,积极配合本规划的贯彻实施。

(二)监测评估

(1)加强本规划实施过程中的监测与评估,反馈与交流工作,市妇女儿童工作委员会各委员单位和各区(县)妇女儿童工作委员会应将监测统计工作列入本系统、本地区年度常规统计制度,准确反映儿童发展的状况和变化,为预测发展趋势,提供科学决策依据服务。应认真组织好中期、终期评估工作,准确评价实施效果,为制定有效的干预措施、完善长效工作机制建言献策,为如期达标提供策略思路。

(2)市妇女儿童工作委员会下设由市妇女儿童工作委员会办公室牵头的专家评估专业委员会和由市统计局牵头的统计协调专业委员会。各级妇女儿童工作委员会相应成立评估统计机构。

——委员会主任会议负责指导和协调本规划的监测评估工作,审议监测评估工作方案,监督方案执行情况,审议监测评估报告。

——专家评估专业委员会负责制定监测评估方案,指导方案的执行。评估检查市妇女儿童工作委员会委员单位和区(县)妇女儿童工作委员会规划实施情况,审评中期、终期统计监测报告,并在此基础上向委员会提交中期、终期评估报告。

　　——统计协调监测专业委员会负责制定分性别的统计监测指标体系,开展市、区(县)两级统计监测工作;提出监测重点指标,收集统计监测数据,完善儿童发展数据库;指导市妇女儿童工作委员会委员单位和区(县)妇女儿童工作委员会做好对本规划的监测统计工作;向国家、市妇女儿童工作委员会提交年度、中期和终期统计监测报告。

　　(3)接受市人大、市政协对依法实施规划工作的检查、监督,推动本规划的实施。

　　(4)设立分级、分性别的规划指标体系和评估体系,提高规划实施的有效性和实效性。

　　(5)市妇女儿童工作委员会各委员单位结合卫生监测、教育督导、劳动监察、质量监督、工商检查、警务监督等执法手段,相应建立自查、自评制度和报告制度,不断完善规划实施的监测评估机制,及时抓住实施过程中突出的问题及瓶颈,采取相应的干预对策,努力提高监督水平。

　　(6)上海市妇女儿童工作委员会在各委员单位和各区(县)妇女儿童工作委员会自查自评的基础上,每年向国家递交市级年度监测统计报告;2008 年和2011 年组织中期和终期评估工作,向国家递交市级中期和终期评估报告。

　　(三)本规划由上海市妇女儿童工作委员会负责解释

附录二

上海儿童发展"十二五"规划

一、发展现状和趋势

儿童发展是人类文明水平的重要标志,是尊重儿童生命权利的重要体现,是民族振兴的重要基础。儿童优先是现代社会发展的基本原则。为儿童优先提供生存、发展、受保护和参与的资源和条件,充分满足儿童发展的需求,是上海贯彻"儿童优先"原则的行动准则。

本市一直高度重视儿童优先发展,通过制度建设,不断加强政府儿童事务管理,在国内最早制定了未成年人保护条例,编制了从"九五"至"十一五"三轮儿童发展规划,推动"儿童优先"原则成为社会共识,逐步形成了政府主导、制度保障、资源统筹、合力推进、各方参与的儿童工作局面。

"十一五"期间,根据《上海儿童发展"十一五"规划》的目标要求,各级政府切实发挥责任主体作用,通过规划实施共同推进儿童整体发展、运用公共政策综合解决儿童发展中的难题、借助科研联手破解儿童发展瓶颈的成果日益显现。儿童健康水平持续提高,婴儿死亡率、5 岁以下儿童死亡率均优于世界发达国家平均水平;儿童受教育水平始终处于全国前列,3～5 周岁儿童入园率、义务教育阶段普及率、高中阶段入学率分别达到 98％、99.9％和 97％;儿童司法保护专门机构逐步健全,儿童各项权利得到更多尊重和保护;儿童用品监管力度不断加大;儿童安全健康成长的社会环境得到进一步优化。

　　"十二五"时期是上海创新驱动、转型发展,加快推进"四个率先"、加快建设"四个中心"和社会主义现代化国际大都市建设取得决定性进展的重要时期。世博后续效应下城市管理、社会建设新理念、新方式的运用,经济发展方式转变下低碳环保理念、技术的深入,关键在于提高人的素质,培育符合现代化建设需要的各类人才。人才辈出的基础在儿童,民族振兴的未来在儿童。随着社会建设日趋完善,儿童事业蓬勃发展,儿童发展的社会基础必将更加坚实。

　　面对未来五年的机遇和挑战,必须充分认识本市儿童发展仍然面临一些难点和问题。如,医疗卫生、教育、文化等行业改革以及人民群众需求的多元化,对儿童优先获得发展机会的要求强烈;深层次改革攻坚过程中各类矛盾凸显,社会风险加大,暴力犯罪、意外伤害、不良文化、产品安全隐患、遗弃与虐待等对儿童安全成长的危害加大,构筑全方位儿童安全保护网络刻不容缓;儿童的社会保障不容忽视,完善儿童福利体系,为儿童提供更优化的社会环境成为百姓的迫切需求。

　　儿童全面发展是每个家庭的希望,贯彻"儿童优先"原则是国际社会的共同要求。为进一步明确今后五年儿童发展的新目标和新方向,促进儿童与经济社会同步协调发展,依据保障儿童权益的法律法规和新一轮国家儿童发展纲要,编制本规划。

二、指导方针和总体目标

(一)指导方针

　　以科学发展观为统领,坚持贯彻"儿童优先"原则,加快儿童优先意识社会主流化进程,立足不断改革创新,在制定法规、政策规划和制度保障等方面全过程、全方位优先考虑儿童的利益和需求;坚持保障儿童利益最大化,在国际化大都市建设大局中优先保障儿童各项权利,创设优化全体儿童公平享有的生存、保护和发展环境;坚持促进儿童发展与经济社会发展同步,以儿童发展为本,遵循儿童发展规律,为儿童发展优先配置财政资金和公共资源,优质提供全面的公共服务和福利保障,确保每个儿童都能够安全健康、全面发展、快乐成长,不断提高儿童发展的科学水平。

(二)总体目标

　　实施与上海国际大都市地位相匹配的儿童优先发展战略,将儿童发展融入上海发展整体战略和社会建设管理架构,将儿童优先惠及每一个儿童。进一步促进儿童在医疗保健、文化教育、福利保障、安全保护和环境优化等领域优先获得优质服务;进一步提高不同儿童群体公平享有生存权、发展权、受保护权和参与权的保障水平;进一步提高儿童的创新精神和实践能力,为社会可持续发展培养未来的社会主义建设者和接班人。到 2015 年,使上海儿童发展水平接近或达到世界发达国家和国际大都市儿童发展平均水平。

三、优先发展领域和目标策略

(一)儿童健康:促进儿童身心健康,提供优质保健服务

主要目标:

(1) 5 岁以下儿童死亡率稳定在 8‰以下,婴儿死亡率控制在 7‰以下。(市卫生局、各区县政府)

(2) 0～6 岁儿童保健管理率达到 85％以上。(市卫生局)

(3) 中小学生体质健康标准合格率达到 90％。(市教委、市体育局)

(4) 每个区(县)建立儿童心理健康辅导中心(站);每所中小学配备有资质的专兼职心理健康教师。(相关部门、市教委、市卫生局、各区县政府)

策略措施:

1.1　加强儿童医疗保健服务基础建设。增加公共财政对儿童医疗保健的投入,保障各综合医院儿科、专科医院及社区卫生服务中心的运行经费,有效落实政府公共卫生职能。加大儿科医生、儿童保健医生的培养力度,加强在公共卫生、全科医学、卫生管理、乡村医生等薄弱领域的人才队伍建设。完善儿童医疗保健服务网络,增加医院儿科病床数量和门诊服务能力,满足不断增长的儿童健康服务需求。(市卫生局、市教委、市财政局、市人力资源社会保障局、各区县政府)

1.2　保障儿童享有均等的基本医疗保健服务。优化配置妇幼卫生资源,缩小城乡、区域间妇幼卫生服务差距。增加新建大型居住区、外来人口集聚地的儿童公共卫生服务投入,保障流动人口儿童健康权利。(市卫生局、市建设交通委、各区县政府)

1.3　提高出生人口素质。加强优生、优育宣传指导。加强出生缺陷三级预

防和新生儿疾病筛查、诊断和治疗质量管理,进一步完善各新生儿遗传代谢病筛查中心、听力障碍筛查与诊疗中心、危重新生儿会诊转运抢救中心等网络化管理,新生儿疾病筛查率达到95%以上,控制出生缺陷发生率,改善儿童生命质量。鼓励倡导母乳喂养,6个月以内婴儿母乳喂养率稳定在80%以上。(市卫生局、市人口计生委、中福会、各区县政府)

1.4　规范儿童保健管理。建立全市统一的妇幼信息管理系统,利用社区卫生全科团队服务模式,结合家庭健康档案建立,逐步实现全覆盖的儿童健康、随访服务。实行0~6岁儿童定期免费健康体检。儿童免疫规划全程接种率达到98%以上。严格执行义务教育阶段学生每年一次常规健康体检,完善体检项目,提高体检质量。(市卫生局、市教委、市人口计生委、市财政局)

1.5　规范学校卫生基本条件建设。寄宿制学校配备具有医疗资质的卫生室,小学、初中和幼托机构配备标准化保健室,规范开展学校健康教育。推行儿保医生和专科医师进学校的模式,提高学校卫生保健工作水平。(市教委、市卫生局、市财政局)

1.6　提高儿童身体素质。探索建立符合城市特点的儿童体质监控体系。制定并严格实施在校儿童营养午餐标准,实施义务教育阶段儿童营养午餐工程。提供符合健康卫生标准的学校用餐环境。加强对学校饮用水安全的监督管理。强化对0~6岁儿童的肥胖监测和干预,控制义务教育阶段儿童单纯性肥胖发生,加强对家长的合理膳食指导。提高儿童的体育运动技能和户外体育锻炼质量,保证儿童每天在校体育锻炼不少于1小时。(市教委、市卫生局、市体育局、市食品药品监管局、市质量技监局、市工商局、市水务局)

1.7　加大儿童近视、龋齿干预力度。优化学校视觉环境,加强口腔防治工作,指导儿童养成用眼卫生和口腔卫生习惯,每学年对儿童视力和牙齿状况进行监测,实施重点人群干预。加强家校互动,引导家长配合教育、卫生部门共同做好儿童"防近、防龋"工作。儿童视力不良新发病率得到有效控制。儿童龋齿充填构成比达到40%以上。(市教委、市卫生局、市妇联、各区县政府)

1.8　加强儿童心理行为问题预防。优化学校心理健康教育课程,规范学校心理辅导室建设,配备学校心理健康教师,提高儿童自我心理疏导和抗挫能力。提高市和区(县)两级医疗保健机构的心理保健服务水平,规范儿童心理和精神疾病的筛查、诊断和治疗。依托相关部门和机构的场所、设施及专业力量,推动区(县)儿童心理健康辅导中心建设。推动医学专家、心理专家、社工和家长共同参与儿童心理健康教育,形成儿童心理危机预防和干预网络。加强面向家长的心理健康知识指导。(相关部门、市教委、市卫生局、团市委、市妇联、各区县政府)

(二)儿童教育:提高儿童受教育水平,实施优质均衡教育

主要目标:

(1) 3~6周岁儿童毛入园率达到98%以上。(市教委、各区县政府)

(2) 义务教育阶段普及率达到99%以上,高中阶段入学率达到97%(户籍)。(市教委、各区县政府)

(3) 新婚夫妇、孕妇、0~18岁儿童家长接受家庭教育指导率达到90%以上。(市教委、市卫生局、市总工会、市妇联、市人口计生委)

策略措施:

2.1 加强儿童公民教育。坚持社会主义核心价值观引导,健全未成年人思想道德建设工作体制,研究科学评价体系。完善中小学德育和生命教育课程,注重创新精神和实践能力培养,提高实践活动成效,引导儿童形成正确的生命观、价值观和世界观,增强儿童的社会责任感,养成文明行为习惯,塑造健全的公民人格。(市教委、团市委、市妇联、中福会、市关工委、相关部门)

2.2 促进0~6岁儿童快乐成长。健全0~3岁科学育儿公共服务网络,普及科学育儿指导,发挥社区早教指导服务机构作用,提高亲子教育水平,扩大亲子教育覆盖面,0~3岁科学育儿指导率有所提高。大力发展学前教育,加快幼儿园建设,提高学前教育质量,基本满足适龄儿童家庭对学前教育和看护服务的多层次需求。(市教委、市人口计生委、市卫生局、市妇联、中福会)

2.3 保障儿童获得公平优质的义务教育。合理配置教育资源,推进郊区新城、大型居住区配套学校建设,扩大郊区优质教育资源。提高每所学校办学水平,加强义务教育学校之间的合作交流,推进城乡间、区域内的义务教育均衡发展。进一步提高教师队伍的学历水平,义务教育专任教师中本科及以上学历人员比例有所提高。加强教师培训,提高教师师德师风和教学能力。改善学校教师性别失衡状况,小学男教师比例有所提高。(市教委、市建设交通委、各区县政府)

2.4　减轻中小学生过重课业负担。建立课业负担监测和公告制度,深化课程教材和教学模式改革,降低过高的课程要求,控制作业量和考试难度,推进义务教育教学质量综合评价改革,发挥中小学生综合素质评价体系作用,以科学的教育质量观评价儿童的发展状况。引导家长减轻儿童课外学业负担。(市教委)

2.5　为儿童提供高质量高中阶段教育。推动高中教育高质量、多样化和特色化发展,鼓励高中进行儿童创新素质培育的探索和实践。构建现代职业教育体系,扩大职业教育规模,提高办学水平。探索扩大来沪从业人员随迁子女接受中等职业教育的比例。(市教委)

2.6　促进特殊儿童更好发展。完善以特殊教育学校为骨干,特殊教育班和随班就读为主体,送教上门、社区教育为补充的普特融合的特殊教育体系。增加对特殊教育学校的资金投入,构建医教结合的特殊教育模式,提高特殊教育的科学性、针对性和有效性,满足各类残障儿童的教育需求。(市教委、市残联、市卫生局、各区县政府)

2.7　提高儿童家庭教育实效。实施家庭教育指导大纲,完善学校、家庭、社会三位一体的家庭教育指导模式,巩固儿童家庭教育指导工作长效机制,提高各级各类家长学校办学质量。重点发挥学校对家庭教育指导的主体作用。社区建立儿童家庭教育指导机构的比例达到90%以上。(市教委、市人口计生委、市卫生局、市总工会、市妇联、各区县政府)

2.8　深化儿童校外教育功能。建立校外教育与学校教育有机融合的机制,建立校外教育向社区延伸的机制。加强校外教育师资队伍建设,发挥校外教育在儿童素质教育中的积极作用。加强儿童社会实践基地、活动场所建设,确保儿童校外活动时间,鼓励儿童参与各类社区服务和社会公益活动。儿童参加社会公益活动的比例达到80%以上。(市教委、团市委、中福会、市关工委、相关部门、各区县政府)

（三）儿童福利：改善儿童生活水平,构建儿童福利体系

主要目标:

（1）儿童医疗保险参保率达到99%以上。(市人力资源社会保障局、市教委、各区县政府)

（2）残疾儿童康复服务补贴实现全覆盖。(市残联)

策略措施：

3.1　加大儿童医疗保障力度。逐步提高儿童医疗保险、少儿住院基金等参保率，推进重、大病儿童的医疗救助体系建设，减轻家庭医疗负担。（市人力资源社会保障局、市教委）

3.2　加强贫困家庭儿童扶助。进一步做好义务教育阶段帮困助学工作，扩大对学前教育、高中阶段贫困儿童的教育资助。实行贫困家庭儿童文化消费补助，定期发放文化福利补贴。为有儿童的贫困家庭提供就业援助服务，增强父母的就业能力，帮助贫困家庭儿童获得同等发展机会。（市教委、市民政局、市财政局、市人力资源社会保障局、市妇联、相关部门、各区县政府）

3.3　提高残疾儿童救助工作水平。完善残疾儿童首诊报告制度和残疾儿童数据库。推进残疾儿童康复机构规范化建设，逐步建立基于社区的残障儿童早期筛查与康复干预服务体系，基本实现残疾儿童康复服务全覆盖。（市残联、市卫生局、市民政局、市财政局）

3.4　强化对特殊儿童的援助。制定扶持政策，改善单亲家庭儿童、农村留守儿童、服刑人员家庭儿童、父母残疾或长期患重病家庭儿童的生存条件，保障受艾滋病影响的儿童的各项权利。研究探索儿童监护权暂时转移制度，为遭受家庭暴力、事实上无人抚养等特殊状况下的儿童提供照料和保护。建立针对受害儿童的救助制度，为无法从加害方获得赔偿的受害儿童及其家庭提供必要的经济、心理等救助。（市民政局、市青保委、市妇联、团市委、市财政局、各区县政府）

3.5　完善孤儿养育和服务。深入开展反遗弃儿童工作，探索举报、处罚和跟踪管理等举措，从源头上减少弃婴（儿）数量。进一步提高儿童福利机构的管理服务水平，适度提高院内孤儿的养育标准和福利水平。完善孤儿收养制度，规范孤残儿童家庭寄养管理，逐步增加孤残儿童家庭寄养人数。（市民政局、市公安局、市财政局）

3.6　发展面向流动儿童的公共服务。重视流动儿童的营养、保健、医疗、心理与教育问题，创新工作手段和载体，尝试以社区为依托，社工结对服务、社会公益组织资助的方式，加大对流动儿童家庭的支持力度，提高流动儿童家长科学育儿能力，保障流动儿童的生存权与发展权，促进流动儿童的社会融合。（市卫生局、市教委、市人口计生委、市公安局、市青保委、市妇联、各区县政府）

3.7　推进流浪儿童救助工作。探索街头流浪儿童救助保护方式。加大对流浪儿童救助机构的投入和建设力度,加强对受助流浪儿童的教育引导、心理辅导、行为矫治和医疗服务,提高救助专业水平。尊重流浪儿童主体性,加强流浪儿童的安置服务。(市民政局、市公安局、市青保委、团市委、市妇联)

3.8　推进社会化儿童照顾机构建设。试点探索为长期或临时不能从家庭中获得照顾的儿童提供社会化照顾服务。加大民办公助、公建民营力度,鼓励社会力量参与、开办公益性儿童照顾机构。(市民政局、各区县政府)

3.9　建设儿童社会工作者队伍。拓展现有"青少年事务社工"服务领域,建设专业儿童社工队伍。建立健全儿童社工选用聘任制度,加强儿童社工培训与管理,提高儿童社工队伍整体工作水平。(市民政局、团市委、市妇联)

(四)儿童安全:保障儿童生存安全,完善多维保护网络

主要目标:

(1) 5 岁以下儿童意外死亡率控制在 3‰以内。(市卫生局、市教委、市公安局)

(2) 降低儿童受暴力犯罪侵害总数。(市公安局)

策略措施:

4.1　提升儿童安全意识与自我保护能力。在中小学校和托幼机构开设安全教育课程,加强生活安全常识教育,每学期开展针对火灾、地震等自然灾害以及公共突发事件的紧急疏散演练,提高儿童应急和自救能力。对高中生和教育工作者进行急救技能培训。加强艾滋病预防和生殖健康保健知识的普及,减少未成年少女意外怀孕发生。加强对儿童监护人的安全监护教育。(市教委、市卫生局、市人口计生委、市公安局、市青保委、团市委、市妇联、市关工委、各区县政府)

4.2　加强儿童食品安全管理。增加托幼机构集体用餐卫生设施投入,加强食品质量监管,提高托幼机构食堂卫生水平。完善儿童食品检测标准和成分标注规范,加大对儿童食品生产企业的抽查力度,提高儿童食品安全水平。减少儿童受保健品等的伤害。开展儿童饮食安全知识教育,培养儿童良好的饮食卫生习惯。(市教委、市食品药品监管局、市质量技监局、市卫生局)

4.3　强化校园及校园周边安全保卫。健全中小学、幼托机构内部安全管理制度,制定校园重大安全事故应急处理预案,加强校园安保队伍建设,完善校外治安辅导员制度。定期开展学校治安防范检查、火灾隐患排查及周边环境专项

整治行动,发挥社会治安综合治理在校园安全保卫工作中的群防群治优势,有效保障校园及校园周边安全。(市教委、市公安局、市青保委、各区县政府)

4.4 加强儿童网络安全。健全网络协同管理机制,及时查处网络暴力、色情、赌博及其他危害儿童身心健康的内容及不法经营场所。推进网吧依法经营,加大打击黑网吧力度。网吧接纳未成年人违规查处率控制在1.2%以下。在家庭、中小学校、幼托机构及其他公益性上网场所推广绿色上网,实现儿童安全上网。(相关部门、市公安局、市教委、市工商局、市文广影视局、市青保委)

4.5 减少儿童伤害。完善儿童意外伤害监测系统和报告制度,推动制定预防儿童意外伤害行动计划。加强儿童玩具、用品和游乐设施的质量检测和监控。规范儿童医疗用药,加强医院合理用药检查,加强药品不良反应监测。开展道路交通、河道水塘等安全分析,采取有效措施,减少儿童车祸、溺水等事故发生数。(市质量技监局、市卫生局、市食品药品监管局、市建设交通委、市教委、市公安局、市青保委、市安全监管局、市关工委)

4.6 预防和干预虐待儿童。提高儿童监护人的责任意识,依法追究虐待儿童行为的法律责任,为受虐儿童提供安全庇护服务。探索实行虐待儿童强制报告制度,建立以社区为依托,跨青保、教育、卫生、民政、公安等多部门的应急联动机制,及时制止针对儿童的施虐行为。(市青保委、市教委、市卫生局、市民政局、市公安局、团市委、市妇联、市关工委、各区县政府)

4.7 规范儿童疫苗接种安全管理。强化疫苗研制、生产、运输、储存、使用等各个环节监管。规范预防接种行为,提高免疫服务质量。健全预防接种异常反应报告和监测体系,完善相应的补偿办法。(市卫生局、市食品药品监管局)

4.8 预防和惩治针对儿童的违法犯罪活动。加强部门联动和联合执法,完善预防和打击并重的儿童人身安全保障机制。严厉打击拐卖、绑架、强奸、故意伤害等严重侵犯儿童人身权利和胁迫、诱骗、利用儿童犯罪的刑事犯罪,严禁操纵、教唆儿童乞讨、卖淫、扒窃等伤害儿童身心健康的行为。防止校园不良少年进行违法犯罪活动。(市公安局、市教委、市青保委、团市委、市妇联)

(五)社会环境:支持儿童全面发展,优化儿童成长环境

主要目标:

(1)控制未成年人犯罪率。(市高院、市检察院、市公安局、市青保委、团市

委、各区县政府）

（2）提高儿童阅读率。（市新闻出版局、市教委、市文广影视局、团市委、相关部门）

（3）保证中小学生每天享有自主支配闲暇时间不低于 1 小时。（市教委、市青保委、团市委、市妇联）

策略措施：

5.1　发挥儿童的主体作用。发挥少先队、共青团等组织的作用，创设实践机会，提高儿童独立意识和自主能力。探索建立儿童参与的常规化平台，保障儿童对影响其本人和群体的各类事项自由发表意见的权利。在制定有关儿童的法规、政策时提供儿童表达意愿的途径。（团市委、市政府法制办）

5.2　建设儿童友好型生态环境。进一步降低碳排放量，减少汽车尾气、工业废气废水中有害物质排放和光污染，进一步改善水环境、大气环境、声环境，加强环境质量监测。继续扩大人均公共绿地面积和绿化覆盖率。广泛开展环境保护宣传和活动，增强全社会环保意识，提升家长和儿童对环境污染风险的认识，鼓励儿童和家长参与环保公益活动。（相关部门、市环保局、市建设交通委、市水务局、市文广影视局、市妇联）

5.3　健全儿童法制环境。推动与儿童相关法规、政策体系的完善和司法制度建设。推动《上海市预防未成年人违法犯罪条例》出台。确保各级法律援助机构优先提供儿童法律援助，鼓励群众团体及其他社会组织开展法律咨询服务，儿童法律援助处理率达到 100%。加强儿童财产权益和人身权益保护。加强法制教育，提高儿童依法维权的意识和能力。（市公安局、市司法局、市高院、市检察院、市政府法制办、市青保委、团市委、市妇联）

5.4　完善针对未成年犯罪人的保护工作。推动公检法司未成年人专办机制联动建设，对未成年犯罪人在侦查、批捕、起诉、审判、矫治各阶段给予有别于成年人的保护。探索在少年法庭基础上建立少年法院。落实和推广"合适成年人"参与刑事诉讼制度、涉罪未成年人社会化观护机制、轻罪犯罪记录封存制度、未成年刑事被害人救助制度等，逐步提高涉罪未成年人的非羁押率和非监禁率，促进重新复学和重新就业，预防和减少重新犯罪。加大对涉罪未成年人的社区矫正、考察帮教工作。（市公安局、市司法局、市高院、市检察院、市青保委、团市委）

5.5 积极营造全面控烟的社会氛围。加强控烟宣传教育,强化儿童自觉抵制吸烟的意识以及家长主动控烟的行为。健全对教育、卫生机构、餐饮和儿童活动场所等公共场所吸烟行为的制止、举报、处罚措施,加快给予儿童无烟环境的创设。(相关部门、市卫生局、市文广影视局、市教委、市食品药品监管局、市工商局、团市委、市妇联、各区县政府)

5.6 提供健康向上的儿童文化产品。净化荧屏声频,健全广播电视节目审查和责任管理制度,进一步办好儿童电视频道和广播栏目。严厉查处和整治损害儿童身心健康的违法广告、读物、音像和网络产品。控制对儿童伤害事件、受害儿童的过度报道,禁止利用儿童开展商业广告和商业演出活动,切实保护儿童隐私。鼓励、扶植优秀儿童歌曲、出版物、影视作品、舞台剧、动漫产品和电子游戏等的创作。每年出品不少于2部儿童电影、2部儿童舞台剧、3部儿童电视剧。继续办好上海国际少年儿童文化艺术节、全国优秀儿童剧展演。创建富有儿童特色的文化、体育、科普活动,推进民族文化艺术向儿童传播。(相关部门、市文广影视局、市新闻出版局、市工商局、市科委、市商务委、市政府外办、市科协、中福会)

5.7 加强儿童阅读指导。探索推行面向儿童的图书分级制度,为不同年龄段儿童提供适合其年龄特点的图书,为家长选择图书提供建议和指导。增加对少儿图书馆、学校、社区少儿阅览室的投入,加快市少儿图书馆二期建设,为儿童提供便利的阅读服务。探索将阅读指导纳入义务教育阶段课程,培养儿童阅读习惯,提高儿童的阅读数量和质量。确保儿童每天不少于半小时的阅读时间。(相关部门、市新闻出版局、市文广影视局、市发展改革委、市教委、团市委、市妇联、中福会)

5.8 提高各类儿童活动场所利用率。结合社区文化活动中心建设和大型居住区公建配套,加强儿童体育活动、文化活动场所配备,健全儿童活动场所配套设施,丰富活动内容,提高服务质量。复建上海市儿童艺术剧场。各类爱国主义教育基地和公益性文化、科技设施免费向儿童开放。促进学校、企事业单位的体育场地在节假日和寒暑假向社区开放,就近便捷服务儿童。(各区县政府、市教委、市体育局、市文广影视局、团市委、中福会、市发展改革委、相关部门)

5.9 提高儿童闲暇生活质量。尊重儿童的精神生活需求,培养儿童良好的闲暇生活方式,鼓励儿童发展多方面的兴趣爱好。引导家长树立闲暇价值观,指

导儿童自觉、有效、合理地安排闲暇时间和闲暇活动。(市教委、团市委、市妇联)

四、保障措施

(一)组织实施

(1)以儿童发展规划统领全市儿童工作。儿童发展规划是市政府的专项规划,是本市国民经济和社会发展总体规划的重要组成部分,是指导本市儿童工作的纲领性文件。市妇女儿童工作委员会各成员单位和各区(县)妇女儿童工作委员会要根据本部门、本地区的实际,制定本规划的实施方案,要将规划中的重要指标和主要任务列入本部门专项规划、本地区经济和社会发展总体规划,统一部署,同步实施。

(2)加强实施儿童发展规划组织领导。实施儿童发展规划是各级政府的法定职责。各级政府要充分发挥在实施规划中的主导作用,将促进儿童发展工作列入政府工作重要议事日程,列入政府绩效考核、工作评估、专项督查体系。市妇女儿童工作委员会各成员单位要按照各自分工,各司其职,各尽其责,将实施规划各项目标任务列入年度工作计划,落实到本部门年度工作考核、对基层工作指导和专项检查等工作中。

(3)保障儿童发展规划实施经费投入。市、区(县)妇女儿童工作委员会和各成员单位要将本规划实施所需经费列入年度财政预算,实行专款专用,确保重大实事项目资金落实到位;区(县)按所在地区儿童人均1.5元标准(低于1.5元的要达到1.5元,高于1.5元可按财力情况确定)匹配工作经费。

(4)加大儿童发展规划实施宣传力度。市妇女儿童工作委员会各成员单位和各区(县)妇女儿童工作委员会要充分利用各自宣传资源和宣传网络,主动争取媒体宣传,多渠道、多形式向社会广泛宣传规划主要内容、有关法律政策和政府实施情况,宣传"儿童优先"原则贯彻实践的业绩。市妇女儿童工作委员会定期通过市政府新闻发言人发布上海儿童发展状况。

(5)发挥妇女儿童工作委员会合力优势。市妇女儿童工作委员会组织、协调、指导、督促本规划的实施。要充分发挥现有40家成员单位的组织优势和工作优势,有效整合资源,加强联合、联手和联动,增强规划的实施合力和执行力。要进一步加强市妇女儿童工作委员会下设的维权协调专业委员会、统计协调专

业委员会和专家评估专业委员会,以及办公室、儿童工作组等的工作协同和作用发挥。

(6) 加强妇女儿童工作委员会工作规范。市妇女儿童工作委员会通过责任分解制、督促检查制、监测评估制、示范先行制、达标排序制等,推动本规划的如期达标。市妇女儿童工作委员会各成员单位要根据规划目标和委员会年度工作计划责任分工,主动履职,做到规划实施有领导协调小组,有沟通研究制度,有检查督办机制,有评估总结表彰。委员会每五年评选一次"上海市实施妇女儿童发展规划先进集体、先进个人"、"上海市儿童工作白玉兰奖",表彰实施规划业绩突出的单位和个人。每两年举办一次儿童发展国际论坛,开展国内外交流与合作。

(7) 加强妇女儿童工作委员会队伍建设。根据法律规定,各区(县)、乡镇政府和街道办事处应为本区(县)、乡镇和街道办事处妇女儿童工作委员会办公室配备专职工作人员。市和区(县)妇女儿童工作委员会应加强对成员单位联络员、妇女儿童工作委员会专职干部、监测统计人员、维权工作人员和专家评估人员的工作指导和业务培训。推动各级妇女儿童工作委员会办公室干部向专职化、专业化发展。

(二) 机制创新

(1) 建立全社会分年龄统计制度。市妇女儿童工作委员会各成员单位要增强儿童优先意识,将分年龄统计纳入本系统常规统计和统计调查制度。市统计局要进一步推进、指导和监督各部门和各行业完善分年龄指标体系,并纳入社会综合统计制度,按照共建共享的原则,指导各部门应用分年龄数据开展相关政策及项目的分析,定期向社会发布分年龄统计状况。

(2) 建立主管考评机制。强化妇女儿童工作委员会主管职责,加强对各成员单位和区(县)妇女儿童工作委员会实施规划的绩效考核。通过年度妇女儿童工作委员会全体委员会议,对成员单位和区(县)妇女儿童工作委员会实施规划及完成目标指标情况进行述职评议,实行考核和奖励机制。

(3) 完善监督检查机制。各级妇女儿童工作委员会要主动落实向人大通报重大事项和汇报工作机制,接受人大的法律监督。各系统要加强儿童权益保障行政执法检查工作,定期就涉及儿童权益和民生的重难点问题、重大项目等开展专题检查。探索建立特邀监督员制度,依托社会力量,对有关部门贯彻"儿童优先"原则等情况进行监督评议。

（4）构建项目委托平台。市妇女儿童工作委员会每年提出儿童重点项目，通过社会招标或委托进行项目立项、课题申报，接受各类机构和社会组织对需要实施推进的儿童项目和课题申报，有效利用妇女儿童工作委员会平台推动规划项目和课题的实施，定期开展成果评奖。

（三）监测评估

（1）重视开展监测评估工作。监测评估是规划实施的重要组成部分。要通过监测评估，及时掌握规划目标实现程度，判断各项指标达标状况，为准确反映儿童发展状况和变化，客观评价规划实施成效，科学预测发展趋势提供依据。

（2）加强监测评估工作领导。市妇女儿童工作委员会主任会议负责协调、监督规划监测与评估工作。2013 年和 2016 年组织开展中期和终期评估工作。由市统计局牵头的统计协调专业委员会负责制定分级、分类的统计监测指标体系及儿童状况综合统计报表制度；开展市、区（县）统计监测培训，指导市妇女儿童工作委员会成员单位和区（县）妇女儿童工作委员会做好年度统计监测工作；收集、审核监测数据，分析、判断监测状况和发展趋势，提交市级年度统计监测报告和报表。由市妇女儿童工作委员会办公室牵头的专家评估专业委员会负责制定 2013 年中期和 2016 年终期评估方案，对市妇女儿童工作委员会成员单位和区（县）规划实施情况进行检查，提交专家评价报告。市妇女儿童工作委员会在各成员单位和各区（县）中期、终期自查自评的基础上，组织开展市级评估督导工作，向国务院妇女儿童工作委员会递交市级中期、终期评估报告。

（3）提高统计监测工作水平。市妇女儿童工作委员会各成员单位应将儿童规划统计监测与本系统年度常规统计工作相结合，落实专人负责；确保监测数据来源的可靠性和达标判断的客观性，加强趋势分析和监测结果运用。各区（县）要健全监测工作机构和机制，将统计监测工作列入责任部门考核内容；认真做好年度统计监测工作，发挥监测数据作用，推动各责任部门采取干预措施，推动规划有效实施。市妇女儿童工作委员会各成员单位和各区（县）妇女儿童工作委员会都应按时向市妇女儿童工作委员会和市统计局提交年度统计监测报告和报表。

（4）提高监测评估工作实效。市妇女儿童工作委员会各成员单位要完善相应的自查自评制度；根据目标任务分解要求，结合卫生监测、教育督导、劳动监察、质量监督、工商检查、警务监督等，对本系统规划实施状况进行综合判断和评价，查找问题、分析原因、提出对策。各区（县）要完善监测评估工作机制，制定评估方案；在自查自评、专家评议、上级考评、条块互评的基础上，实行受益主体评价和第三方机构评估方式，发现突出问题，制定干预措施，加大破解力度。市妇女儿童工作委员会各成员单位和各区（县）妇女儿童工作委员会都应按时向市妇女儿童工作委员会提交中期和终期评估报告。

后　　记

　　上海市儿童发展研究中心成立整整 7 年了。7 年来，我们得到了社会各界与专家学者的关注和支持，使中心工作得以顺利开展，在此，我们谨向他们表示真诚的感谢！

　　本书是上海市妇女儿童工作委员会重大课题《国际大都市儿童发展比较指标体系研究》最终成果，也是儿童发展前沿丛书的第一部研究成果。全书分工如下：国际大都市儿童发展指标比较研究（董小苹），上海、伦敦儿童发展指标比较研究（华桦），上海、纽约儿童发展指标比较研究（徐浙宁），上海、巴黎儿童发展指标比较研究（吴天昊），上海、东京儿童发展指标比较研究（魏莉莉、郭磊），上海、香港儿童发展指标比较研究（程福财），上海、新加坡儿童发展指标比较研究（刘程）。全书修改、统稿由董小苹完成。上海市妇女儿童工作委员会田熊、郑晔负责审稿工作，张丽丽最后审定。

　　最后，我还要特别感谢为本书的顺利出版付出辛劳的交通大学出版社吴芸茜博士和上海市妇女儿童工作委员会曹宁。

　　因作者学识有限及出版时间较紧，书中难免疏漏与不当之处，敬请专家同仁予以批评指正。

董小苹
2012 年 8 月于上海社会科学院